FICTION CONNECTION

COLECȚIE COORDONATĂ DE
Magdalena Mărculescu

Serge Marquis

Ziua în care am început să mă iubesc cu adevărat

Traducere din franceză de
Claudiu Constantinescu

Editori:
Silviu Dragomir
Vasile Dem. Zamfirescu

Director editorial:
Magdalena Mărculescu

Redactare:
Carmen Botoșaru

Design și ilustrație copertă: Andrei Gamarț

Director producție:
Cristian Claudiu Coban

Dtp:
Gabriela Anghel

Corectură:
Irina Botezatu
Irina Mușătoiu

Descrierea CIP a Bibliotecii Naționale a României
MARQUIS SERGE
    Ziua în care am început să mă iubesc cu adevărat / Serge Marquis; trad. din franceză de Claudiu Constantinescu. - București: Editura Trei, 2020
    ISBN: 978-606-40-0758-2

I. Constantinescu, Claudiu (trad.)

821.133.1

Titlul original: Le jour où je me suis aimé pour de vrai
Autor: Serge Marquis

Copyright © Editions de la Martinière, une marque de la société EDLM, Paris, 2017
Published by special arrangement with EDLM in conjunction with the agent 2 Seas Literary Agency and co-agent Livia Stoia Literary Agency

Copyright © Editura Trei, 2020
pentru prezenta ediție

O.P. 16, Ghișeul 1, C.P. 0490, București
Tel.: +4 021 300 60 90; Fax: +4 0372 25 20 20
e-mail: comenzi@edituratrei.ro
www.edituratrei.ro

ISBN: 978-606-40-0758-2

Eul începe odată cu posesivitatea, fără doar şi poate. Pornind de la acest instinct, de la această reacţie, el prinde să se dezvolte, să se întărească şi să se definească tot mai clar. Deţinerea unei case, a unui teritoriu, a unor cunoştinţe sau a anumitor capacităţi — toate acestea decurg din activitatea eului. Asta creează sentimentul de a fi un individ separat de restul lumii.

— J. Krishnamurti

În ziua în care am început să mă iubesc cu adevărat, am încetat să mai retrăiesc trecutul şi să mă mai preocupe viitorul.
Acum trăiesc în prezent, aici unde se petrece toată viaţa.

— Kim Mcmillen,
When I loved myself enough

*Tuturor victimelor egoului.
Mai ales copiilor. Ei sunt cu sutele de
milioane — poate chiar mai mulți...*

Îmi plac punțile. Toate punțile. Indiferent că sunt din oțel, din lemn sau invizibile, apreciez ceea ce reprezintă ele: interconectarea. Îmi sunt la fel de dragi și cele care unesc două maluri, și cele care leagă două evenimente sau două ființe.

Țineam așadar să prezint această carte făcând o punte între ea și cea care a precedat-o, *Ne-am nenorocit, gândim prea mult!* Cele două scrieri tratează, într-adevăr, același subiect: egoul, adică ceea ce ne separă.

Nu poți fi preocupat de suferința umană fără să te izbești de chestiunea egoului. E ca și cum ai vrea să înțelegi creșterea unui copac fără a ține seama de rădăcinile lui; ar fi o abordare greșită. S-ar putea inventa chiar și explicații fără temei — oamenii au făcut-o adeseori de-a lungul istoriei.

Obstacolele dintre indivizi, colectivități și popoare vin din activitatea egoului. Războaiele, de orice fel ar fi ele, în această activitate își au originea. Explorarea egoului reprezintă, practic, o urgență fără precedent.

Ca medic, am avut frecvent de-a face cu suferința. Ea a fost pentru mine puntea care-mi permitea să ajung la celălalt, la toți ceilalți. *Hamsterul Gândirici*[1] mi-a

---

[1] *Hamsterul Gândirici. Mic tratat de descreștere personală (Pensouillard le hamster. Petit traité de décroissance personelle)* — carte de dezvoltare personală, publicată de Serge Marquis în 2011 și continuată ulterior cu volu-

prilejuit o serie de conferințe în Europa și în Québec. La finalul fiecărei întâlniri, cititorii și cititoarele îmi puneau niște întrebări surprinzătoare, invitându-mă să continui alături de ei firul reflecțiilor. Mâinile lor ridicate au fost cele care au dus la nașterea *Zilei în care m-am iubit cu adevărat*.

— Ce înseamnă ego? Care este diferența dintre ego și mental?
— Nu e el o necesitate?
— Poate să nu existe ego?
— Trebuie el să moară?

Și așa mai departe. Răspunsul meu era invariabil acesta: egoul este o ceapă! Ceea ce, de obicei, făcea auditoriul să izbucnească în râs. Trecând peste acele râsete, continuam, pe tonul cel mai serios din lume: e o ceapă alcătuită din nenumărate foițe identitare. Fiecare foiță se adaugă celor de dinainte în funcție de caracterul unic pe care ea i-l conferă unei persoane. Ele sunt produse printr-un proces neurologic — un fel de uzină biologică — ce poartă denumirea de „proces de identificare".

Iată cum funcționează treaba asta: sunteți într-un magazin de haine, în fața oglinzii. Încercați un sacou. Vânzătorul sau vânzătoarea vă spune: „Haina aceasta vi se potrivește perfect!" Atunci se declanșează procesul de identificare. Dumneavoastră spuneți: „Vi se pare?" Iar vânzătorul sau vânzătoarea continuă: „Absolut. E gama dumneavoastră de culori, e stilul dumneavoastră. În plus, nu avem decât mărimea dumneavoastră la acest model. Lână de lamă peruană crescută pe crestele cele mai înalte,

---

mul *Ne-am nenorocit, gândim prea mult! Cum să ne eliberăm de hamsterul Gândirici* (*On est foutu, on pense trop! Comment se libérer de Pensouillard le hamster*). (N.t.)

ceva foarte rar, abia se poate respira la acele înălțimi. N-o să mai vedeți la nimeni așa un sacou!"

Îl cumpărați, deși costă o avere. Mai ales deoarece costă o avere. Și uite așa ajungeți învelit într-o nouă foiță identitară.

Procesul de identificare structurează „eul" printr-o adeziune permanentă la obiecte (un tablou, un drapel, o fotografie, o pălărie sau chiar un marker — roz, de exemplu), la credințe religioase, idei politice, idoli, valori, imagini, vise, talente, o anumită muncă, o pasiune pentru muzică sau echitație, un nume, un prenume, o relație, o națiune, o reputație, un săpun, un cântec, o funcție, o boală, un stil și nenumărate alte forme. Iar această adeziune se produce instantaneu. Dați drumul la televizor și nimeriți peste o partidă de tenis. Doi jucători pe care nu i-ați mai văzut niciodată, un chinez și un român. După nici trei minute, procesul de identificare s-a activat și vă treziți că țineți cu românul. Sau cu chinezul, nu contează. Dacă „jucătorul dumneavoastră" câștigă, vă simțiți bine, dacă pierde, vă simțiți rău. Cu trei minute în urmă, nici măcar nu-l cunoșteați! În doar câteva secunde, din cauza procesului de identificare, corpul dumneavoastră reacționează, generând confort sau disconfort.

E ceva primitiv. Teritorial. Sub efectul hormonilor stresului, sunteți gata să vă apărați fiecare foiță identitară de parcă ar fi vorba de propria dumneavoastră supraviețuire. Folosindu-vă de cuvinte (judecăți, dezaprobări, critici) sau, într-un mod mai arhaic, de pumni ori de bombe. Din cauza atașării de aceste foițe, de aceste coji. E frica de a pierde sau de a nu avea destul. Atunci când, de exemplu, există o opinie diferită de a dumneavoastră, când vi se refuză promovarea sau când cineva face un comentariu neplăcut la adresa cravatei pe care o purtați.

În vremurile de azi, creierul nu mai face diferența între perceperea lucrurilor care ne amenință supraviețuirea și perceperea celor care ne amenință egoul, el declanșează aceeași reacție: lupta, fuga sau paralizia. De îndată ce se profilează o amenințare, apar frica, agresivitatea și toate derivatele lor: anxietatea, angoasa, deprimarea, ostilitatea, gelozia, invidia, disprețul și alte asemenea emoții delicioase care minează existența umană și care costă atât de mult în medicamente și în terapii de tot felul. Ceapa ține cu disperare de fiecare foaie a ei, de parcă pierderea uneia singure dintre ele ar antrena dispariția sa totală. Fiindcă suprimarea unei singure foi este echivalentă, pentru creier, cu moartea. O gravă eroare apărută în cursul evoluției. Creierul e, uneori, un pic cam prost... Nicio foiță nu este permanentă. Se chinuie degeaba, bietul de el!

Nu poți suprima egoul. Pentru aceasta, ar trebui suprimat *procesul de identificare*, atât de bine ancorat în diverse zone neurologice.

Vestea bună este că noi nu suntem egoul. Ca să fiu mai clar, nu suntem nici ceapa, nici una sau alta dintre foile ei. Suntem mai degrabă „ceea ce în noi nu îmbătrânește niciodată". Această minunată expresie preluată de la Marie de Hennezel se referă la capacitățile noastre de a fi prezenți, de a iubi, a savura, a crea, a transmite, a învăța, a comunica, a ne minuna, a rezolva probleme, precum și la alte capacități, asociate puterii *prezenței* și inteligenței omenești. Și poate chiar inteligenței animale sau vegetale, cine știe?

Marea provocare a unei vieți constă în a descoperi diferența dintre activitatea egoului și cea a *prezenței*. Asta înseamnă să învățăm a distinge momentele în care atenția este acaparată de eu (și de frica lui de a nu exista) de cele în care atenția este total conectată la ceea ce percep simțurile — că e blândețea unei mâini iubitoare sau spasmul unui stomac sugrumat de tristețe. Dar și să ne întrebăm neîncetat către ce anume e îndreptată atenția noastră: e monopolizată ea de rumegarea unei insulte, a unui comentariu răuvoitor, a anunțării unei rupturi? E absorbită ea de spectacolul plin de culoare al frunzelor de toamnă, de zâmbetul unui copil? Miza e să realizăm, în fiecare clipă, că avem puterea de a nu lăsa egoul să pună stăpânire pe viața noastră și să ne acapareze toată atenția. Este suficient să învățăm să ne întoarcem mereu la *prezență*. O prezență animată de intenția de a iubi și de a contribui la binele comun, bineînțeles. E un exercițiu dificil, dar care conduce la cea mai prețioasă dintre toate împlinirile: savurarea din plin a fiecărei clipe din scurta noastră existență.

Am ales forma romanului pentru a aduce în scenă personaje și situații care să ilustreze multiplele fațete ale egoului. Acesta se ascunde sub chipuri nebănuite și se manifestă într-un mod cât se poate de insidios!

Așa s-au născut Charlot, Maryse, Marie-Lou, Georges și toți ceilalți.

Sper să fim cât mai mulți cei care vom încerca să răspundem la întrebările lui Charlot, întrucât am sincera convingere că o mai bună înțelegere a mecanismelor egoului ar permite evitarea unei mari părți din suferința omenească.

Prolog

Într-o zi, am încetat să mai fiu cea care are mereu dreptate. Și am înțeles fraza lui Friedrich Nietzsche: „Nu îndoiala te înnebunește, ci certitudinea".

Băiatul meu avea pe atunci nouă ani, dar cei mai mulți dintre adulți îi dădeau șase. De multe ori îl întrebau: „Ai început să mergi la școală?" Iar el, pe un ton foarte respectuos, răspundea: „Da. De trei ani". După care adăuga, cu figura lui de băiat de altar: „Dar dumneavoastră ați început să trăiți?"

Îmi plăcea să mă uit la figurile lor înmărmurite. Parcă erau niște statui, cu gura căscată și ochii holbați. N-am încercat niciodată să aflu unde auzise fiu-meu replica asta — la televizor, poate. Un lucru e însă sigur, ea îi lăsa pe toți mască.

Foarte rapid, statuile nu-l mai fixau pe el, ci pe mine, cu o privire pe jumătate stupefiată, pe jumătate acuzatoare. Iar în tăcerea lor simțeam reproșuri grele: „Dar ce i-ai băgat în cap fiului dumitale, doamnă?"

Pe băiatul meu îl cheamă Charles, însă, pentru mine, e Charlot. Are în el ceva din Chaplin. Merge ca un rățoi și se uită la lumea din jur cu privirea aia a marelui comic: lucidă și nostimă. Fizic, nu seamănă cu mine deloc. Are un cap mai degrabă mare, un trup măruntel, păr roșcat și pistrui. Până în adolescență, ziceai că a ieșit dintr-o revistă de benzi desenate: un personaj 3D în culori, plimbându-și mutra fictivă prin realitatea noastră.

Chiar și astăzi, la 24 de ani, trebuie să arate un act de identitate pentru a intra într-un bar. Poartă mereu la el pașaportul, într-un mic rucsac, și i-l arată portarului ca un polițist american care-și flutură legitimația. Are în continuare un cap mare înșurubat pe un trup măruntel, dar mâinile i-au devenit de o frumusețe fascinantă. Dacă ai putea intui cât de fermecător e sufletul unui om doar văzându-i mâinile, lumea l-ar saluta pe Charlot cu plecăciuni până la pământ. Nu atât forma lor inspiră respect, cât felul cum se mlădiază când ating ceva. Fiecare deget e un mic balerin.

Până la urmă a crescut, bineînțeles. Dar parcă i-ar fi luat mai mult timp decât altora; sau parcă ar fi crescut mai întâi pe dinăuntru. Când cineva îl întreba: „Ce vrei să te faci când o să fii mare?", el răspundea întorcându-se către mine: „Nu vreau să mă fac mare. De ce toată lumea vrea să fie mare, mamă?"

Cartea aceasta reunește câteva întrebări pe care Charlot mi le-a pus când încasa de la viață primele lovituri. Cele cărora nu reușești să le găsești un sens atunci când le cauți unul cu orice preț. Mulți cred că nu putem trăi fără o explicație, fără o justificare, fără un motiv pentru orice. Bieții de ei nu știu că vor trebui să învețe cum se poate trăi cu niște răni fără noimă.

Ziua în care am început să mă iubesc cu adevărat

Charlot își relua neobosit ofensiva, încăpățânat ca un țânțar flămând: „Mamă, ce e ăla ego? De ce ați divorțat tu și cu tata? De ce se sinucid unii copii?" Aceste întrebări m-au lecuit de propria-mi autosatisfacție. Mă rog, aproape. Până să înceapă fiu-meu cu întrebările, eram o ignorantă. Dar ignoram acest lucru.

Să mă prezint: Maryse du Bonheur. Numele ăsta de familie mi-a adus, evident, o mulțime de ironii de-a lungul vieții, glume de prost gust de genul: „Bine că nu ți-au pus numele mic Reine, Rose sau Aimée[1]".

De multe ori, mi se spune că numele acesta nu poate fi adevărat. Că l-am inventat eu ca să fiu mai interesantă; ca să-mi dau o șansă de a crede în ea, vreau să zic în fericire. Și totuși, numele acesta vine din nordul Franței. De pe o mică fâșie de pământ aflată de-a lungul graniței belgiene. Și sunt o „du Bonheur" autentică, vă asigur. Suntem puțini cei care purtăm acest nume; de fapt, suntem pe cale de dispariție. Nu mai există nicio altă ramură în arborele acestei familii. Charlot ar putea fi ultimul lui fruct.

Sunt neurolog — neuropediatră, ca să fiu mai exactă —, specializată în tratarea cancerului. Lucrez într-un spital universitar destinat copiilor. Și acolo, numele meu stârnește reacții puternice. Imaginați-vă ce figuri fac cei care aud răsunând în interfonul spitalului: „Doamna doctor du Bonheur, sunteți rugată să sunați la terapie intensivă!", „Doamna doctor du Bonheur, sunteți chemată la urgențe!" sau „Doamna doctor du Bonheur, contactați

---

[1] Reine du Bonheur — Regina Fericirii; Rose du Bonheur — Roza Fericirii; Aimée du Bonheur — Iubita Fericirii. (*N. tr.*)

imediat sala de operații!" Ar trebui să vedeți fețele familiilor atunci când mă prezint pentru prima oară.

Predau, în același timp, neuroanatomia la facultatea de medicină și conduc o echipă de cercetare a cancerului de creier la copii. Toate astea fac din mine o persoană foarte ocupată. De când mă știu, am vrut să fiu mare, foarte mare. Cea mai mare din branșa mea. Să fiu peste toți ceilalți. Odată intrată la facultate, am început să-i privesc de sus pe cei din jur. Disprețuiam tot ce însemna mediocritate. Mi se părea că ceilalți studenți erau niște găunoși care nu vedeau mai departe de propriul buric, în timp ce eu, geniul, aveam să schimb soarta lumii! În ochii mei, eram o combinație de Maica Tereza și Einstein. În lumea psihologilor, asta se numește „narcisism".

Ca fizic, lumea zice că-s frumoasă. Înaltă, subțire, cu ochi negri și un păr 90% cacao. Am niște picioare interminabile și nu m-am jenat niciodată să mi le arăt — în afara spitalului, bineînțeles. Până să-l nasc pe Charlot, era suficient să văd pe cineva întorcând capul după fina arcuire a gambelor mele ca să simt că trăiesc, că exist mai presus de cer și de orice paradis. Știu că picioarele mele le mai trezesc și astăzi unora dorința de a le dezgoli până sus de tot, dar acum nu mai iau asta ca pe o confirmare a propriei valori.

Am, de asemenea, norocul de a dispune de pieptul acesta — natural — care obligă specia bărbătească să facă mari eforturi pentru a mă privi în ochi. Am încercat o oarecare plăcere văzând cum se mai chinuiau respectivii domni să pară imperturbabili. Mi se părea o chestie foarte nostimă. Scriu „mi se părea", la imperfect, fiindcă de multă vreme nu mai joc jocul ăsta. Suferința lui Charlot a schimbat totul.

Dacă îndrăznesc să mă descriu astfel, e doar pentru a sublinia faptul că, sub aspect fizic, fiul meu și cu mine suntem foarte diferiți. Ați înțeles acum că, din nefericire, seamănă cu taică-său. În caz că ați avea vreo îndoială, sunt cât se poate de conștientă că am scris „din nefericire". Lui Charlot îi datorez această înflorire a conștienței. Bine, sunt încă la început de drum. Dar sunt conștientă și de asta.

Visam să fiu văzută și auzită de toți și de toate. Și peste tot. Voiam să ajung cel mai mare medic din specialitatea mea. Mă bucuram „să le vin în ajutor" copiilor bolnavi, bineînțeles, dar, înainte de orice, îmi plăcea să se știe lucrul acesta.

Odată cu ivirea lui Charlot în pântecul meu, visul mi s-a spulberat, fantasmele mi s-au făcut țăndări. O ivire totuși dorită, așteptată: un copil apărut din iubirea cu un clovn, un clovn de-adevăratelea. Cu nas, fluier, baloane și toate zdrăngănelele care stârnesc hohote de râs; alături de el, credeam că aveam să râd tot restul vieții mele. Numai că mi-a făcut cea mai mare farsă pe care ți-o poate face un clovn: a dispărut. S-a evaporat înainte ca bebelușul să vină pe lume. Corpul meu nu mai corespundea, mai ales burta.

M-am trezit singură cu Charlot. Și cu grădinița, și cu școala, și cu cariera. Povestea obișnuită. Atât de obișnuită...

După care Charlot a început cu întrebările... Mi-a arătat tot ceea ce nevoia mea de superioritate nu mă lăsa să recunosc și să trăiesc.

În primele minute după naștere — în dimineața de 14 februarie 1991 —, am făcut o criză acută de nervi. În loc de exaltarea aceea post-partum de care se vorbește peste tot — în cărți și în reviste, la televizor —, eu simțeam că mă sufoc. Alexandrine, obstetriciana care m-a ținut sub observație pe tot timpul sarcinii, se așteptase la o asemenea criză. Specialistă în moșit, dar și înțeleaptă de felul ei, știa că voi dori să fiu cea mai bună născătoare de pe fața pământului, mai calmă decât Fecioara Maria în staulul de la Betleem — și că această ambiție mă va face să respir mult prea repede.

O știu de la vârsta de 14 ani, când am locuit la ea acasă în cadrul unui program de vacanțe inedite, „Vara mea la fermă". Alexandrine a copilărit la țară, printre crescători de capre și vaci. Părinții ei apărau neabătut ideea că pământul e făcut pentru ca toți să se bucure de el și că, prin urmare, nu-i poate aparține cuiva anume. Aveau grijă să creeze condițiile necesare pentru ca animalelor care trăiau pe terenul lor să nu le lipsească nimic. Toate dobitoacele se bucurau de aceeași atenție. Vara aceea petrecută la ferma lor mi-a marcat existența.

Alexandrine este și acum prietena mea cea mai bună. Legătura asta dintre noi s-a creat de cum ne-am văzut: ochii noștri și-au spus „da" pentru totdeauna. Ca într-o căsnicie. Ba mai mult: ca într-un pact spontan în care cuvintele ar fi fost de prisos. O complicitate pecetluită în tăcere. Chiar şi astăzi, când n-avem nimic să ne spunem, nu ne forţăm. Fără angoase, fără iscodiri, fără aşteptări; fiecare ştie că cealaltă există, iar asta ne e de ajuns. Nu trebuie să dovedim nimic, nu avem de dat nicio socoteală: când o prietenie nu este aşa, atunci nu e cu adevărat prietenie, e dependenţă.

Entuziasmul pentru obstetrică o anima încă din adolescenţă. În grajdul de lângă casa alor săi îşi amenajase propria sală de naşteri. Pe lângă vegherea, alături de tatăl ei, la venirea pe lume a viţeilor şi iezilor, făcea acolo şi operaţii de cezariană pe şoricioaice, cu forfecuţe de manichiură. Nu era nimic sadic sau violent în treaba asta, ci doar o imensă dorinţă de a învăţa şi o adevărată pasiune pentru naşteri, aşa cum alţii au o pasiune pentru desen, muzică sau dans. Alexandrine crease o maternitate pentru şoricioaice. Le adormea cu un anestezic ieftin pe care veterinarul din zonă — un prieten de-ai tatălui ei — i-l furniza cu toată încrederea. Omul intuise în ea un talent de excepţie, abilitatea de a crea o legătură cu animalele *in utero*, un fel de har. Zicea că nu mai văzuse în viaţa lui aşa ceva şi, de multe ori, exclama, cu vocea tremurândă: „Chestia asta e pe cât de ciudată, pe atât de minunată!" Lucru care s-a confirmat apoi şi pe făpturile omeneşti.

Alexandrine a rămas celibatară, de parcă şi-ar fi făcut o vocaţie din angajamentul profesional. Femeie dintr-o bucată, nu a împărtăşit niciodată dorinţa mea de dominare. Reuşita sau succesul nu prezentau, pentru ea, niciun interes. Ideea depăşirii de sine i se părea chiar absurdă. De fiecare dată când îi vorbeam despre dorinţa aia arzătoare de a-mi depăşi limitele şi de a ajunge cea mai bună, riposta mereu cu aceleaşi întrebări:

— Cine să depășească pe cine, Maryse? Există două Maryse? Ce anume te va face să afirmi într-o bună zi că o Maryse a depășit-o suficient de mult pe cealaltă pentru a fi devenit în sfârșit cea mai mare și mai tare?

Asta mă scotea din sărite. Îi răspundeam că nu pricepe despre ce vorbesc. Că treaba asta era de neimaginat în lumea ei de capre și de vaci. Dar ea adăuga:

— Poveștile tale de mărire nu mă interesează deloc, draga mea. Singura chestie care mă face să mă dau jos din pat dimineața — sau în puterea nopții — sunt copiii care trebuie aduși pe lume. Îi iubesc de îndată ce am atins cu palma pântecul mamei lor. Îi simt imediat. Chiar când sunt mici cât o alună sau cât un melc. Parcă ne-am da mâna și ne-am spune: „Mă bucur de cunoștință!" Asta-i tot ce contează pentru mine. Nu-i nicio măreție în treaba asta. Un copac nu încearcă să se autodepășească de la un an la altul: „Iuhu, sunt mai mare ca anul trecut!" El crește, atâta tot. Leagă lumina de pământ și viceversa. Iar asta îl face să fie ceea ce este: un copac. Un vehicul al vieții. La fel e și cu copiii. Un singur lucru contează, Maryse: desăvârșirea talentului. Restul sunt fleacuri inventate de oameni pentru a-și flata egoul.

Nu știam, la vremea aceea, cât aveau să mă bântuie vorbele ei.

Charlot nu s-a grăbit deloc să vină pe lume. Așa cum n-a făcut-o, mai târziu, nici cu crescutul. Nu știu dacă Fecioara Maria a avut contracții la fel de dureroase ca ale mele, dar eu... văleu, Doamne! Tot la două minute, simțeam că-mi pierd mințile: „Auuu! Auuu!" Dorința mea de a fi cea mai bună născătoare din istorie ceda în fața realității. O imploram pe Alex să mă adoarmă.

— *Please... please*, Alex. Fă-mi cum le făceai șoricioaicelor!

Ea îmi zâmbea înduioşată, scotea nişte behăieli afectuoase de căpriţă şi, cu faţa lipită de a mea, îmi şoptea la ureche:

— Respiră, draga mea, respiră!

După vreo douăzeci de ore, Charlot a catadicsit să-şi arate creştetul păros al capului, pentru ca în final să se cuibărească în braţele iubitoare ale lui Alexandrine. Ziceai că se reîntâlneau după o lungă despărţire. Se mişca încetişor în palmele moaşei, ca un pisoi care se freacă de piciorul omului. Alexandrine mi l-a pus apoi pe burtă, „ca să nu se simtă pierdut". Un mod elegant de a-mi spune: „Trezeşte-te, Maryse, ţi s-a născut copilul!"

În realitate, eu eram cea pierdută. Abia am auzit vocea prietenei mele când mi-a prorocit:

— N-o să prea ai timp de odihnă, Maryse, dar o să-ţi placă.

Eu mormăiam în sinea mea: „Ce tot zice acolo?" Alexandrine însă a continuat:

— O să cam ai de tras, scumpo...

Mi-am zis atunci că asta le spunea probabil tuturor femeilor pe care le asista la naştere.

La prima vedere, nu mi s-a părut frumos. Prea vânăt. Prea unsuros. Prea nu ştiu cum. Încercam să văd şi eu ce detectaseră antenele lui Alexandrine. Nimic. Doar un bebeluş molicel. Un ghemotoc de pluş umed care părea înnebunit după mângâieri. Dar Alex e Alex. De la un punct încolo, nici nu mai caut s-o înţeleg. Când bagă deliruri din astea inofensive, pe mine, în general, mă umflă râsul. De data aceea însă, nu-mi venea să râd deloc. Vocea lui Alex revenea ca un ecou: „O să cam ai de tras, scumpo..." Ameţită, răscolită de greaţă, stăteam să leşin când, brusc, am simţit că-mi acoperă gura cu o pungă de hârtie.

În timp ce eu mă chinuiam să-mi revin, Alexandrine îl ajuta pe Charlot să găsească un mamelon. Mă uitam la fruntea cutată a fiului meu şi la pleoapele lui umflate. În toate descifram numai reproşuri: „Nu mi-ai cerut niciodată voie să-mi dai viaţă". Mi se părea că aud o voce aproape ca de adult acuzându-mă că mi-am băgat nasul unde nu-mi fierbea oala: „Nu ţi-a dat niciodată prin gând să discuţi şi cu mine despre asta?" Genul ăla de întrebări pe care evident că nu ţi le pui când ai pe clitoris limba iubitului tău, iar coapsele ţi se zgâlţâie ca un dulap în toiul cutremurului. Departe de a fi lucidă, nu-ţi doreşti decât să strigi: „Intră în mine!"

În orice caz, îmi doream acest copil. Îl doream din străfundul fiinţei mele. De ce? Habar n-am! Şi n-am avut nicio clipă de gând să încep o psihanaliză ca să aflu. Să zicem că venea dintr-o dorinţă sălbatică, primitivă şi animalică a tuturor celulelor mele.

Peste un an, profeţia lui Alexandrine s-a materializat. Charlot a rostit primul său cuvânt: „Au!" E oare un cuvânt? Nu ştiu. Să zicem că asta a fost prima manifestare lingvistică a inteligenţei lui. Pe moment, nu i-am dat prea multă atenţie. Am crezut că e un strănut, o alergie sau un început de guturai. În mână aveam o batistă de hârtie, fiindcă tocmai strivisem un păianjen. M-am apropiat de fiul meu ca să-i inspectez nasul, iar atunci am văzut un al doilea păianjen pe perete. În spatele lui. Când am vrut să strivesc bestia, el a făcut „Au!" din nou. Faţa îi era încordată toată de durere. Câteva zile mai târziu, când trosneam cu o revistă o muscă, mi-a făcut iarăşi figura: „Au... au!", cu faţa încordată şi ambele mâini pe cap. M-am întrebat dacă ţinuse minte vorba asta din timpul naşterii. Apoi au fost furnicile care defilau în coloană prin sufragerie. Foarte muncitoare. Făcuseră o gaură prin podea şi mărşăluiau spre bucătărie, hotărâte s-o invadeze. Eu eram isterică, băteam din picioare ca să le strivesc. Un dans celtic, ucigător. Charlot plângea cu sughiţuri: „Bobo, mama! Bobo!" Încă nu împlinise un an.

Când i-am povestit lucrurile astea lui Alexandrine, a început să râdă.

— Băiatul tău ştie de-acum ce-i compasiunea, draga mea!

— Glumeşti, Alex, n-are decât unsprezece luni!

Ea s-a mulţumit să dea din cap.

— O să vezi tu, Maryse, o să vezi tu...

Şi am văzut.

La trei ani, Charlot m-a întrebat:

— Eu de unde vin, mamă?

Tocmai citisem într-o revistă medicală articolul unui psihanalist de copii. Tipul spunea că era o întrebare curentă.

— Vii din Etiopia, dragul meu.

Credeam că prin acel răspuns aveam să-l fac să înceteze cu întrebările. El însă n-a părut deloc tulburat.

— Ce e aia Etiopia?

— O ţară din Africa. Foarte departe.

Şi, fără să mai pierd vremea cu nenumăratele ipoteze legate de originea omenirii, am adăugat:

— Toţi oamenii vin de-acolo, scumpule. În zona aceea au fost găsite osemintele celor consideraţi a fi primii oameni. Cei dintâi care mergeau în picioare în loc să alerge în patru labe.

— Şi ceilalţi copii de la creşă tot de-acolo vin?

Am zâmbit. Apoi am fost pe punctul să-i spun: „Da, dragul meu, toată creşa, care înseamnă specia umană", dar m-am abţinut. M-am mulţumit cu un foarte scurt:
— Exact!
Asta nu l-a mulţumit. Cu o faţă nevinovată, de parcă nimic nu s-ar fi întâmplat, m-a întrebat din nou:
— Eu de unde vin, mamă?
De data asta, i-am zis:
— Din mare!
A rămas cu gura căscată. Ochii îi erau mari cât două rondele de lămâie. Apoi, scărpinându-şi lobul urechii drepte, m-a ascultat cum filozofam pe tema originii vieţii:
— Viaţa a venit din mare. Un peşte a ieşit din apă, i-au crescut picioare, iar într-o bună zi a devenit om.
Părea că nu mă mai crede. Cu o mutriţă ofensată, m-a întrebat pentru a treia oară, pe tonul cuiva care şi-a pierdut răbdarea:
— Mamă, de unde vin eu?
— Din stele, dragul meu... Pământul e o bucată dintr-o stea. La fel şi noi, tu şi cu mine... Şi noi suntem întru câtva nişte bucăţi de stea.
Atunci, spre marea mea mirare, a zâmbit. De astă dată, răspunsul meu părea să-i convină.
— Mulţumesc, mamă!
Şi a plecat repetând întruna:
— Vin din stele, vin din stele...
După care a adăugat o frază ce m-a lăsat complet mască:
— Şi acolo o să mă duc, după aia.

Oricât de ciudat ar suna, Charlot a trebuit să aştepte până la nouă ani pentru ca neuropediatra de maică-sa să înceapă să-l ia în serios. Nouă ani! În ciuda profunzimii întrebărilor lui, eu îi răspundeam numai cu aiureli. Cu tâmpenii, uneori. Cele mai multe dintre lucrurile pe care voia să le ştie mi se păreau, ca să zic aşa, prea bătrânicioase pentru el. Şi trebuie să recunosc că mă enervau. Eram blocată într-un amestec de „Ce-i cu fazele astea?" şi „N-am eu timp de aşa ceva!" Adoptasem strategia lui „Lasă c-o să-i treacă". Fără a mă uita la el prea atentă, bâiguiam ceva de genul: „Ascultă, e foarte complicat. Numai viaţa poate să-ţi răspundă. Vreau să zic că, atunci când vei fi mare, vor veni şi răspunsurile". El pleca atunci cu capul în jos, mai pleoştit decât când venise.

Cum nu creştea în înălţime, începuse să-mi fie ruşine. Colegii mei endocrinologi — specialişti în creştere — nu vedeau la el nimic anormal. Examinare după examinare, auzeam mereu acelaşi diagnostic: „Ai răbdare, Maryse". Dar când îl comparam cu copiii de vârsta lui, nu mă puteam abţine să nu mă măsor şi pe mine. Charlot mă făcea să văd o imagine a mea diminuată. Mă uitam în oglindă:

— Oglindă, oglinjoară, cine e cea mai mare şi mai tare?

— Nu eşti tu, Maryse, iar asta din cauza lui Charlot, piticania ta. Cu un cap mai scund decât toţi ceilalţi. O pată în ireproşabilul tău dosar.

Tunam și fulgeram. Iar el, în fața oglinzii lui, nu întrevedea deloc ziua în care maică-sa ar catadicsi să-i răspundă și altceva decât niște prostii.

Încetul cu încetul, am înțeles că marea și tarea „Eu însămi" — Maryse du Bonheur — nu luase niciodată în serios acele întrebări. Și că nici viața mea, atât de lăudată de semenii mei, atât de admirată, de răsplătită, de recunoscută, nu oferise vreun răspuns. De fapt, ca să fiu cinstită până la capăt, eu nu-mi puneam niciodată întrebări. Nu era nevoie, fiindcă le știam pe toate! Charlot nu s-a descurajat nicio clipă. În ciuda purtării mele disprețuitoare, încrederea i-a rămas intactă. De fapt, la un asemenea nivel, asta nu se mai numește încredere, ci credință.

Eram măcinată de „sindromul eului hipertrofiat", o afecțiune de care suferă aproape toți oamenii de pe Pământ. Ea e deosebit de severă la unii șefi de stat. Este o boală care se contractează foarte devreme și care acționează asemenea viermilor intestinali, numai că la cap. În general, dă coșmaruri, stare de agitație și mâncărimi.

În timpul studenției, maladia aceasta s-a agravat atât la mine, cât și la mulți dintre colegii mei: cu cât studiam mai mult, cu atât mai puternic era sentimentul nostru de superioritate. Când învățam pe dinafară enciclopedia patologiilor cunoscute, „egoul" nostru se umfla așa cum crește un ganglion în cazul unei infecții sau al unui cancer. Știința noastră ne deosebea de ceilalți; ne făcea „speciali". Mai ales prin puterea pe care ne-o dădea în privința vieții și a morții. De-a lungul parcursului nostru universitar, deveneam tot mai „bolnavi" și mai contagioși. Fără să ne dăm seama — și asta face parte din simptome —, contribuiam la răspândirea celei mai grave molime a vremurilor moderne, o boală care ucide mai mult decât toate cancerele la un loc: „boala egoului". Oamenii atinşi de acest morb îşi văd neuronii mobilizaţi de gânduri impregnate mai tot timpul de „eu, eu, eu". Neavând niciun control asupra apariţiei acestor gânduri sau a succesiunii lor. Ei cred cu toată tăria că *sunt* ceea ce *gândesc*.

Charlot, cu grelele încercări prin care a trecut, m-a ajutat să mă debarasez de fanfara aceasta mentală. În fine, aproape... Nenumăratele lui întrebări nu doar că îmi arătau nişte portiţe de scăpare, dar îmi ofereau şi chei pentru deschiderea lor. Curiozitatea lui şi mai ales curajul dovedit pentru a pune capăt propriei suferinţe parcă m-au dehipnotizat. Până atunci, trăisem într-un fel de somnambulism hiperactiv. Charlot a devenit treptat maestrul meu zen: „Haide, mamă, coboară din lună!" În cele din urmă, am hotărât ca, atunci când venea la mine, să întrerup orice activitate şi s-o apuc, alături de el, pe drumul cunoaşterii de sine.

Te iubesc, Charlot.

Mi-am dat seama până la urmă că, în realitate, mă eschivam în faţa întrebărilor dificile. În momentele când ar fi trebuit să reflectez în mod serios, inteligenţa mea se lăsa brusc pe tânjală. După perioada „Viaţa îţi va arăta răspunsul într-o bună zi", a urmat „Îţi baţi capul cu prea multe întrebări, dragul meu!", apoi „N-ai şi tu un prof sau un prieten cu care să vorbeşti?" Charlot zâmbea, un pic parcă în zeflemea, de parcă ştia că mă făcea să-mi reconsider încetul cu încetul limitele. Cerându-mi în mod insistent să-i vin în ajutor, mi-a arătat, cu inteligenţa lui de copil, cât de „de sus" mă uitam la el. Revenind iar şi iar pentru a-şi depune oful la picioarele mele, ca pe o ofrandă, m-a readus la ce e esențial pentru mine: copiii pe care îi îngrijesc.

Mulțumită permanentelor lui întreruperi, am realizat că ajunsesem să adopt urgența ca mod de viață. Confundam nuanțele cu ineficiența, complexitatea cu inutilul. Devenisem o figură tipică a modernității: un cap cât banița și un ilustru buric pe post de inimă. Profunzimea cere lentoare. Or, înainte ca tristețea lui Charlot să mă oprească din zbor, n-aveam timp de pierdut cu lucruri care cereau timp. Când ai impresia că le știi pe toate, ignoranța te agasează. La fel, și misterul.

Iritarea devenise modul meu de a da bună ziua. Când ajungeam în secția mea, dimineața, tot personalul era mut. Liniștea era singura care mă întâmpina. Oamenii nu mă salutau, îmi aduceau direct dosarele și cafeaua. Simțeam că se purtau cu precauție, nu care cumva să mă supere. Treaba asta aducea cu distanța menținută față de cineva aflat în carantină. N-aveam nimic contra acestei forme de respect. Teama pe care o inspiram mă apăra. Toți tiranii știu asta.

Nu mă mira răceala cu care eram tratată. O luam drept admirație. Într-o lume care privilegiază suprafața și care crede că a aflat adevărul din gura unui afacerist, jurnalist sau actor de cinema, renunți foarte repede să mai pui întrebări. Tonul meu nu admitea nicio replică. Politicienii știu din instinct că, în ziua de azi, aparența e cea care dictează alegerile. De-asta se și înconjoară de specialiști în iluzie. În mine trăia o politiciană. Abilă. Vicleană. Capabilă să detecteze persoana pe care trebuia s-o flatez pentru a obține ce-mi doream la momentul oportun. Înțelesesem perfect epoca în care trăim: până să înceapă Charlot să-mi demachieze sufletul cu întrebările și cu lacrimile lui, îmi „photoshopam" viața mai tot timpul.

Teama de a pierde prim-planul devine și mai evidentă în prezența unui copil care nu are înălțimea colegilor lui de clasă. „Pe mine o să mă iubească cineva, mamă? Tu ar trebui să știi, fiindcă pe tine pare să te iubească toată lumea. Ți se pare că sunt frumos?" Probabil că o mamă „normală" ar fi răspuns „da" fără să clipească, dar eu, una, nu puteam s-o fac. Explicația era foarte simplă: aș fi preferat ca pe umerii fiului meu să văd capul meu, nu figura lui taică-său! Când diplomata din mine lua inițiativa și zicea: „Întotdeauna se va găsi cineva care să te considere frumos, dragul meu", Charlot își acoperea urechile, strigând: „De ce-mi răspunzi așa, mamă? E ca și cum nu mi-ai răspunde deloc". Niciodată, nici chiar în frageda lui pruncie, n-a suportat să fie luat de prost. Când va ajunge la adolescență, îmi va spune: „Răspunsurile tale sunt ca pentru microunde, *mom*. Nu le mai pui nimic, doar le bagi la încălzit".

Mi-a luat foarte mult timp, vă dați seama, ca să mă obișnuiesc cu universul lui mental!

Unii bolnavi sunt ca fructele alea — piersici, mere, pere, smochine, banane — care, în contact cu alte fructe, se coc mai repede. Se numesc „fructe climacterice". Când le pui sub un clopot de sticlă, procesul se accelerează și mai tare. Eu mă ocup de copii care suportă acest efect. În cazul lor, boala este climacterică. La o scară ceva mai largă, în perioadele de criză — cutremure, inundații, tsunamiuri —, colectivități întregi se coc dintr-odată la minte. Și aproape toți membrii lor se fac unii pe alții să se maturizeze. La spital, am văzut adeseori contrariul: boala care te face să regresezi şi să devii dependent de alţii ca un câine; boala pe care ajungi s-o îndrăgeşti fiindcă te face aparte; boala ca unică modalitate de a fi băgat în seamă. Din acel moment, ea devine imposibil de tratat, întrucât egoul se teme că va muri dacă pacientul se face bine. Ştiu asta fiindcă, înainte de a-l fi ascultat cu adevărat pe fiul meu, eram eu însămi anticlimacterică, şi-i bombăneam în sinea mea pe bolnavi — nişte bieţi copii... —, neputând înţelege rezistenţa acestora la tratamentele mele.

În ciuda invidiei şi a scepticismului meu structural, a trebuit să recunosc că Charlot se matuiza superrapid. O rafinare precoce a gândirii şi a inimii. Cu frazele lui „prea bătrânicioase pentru el" şi cu nevoia lui permanentă de adevăr, se intra într-un fel de cerc virtuos. La rândul său, îi făcea şi pe alţii să se maturizeze accelerat. Încercările prin care trecuse îl făcuseră climacteric.

Înainte de Charlot, liniştea îmi era insuportabilă. Acum încerc să-mi dau seama dacă mai e vreun moment în care nu mi-aş dori-o. Toată lumea crede, în ziua de azi, că a vorbi tare e sinonim cu a şti, cu a putea. Trebuie să dai rapid un răspuns plin de certitudine, altfel treci drept incompetent. Soluţia instantanee e luată drept înţelepciune. *Reţeta* a înlocuit discernământul. Odinioară, execuţiile se făceau cu o frânghie; astăzi, ele se fac cu un microfon. Charlot, tu care eşti atât de delicat şi de sensibil, cum poţi iubi atât de mult făpturile omeneşti? Cum poţi păstra vie flacăra aceea din inima ta?

Când am înţeles în sfârşit că eram incapabilă să-i răspund corect unui copil de nouă ani, certitudinile mi s-au făcut zob. Marea Maryse du Bonheur a început să se surpe.

— Mamă, ce e ăla ego?

Redactam un articol ştiinţific extrem de important — bineînţeles — când Charlot a intrat în biroul meu. Mi-am desprins privirea de pe ecranul computerului. Mă pregăteam să oftez.

— Mamă, ce e ăla ego?

Într-o clipită, hormonii plăcerii pe care mi-i declanşa munca au cedat locul proastei dispoziţii. Pentru un medic cercetător, o asemenea schimbare de stare poate prezenta un anumit interes. Numai că eu eram preocupată atunci de cancer, nu de perturbaţiile biochimice provocate de o întrebare de copil. De-a lungul anilor, învăţasem să iubesc cancerul. Şopteam numele acestei maladii aşa cum ţi-ai alinta iubitul sau iubita. Eram topită de admiraţie pentru viteza cu care proliferau celulele acelea pline de viaţă şi mă extaziam în faţa capacităţii lor de a rezista asalturilor distructive lansate asupra lor. De fapt, mă identificam cu acele celule; nutream speranţa că va fi o tumoare cea care-mi va permite să „devin eu însămi". Mai pe şleau spus: mă bazam pe cancer că mă va face celebră şi, în consecinţă, fericită.

Când l-am auzit pe Charlot punând acea întrebare, m-am simţit brusc rău. Şi, ca să fiu cinstită, nu ceea ce mă întreba fiul meu m-a interesat în primul rând, ci acea ciudată schimbare de stare pe care o observam în corpul meu. De ce stârniseră oare acele cuvinte o asemenea agitație de neuroni și de hormoni?

— Nu sunt sigură că am auzit bine ce-ai spus, Charlot.

— Ce e ăla ego, mamă?

— Ce-i cu întrebarea asta, dragule?

— Azi după-amiază, la școală, am văzut cum se ciondăneau doi profesori. Pe un culoar. Doamna Leblanc și domnul Bergeron. Ei nu știau că-i văd. Domnul Bergeron era supărat, iar doamna Leblanc era speriată. Mi-am dat seama că-i era frică fiindcă se tot dădea înapoi. De-asta nici nu mă vedeau, deși eram la doi pași de ei. La un moment dat, domnul Bergeron i-a strigat doamnei Leblanc că are un ego umflat cât casa! Ea a început atunci să plângă și a plecat în fugă. Parcă ar fi lovit-o cu o bâtă sau ceva, parcă i-ar fi zis: „Ești urâtă", „Ești o grasă" sau „Ești prea mică, nu poți să faci parte din echipa noastră", sau parcă ar fi râs de ea în fața prietenilor și prietenelor ei. Tot aia! Iar ea n-ar fi vrut decât să se ascundă undeva, ca să n-o mai vadă nimeni. Într-o gaură de șarpe. Departe de ceilalți, de cei care nu știu nici ce spun, nici ce fac. Deci, mamă, ce e ăla ego? Și de ce doare așa de tare când îi zici cuiva că are un ego umflat?

Profi care se ceartă pe un culoar; nimic mai diferit de viața mea din universitate. Starea mea proastă, în loc să se atenueze, se intensifica. În același timp însă, curiozitatea mea științifică înteța interesul pe care-l simțeam pentru brusca-mi trecere de la plăcere la ostilitate. Pentru acea transformare radicală a mea; fizică, biologică, celulară. Cum era cu putință ca, într-o clipă, să treci de la un pol emotiv la opusul său doar din pricina întrebării unui copil?

— Ce-ai simțit când i-ai văzut certându-se?

— Mâhnire, mamă, mâhnire. Am început să tremur. Aş fi vrut ca doamna Leblanc să vină în spatele meu şi să mă folosească pe post de scut. Nu ştiu ce înseamnă „să ai un ego umflat", dar ştiu ce înseamnă să vrei să te ascunzi atunci când nimeni nu te mai vede. Aş fi vrut să-i spun doamnei Leblanc: „Nu sunteți singură!" ca să se oprească din fugă. Fiindcă nu are niciun rost să fugi atunci când suferi. Aş fi vrut să strig ca să nu-mi mai vină nici mie s-o iau la fugă. Dar nu voiam să mă vadă domnul Bergeron. Deci, zi-mi, mamă, ce e ăla ego?

Încăpățânarea lui mă scotea din minți. Însă nu puteam ignora mâhnirea de care vorbea.

— De ce te-a impresionat treaba asta atât de tare?
— Îmi place mult de doamna Leblanc, iar de domnul Bergeron deloc.
— Şi de ce nu-ți place de domnul Bergeron?
— Când ridic mâna ca să răspund la întrebările lui, niciodată nu mă alege pe mine.
— Niciodată?
— Ba da, câteodată, dar rar!
— Ai vrea să te aleagă mai des?
— Da, fiindcă ştiu răspunsurile.

Îmi plăcea afirmația aceea plină de siguranță de sine, deşi eram conştientă că era impregnată de tristețe. Pe de altă parte, mi se părea că avea un pic din acel ego pe care-l punea în discuție. Aşa că am continuat:

— Şi ce s-ar întâmpla dacă domnul Bergeron te-ar alege mai des?
— Aş fi mulțumit.
— De ce?
— Domnul Bergeron şi ceilalți elevi din clasă ar auzi ceea ce ştiu. Şi m-aş simți mai bine.

Nouă ani, mama mă-sii!

— Descrie-mi și mie ce simți când profesorul alege pe altcineva.

— Simt o gheară în piept. Și parcă am un nod în gât.

Fiul meu de nouă ani îi descria mamei sale medic ceea ce se petrecea în corpul lui atunci când nu obținea atenția dorită. Cum naiba făcuse ca să observe atât de fin acest fenomen? Eram uluită. Pișpirelul meu dovedea o intuiție de bătrân filosof identificând o așa chestiune: „Cum se poate transforma brusc un corp dacă nu primește ceea ce-și dorește?" Îl invidiam. Mă enerva.

— Vezi tu, dragul meu, cred că asta înseamnă ego, i-am spus eu pe un ton sec și condescendent.

— Nu înțeleg, mamă...

— Ai putea să ridici mâna, să nu fii ales și totuși să te simți bine. Doar ascultând răspunsurile celorlalți. Nu-i musai să fii ales pentru a fi mare sau pentru a fi cineva! N-ai decât să fii cel mai bun! A fi mare și a fi cineva merg mână în mână, sper să ții minte lucrul ăsta. Iar doamna Leblanc ar fi putut să-l trimită la plimbare pe domnul Bergeron. Dacă a luat-o la fugă, înseamnă că-i o femeie slabă. Și că nu are un ego prea solid! La fel ca și tine!

Ia și încasează, drăguțule! Educație de înaltă performanță. Fără ocolișuri. Direct la țintă. Fiu-meu a început să bălmăjească ceva, cu o voce stinsă. Mi s-a părut că disting cuvintele „la adăpost", „invizibil", „prea mic"...

Ce naiba mă apucase? Cum de-mi putea face plăcere să-l umilesc așa cum mi se întâmpla uneori cu studenții sau cu colegii? Ciudată satisfacție pentru o mamă să-și înjosească propriul copil când e dezorientat! În fața agresivității mele, Charlot s-a închis în el ca într-o scoică.

— Ce vrei să zici, mamă?

Acuzatoare și cinică în același timp, am supralicitat:
— Cred că egoul e acea „chestie" din noi care vrea să fie mereu aleasă!

Nu știu de unde-mi venea acel răspuns, dar simțeam plăcerea aia pe care o simt de fiecare dată când fac praf un ignorant. Cu propriul meu copil! Bietul de el tremura. Foarte, foarte tare. Aproape că nici nu-l mai vedeam...

— O chestie?

Am urlat la el:
— Mă rog, nu-i o chestie, e... nu știu! Da' mai lasă-mă și-n pace! Întreabă-i pe profesorii tăi!

În momentul acela, s-a îndreptat greoi de spate și mi-a aruncat acea privire pe care am întâlnit-o atât de adesea în ochii copiilor pe moarte: luciul unei bălți toamna târziu, când începe să dea înghețul. A pornit-o încetișor spre camera lui, iar eu am recunoscut mersul copiilor bolnavi, Muriel, Simon, Stéphanie, Olivier, Anouk, Baptiste, Anne-Marie, Émile, Tamie... Toți acei copii cărora suferința le-a ținut loc de copilărie; parcă atunci se adunaseră cu toții în mersul lui Charlot. Umerii lui. Gâtul lui. Nici nu mai știam unde mă aflu. La spital sau acasă... Când dădea să iasă din cameră, l-am strigat:
— Charlot... Iartă-mă, dar întrebarea ta m-a tulburat... Cred că și eu simt nevoia să fiu aleasă.

— Aleasă de cine, mamă? m-a întrebat el fără să se întoarcă. Tu ești mare totuși, nu?

— ... Aleasă de tine, Charlot... de tine.

N-a mai zis nimic, doar s-a răsucit pe călcâie, uitându-se în continuare în podea.

— Nu m-am gândit niciodată ce este de fapt egoul, dragul meu, am bălmăjit eu. De multe ori, mi se întâmplă și mie să cred că unii oameni au un ego exagerat, atunci când vorbele sau comportamentul lor îmi dau impresia că se cred mai importanți, mai inteligenți sau chiar mai cumsecade decât ceilalți. Dar nu știu cu adevărat ce este.

S-a uitat la mine, cu un aer ciudat. Vedeam defilând pe fruntea lui cohorte de semne de întrebare. O legiune întreagă.

Am încercat apoi să mă repliez.

— Și doamna Leblanc cine e, suplinitoarea?
— Da!
— Și de ce-ți place de ea?
— Pentru că, și dacă m-a ales de două, trei ori, mă mai alege și-n continuare! Și pentru că e *cool*!
— Charlot, scumpul meu, am impresia că arde. Adică eu cred că ne cam apropiem de un răspuns.
— Nu pricep, mamă.
— De ce e *cool* atunci când ești ales și de ce simți o gheară în piept atunci când nu ești?
— Nu-nțeleg nimic, mamă, și am obosit! Și-apoi, nu vreau să-ți pierzi timpul cu mine.

Fiul meu se temea că-mi pierd timpul cu el? De când îmi decoda el iritabilitatea? La ce vârstă începuse să aibă asemenea preocupări? Viața îi dădea bobârnace peste bobârnace uriașei Maryse du Bonheur, experta în suferință infantilă...

În noaptea care a urmat, a trebuit să merg la spital. Asistenta-șefă a secției de oncologie pediatrică m-a sunat pe la două dimineața:

— Doamna doctor Maryse, e vorba de Hadrien. Zice că n-o mai duce mult. Vrea neapărat să vă vadă. Și cât mai repede.

Hadrien e un adolescent de 15 ani bolnav de leucemie acută limfoblastică. Viața se dezvoltă sub o formă malignă în interiorul unei forme sănătoase pentru că celulele nu mai comunică între ele. O ruptură biologică, o întrerupere a legăturilor, a schimburilor. Celulele, în mod normal, emit semnale, își trimit informații. Utilizează niște punți pentru a transmite mesaje către vecinele lor. Procesul canceros apare atunci când aceste punți se prăbușesc, unele după altele, iar celula canceroasă începe să funcționeze separat. E prima etapă a cancerogenezei: o perturbare a comunicării dintre celulele învecinate. Nu mai există un semnal care să le spună celulelor maligne: gata, ajunge! Acestea din urmă ocupă întreg spațiul, se multiplică, fără a mai ține cont de ce-i în jur. Toate celelalte ducă-se!

În sângele lui Hadrien, rețeaua de comunicare fusese bombardată de nu se știe ce, iar eu nu reușeam să stopez nicicum înmulțirea frenetică a așa-numitelor celule „blastice". Aceste celule sanguine imature iau locul celulelor normale şi le împiedică să-şi îndeplinească diferitele misiuni. Ce-i fascinant ca fenomen e vitalitatea debordantă pe care o arată, în propria lor dezvoltare. O vitalitate pe care o admir, cred că am mai spus-o.

Când trebuie să merg noaptea la spital, mă pot baza pe un sistem de babysitting: vecinii de-alături mi-au spus că-i pot trezi la orice oră. Au zis că, în felul lor, sunt şi ei „de gardă" şi că, într-o bună zi, cine ştie, poate vor avea şi ei nevoie de mine. Aşa că pot să plec în puterea nopţii şi să li-l las lor pe Charlot, fără nicio grijă.

Când am ajuns în salonul lui Hadrien, chipul îi era luminat de lampa de deasupra patului. Cea folosită noaptea pentru a vedea dacă totul e în regulă, fără a-i deranja pe cei din jur. Probabil că el ceruşe să fie lăsată aprinsă. Era singur. Respira sacadat. Obrajii săi păreau să sugă aerul, iar buzele i se rotunjeau în jurul unui orificiu minuscul, o gaură pe care ar fi putut-o face un pai. M-am uitat după pai... pe cearşafuri, în gâtul lui, pe jos: nimic. M-am aplecat din nou; poate se rostogolise sub pat?

Hadrien nu s-a uitat la mine imediat, ştia că sunt eu. Sinceritatea lui era aţintită înspre tavan. Nu mă ignora, mă chema. Mă striga. Un strigăt insuportabil.

Atunci am rupt tăcerea:

— Bună seara, Hadrien. Unde sunt părinţii tăi?

A întors şi mai mult capul în partea cealaltă, apoi a şoptit:

— Le-am zis să se ducă să se culce. În fiecare seară aşteaptă să le dau eu voie. Nu se pot obişnui. Nu s-au obişnuit niciodată. Asta-i tandreţea. Într-o seară, aici, am văzut-o pe mama sărutându-l pe taică-meu. El stătea pe marginea patului. Plângea. De parcă el era cel care avea să moară. Mama l-a mângâiat pe obraz. Apoi şi-a lipit buzele de fruntea lui. Cu un fel de stinghereală. Parcă nu ştia cum să facă, parcă nu mai ştia, chiar şi după 25 de ani de căsnicie. O încercare stângace de a-l mai linişti un pic, fără a-l scoate din ale lui — din acea durere pe care o cunoştea şi ea, fără îndoială. Am înţeles atunci ce înseamnă tandreţea.

A supt o bucată zdravănă de aer. Mi-am pus o mână pe cearşaful care-l acoperea. Hadrien n-a avut nicio reacţie.

— Aşteaptă să le dau eu voie fiindcă vor şi să-i liniştesc, doamna doctor Maryse. Au încredere în mine. Ştiu amândoi că o să le spun. Când o să se întâmple. Ca să fie aici. Ştiu amândoi că n-o să-i las baltă. Că n-o să doarmă tocmai atunci. Şi asta înseamnă tandreţe.

— Ai tăi te iubesc, Hadrien.

S-a întors în sfârşit spre mine. O mişcare energică, ce m-a făcut să mă dau un pas în spate. Privirea aceea îndreptată brusc spre mine, un fascicul luminos precum cele ale elicopterelor poliţiei, noaptea, când caută un criminal evadat sau o persoană dispărută.

— Şi dumneavoastră, doamnă doctor Maryse? Dumneavoastră mă iubiţi?

Proiectorul tocmai fusese aţintit asupra evadatei. Lumina lui era orbitoare. Nu mai aveai cum să te fofilezi.

— Ce întrebare e asta, Hadrien? Mai ai vreo îndoială?

— Nu ştiu, doamna doctor.

— Ce vrei să spui?

— Moartea... o simt, dar iubirea dumneavoastră... nu.

A început să tuşească.

— Şi sunt mai mulţi copii care simt ca mine. Am stat de vorbă cu ei.

— De-asta ai vrut să vin aici, în puterea nopții? Ca să-mi spui treaba asta?
— Din cauza testelor? Testele le iubiți, de fapt? De ce v-ați ales meseria asta?

Respirația îi șuiera tot mai tare.

— Ați fi putut să conduceți metrouri. Acolo nu trebuie să anunți nimic, totul e automat: „Următoarea stație: Longueuil, capăt de linie, toată lumea coboară..."

Mă gândeam la doamna Leblanc și, dintr-odată, îi înțelegeam dorința de a o lua la fugă.

— Aveți o perspectivă asupra lumii care nu lasă niciun loc perspectivei celorlalți, doamnă doctor Maryse. A dumneavoastră e singura care contează! La un moment dat, pare că nici nu mai avem voie să murim, pur și simplu pentru ca dumneavoastră să fiți cea mai bună, greșesc? Vreți să fiți cea mai bună, nu-i așa? E ca și cum noi, copiii, v-am servi la ceva, doamnă doctor Maryse, ca și cum v-am fi de folos.

Drept răspuns, am început să aberez. Asta îl enervează la culme pe Charlot. Întotdeauna. Iar de multe ori, chiar mi-o reproșează.

— Și tu, ia zi, ce vrei să te faci când o să fii mare?

Hadrien a zâmbit, din politețe fără doar și poate, la auzul ridicolei mele întrebări.

— Aș fi vrut să mă fac scriitor.

Mi-a arătat, pe măsuța de la căpătâiul patului, un caiet, un stilou și o călimară. Cu cerneală bleu-indigo. Am profitat de ocazia ivită.

— Despre ce scrii în caietul ăla?
— Sunteți doctor neurolog, doamna Maryse, păcat că nu sunteți poetă. Ați fi putut să pătrundeți în creierul cuvintelor. Să vedeți ce se întâmplă în capul lor. Să le

îngrijiți când nu le e bine. Pentru a le ajuta să spună adevărul. Eu scriu ca să înțeleg oameni ca dumneavoastră. Dar cu dumneavoastră n-am să reușesc, n-o să mai am timp, fiindcă în curând se termină. Sunt sigur că știți și dumneavoastră...

— Dar tu de unde știi?

— Simt, asta-i tot. Dumneavoastră nu simțiți? Curios... De fapt, simțiți vreodată ceva, doamna doctor? Mirosul de ciocolată caldă, gustul piperului, textura ierbii? Și mai scriu ca să adaug, fără mari pretenții, un pic de frumusețe acestei lumi, chiar dacă n-are nevoie din moment ce are deja mlădierea spicelor de orz, de ovăz sau de grâu. Și covorul frunzișului de pe munți, toamna, în lumina asfințitului.

Și-a întors din nou privirea, pironind-o în tavan.

— Gata... Într-o bună zi, poate veți înțelege ce am încercat să vă spun în noaptea asta, doamnă doctor Maryse. Acum puteți pleca, vreau să fiu singur. Ah, și dacă i-ați putea chema pe ai mei...

Pe față, între buzele strânse, i-a apărut din nou acel orificiu minuscul.

Simțeam că mă sufoc, de parcă aș fi fost prinsă în interiorul unui pai.

Dimineață, s-a stins. În prezența tatălui său și a mamei sale. Nu mai voia pe nimeni altcineva. Ceva mai târziu, în timpul vizitei, i-am întâlnit pe culoar. Mi-au dat stiloul și călimara cu cerneală.

— Astea-s pentru dumneavoastră, doamnă doctor Maryse. Caietul i-am promis c-o să-l distrugem fără să-l citim. O să-l ardem diseară, lângă măsuța unde scria, în curtea din spate. Ne-a cerut să vă transmitem acest mesaj: „Cadoul acesta, doamnă doctor Maryse, nu e ca să vă amintiți de mine, nu sunt atât de important. E doar tandrețe".

Nu mai puteam sta nicio clipă acolo, la spital. M-am dus acasă.

Hadrien. Copilul acesta mi-a lăsat moştenire un pumn zdravăn în stomac. Ce demonstraţie de curaj, să-mi facă una ca asta! Nu avea nimic de câştigat de pe urma gestului său, nicio glorie. Era un gest fără pretenţii, în care simţeai dragostea pentru toţi cei pe care-i reprezenta. Un gest care arăta afecţiunea lui pentru copiii ce rămâneau în urma sa. Pentru semenii săi. Hadrien era un erou a cărui bravură numai eu o cunoscusem. Nimeni n-avea să ştie vreodată ce îndrăznise el să facă dacă eu n-aveam să povestesc, iar eu chiar nu mă simţeam în stare s-o fac. Ce-ar fi zis lumea despre mine? De mai multe ori, m-am trezit întrebându-mă cine se credea el, în fond. Pe de o parte, îi purtam pică. Pe de altă parte însă, era cadoul acela pe care mi-l făcuse... tandreţea. Şi mai erau cuvintele alea ale lui, care mă obsedau: „La un moment dat, pare că nici nu mai avem voie să murim, pur şi simplu pentru ca dumneavoastră să fiţi cea mai bună, greşesc? E ca şi cum noi, copiii, v-am servi la ceva, doamnă doctor Maryse, ca şi cum v-am fi de folos".

Aşezată în faţa stiloului şi a călimarei, rumegam în gând spusele lui Hadrien. Iar ele se amestecau cu întrebarea obsedantă a lui Charlot despre ego. Nu izbuteam nicicum să găsesc un răspuns simplu şi clar. Bănuiam că exista o legătură între ele; trebuia să fii prost să n-o vezi. Băteam furioasă din picior: când vreau să aflu ceva, trebuie să merg până la capăt. De altfel, tocmai asta mă enervează și mă fascinează în privința cancerului: nu știu niciodată care dintre noi — el sau eu? — va merge cel mai departe.

Când Charlot s-a întors de la școală, m-am hotărât să reluăm discuția din punctul în care o lăsaserăm. Mama deslușise în ochii fiului ei ceea ce medicul vedea atât de des în ochii tinerilor săi pacienți. Lucirea aceea care pălește atunci când îți dai seama că nu se mai poate face nimic.

— Scumpule, m-am tot gândit la întrebarea ta de ieri referitoare la ego și încă n-am găsit un răspuns.

—Ți-am zis să te oprești, mamă. Nu vreau să-ți complici viața!

Cred că, în acel moment, mi-am mușcat obrajii.

— Doamna Leblanc, a continuat el, ne-a zis astăzi, la sfârșitul orelor, să-i punem o întrebare despre ce vrem noi. Despre ceva care ne preocupă. Eu am întrebat-o ce e acela ego.

— Și ce ți-a răspuns?

— Nimic. N-a scos niciun sunet. Parcă era Marie-Lou, prietena mea cea mută. Mă rog, a zis doar: „E complicat"... La fel ca tine ieri. S-ar părea că tuturor li se pare complicat.

Nu știam de nicio Marie-Lou. O mută? Era un detaliu pe care, în mod normal, l-aș fi ținut minte... Ca dovadă că nu eram întotdeauna cu mințile acolo. Mai ales când Charlot vorbea cu mine. M-am purtat însă ca și cum aș fi știut.

— Se întâmplă destul de des ca oamenii să vorbească fără să știe despre ce vorbesc, dragul meu... Ba chiar aș zice că așa e mai tot timpul. Și ce e cel mai rău este că nici nu-și dau seama.

— Şi tu faci la fel?

Mi-a venit să spun că nu. Să mint ca să-l liniştesc. Să-mi refac imaginea de mamă, imaginea mea în general. Numai că în lăuntrul meu simţeam ceva nou. Un fel de stânjeneală. Un fel de ezitare. Adevărul care ridică mâna de undeva din fundul clasei. De undeva din zona inimii mele. Aşa că am recunoscut:

— Da, dragul meu, şi eu fac la fel. Vorbesc uneori fără să ştiu...

— De ce faci asta?

— E treaba aia despre care vorbeam ieri... ca să fiu aleasă, cred. Privită, admirată... Iar şi iar.

Charlot şi-a vârât mâinile în buzunare.

— Nu vreau să se vadă că nu ştiu răspunsul, am mai adăugat eu.

S-a întors atunci spre mine şi, pe tonul ăla pe care îl au copiii când mă întreabă dacă vor muri, a riscat întrebarea decisivă:

— Şi eu, mamă, am un ego umflat?

Eram năucită complet. Ce era oare în mintea lui?

— Nu, dragul meu! Şi-apoi, ceea ce contează nu e mărimea lui, ci suferinţa pe care le-o pricinuieşte oamenilor.

Alexandrine zisese să ne întâlnim la fermă. Acolo trăia după moartea părinților ei. Își părăsise postul de obstetriciană de la spital și-și luase un concediu sabatic pentru o perioadă nedeterminată. „Simt nevoia să mă întorc la origini", îmi scrisese ea.

Își concentra energia pe creșterea a două specii de capre: angora, pentru lână, și elvețiana alpină, pentru brânză.

Voiam să-i știu părerea despre chestiunea care-l preocupa pe fiul meu. Și care mă preocupa acum și pe mine. Charlot mă însoțea. La urma urmelor, Alexandrine era nașa lui. Făcusem un pact laic între noi. Ea era mama lui spirituală. Aceea pe care îmi dorisem atât de mult s-o aibă.

Ce fericire că Alexandrine apăruse în viața mea!

Femeia asta intra în contact cu ceilalți de parcă ar fi fost cu putință construirea de punți de la suflet la suflet. Era o ingineră a interconexiunii umane. Un om care gândea cu inima.

În ziua în care i-am propus să fie nașa lui Charlot, mi-a zis că era deja. Că prinsese drag de el încă înainte de venirea lui pe lume. De-atunci, în ciuda kilometrilor care ne despărțeau, știam că Alex avea să răspundă „prezent" la cel mai mic semn că aș avea vreun necaz. Spre deosebire de mătușă-mea Bénédicte, care mă crescuse și care urla la mine „Lasă-mă-n pace!" chiar şi când nu-i ceream nimic.

Când am ajuns, Alex cânta la violoncel în staul. *Suitele* de Bach. Interpretarea ei m-a dat pe spate. Inova, executând acea capodoperă pentru un singur instrument acompaniată de un „cor" de capre!

„Să auzi cum sună Bach printre behăituri: o provocare continuă, provocarea unei vieţi!" zicea ea. Dar asta nu mă surprindea deloc, trebuie s-o spun. Aşa era Alexandrine. Aşezată pe un scaun de nuiele, vibra din toată fiinţa ei, fiind deopotrivă şi arcuşul, şi muzica.

Charlot a închis ochii, de parcă se ruga. După câteva minute, a exclamat:

— Uite că şi ele ascultă!
— Ce-ai zis, scumpule?
— Caprele, mamă, ascultă şi ele muzica.

Eu, una, auzeam mai degrabă imaginaţia lui debordantă.

— Mă simt înăuntru cu totul! a mai zis el. Şi tu poţi, mamă. Închide ochii şi ascultă! Suntem înăuntrul muzicii aşa cum sunt stelele în cer.

Apoi, după numai câteva clipe:

— Chiar n-auzi, mamă? Nu pot să cred! Mai încearcă, e nemaipomenit...

Nişte behăieli pe muzică de Bach: ce era atât de nemaipomenit? În ciuda interpretării senzaţionale a lui Alex, eram mai degrabă agasată. Bach nu merita să ajungă într-un staul!

Alex şi-a lăsat jos arcuşul şi a venit la noi:

— Băiatul tău are dreptate, Maryse, caprele chiar ascultă. Iar Bach face brânza mai bună, ceea ce nu-i ştirbeşte cu nimic geniul. După ce-i aud muzica, caprele sunt mult mai uşor de muls. Parcă sunt mai puţin nervoase. Laptele lor parcă-i mai dulce. Mi se pare chiar că are o aromă uşor fructată. Să fie oare o iluzie a papilelor mele? Nici nu contează, Maryse. Brânza trebuie pregătită cu mult înainte de a fi fabricată. La fel cum copiii trebuie iubiţi cu mult înainte de a se naşte.

În mintea mea, pană totală de curent. Vid cosmic. Despre ce naiba vorbea?

— Astăzi nu se mai pregăteşte nimic. Oamenii vor ca totul să fie perfect cât ai bate din palme. E o lume a produselor congelate. Burţile noastre sunt pe cale să devină nişte lăzi frigorifice şi nişte maşinării de tras bebeluşi în vid. Pentru o folosire ulterioară, în zilele când vom vrea să arătăm că noi îl avem pe cel mai frumos, cel mai inteligent, cel mai drăgălaş. Sunt convinsă că unii copii au făcut cancer fiindcă au încercat să fie perfecţi înainte de a învăţa să meargă în picioare ori să vorbească. Tu ştii ce costă cel mai mult în prezent? Tot ceea ce necesită pregătire, adică acele lucruri pentru care e nevoie de timp. Eu pregătesc brânza aşa cum ar trebui pregătiţi copiii, scumpa mea prietenă. Cu timp investit şi cu muzică de Bach.

Tocmai când mă pregăteam să reacţionez, a schimbat subiectul.

— Ce pot face pentru voi, dragilor? De ce-aţi bătut atâta drum până aici?

Legătura aceea pe care o făcea între cancer şi eforturile de a fi perfect mă scotea pur şi simplu din minţi! Eu eram specialista în cancer, nu? Iar acum, în staulul acela, îl mai auzeam şi pe Hadrien şoptind: „Aveţi o perspectivă asupra lumii care nu lasă niciun loc perspectivei celorlalţi, doamnă doctor Maryse. A dumneavoastră e singura care contează!" Mă enerva la culme că murise. Mă enerva în general! Nu mai știam ce să cred.

— Am venit până aici fiindcă Charlot are o întrebare pentru tine. Eu degeaba am întors-o pe toate părțile, că n-am găsit niciun răspuns satisfăcător, nici pentru el, nici pentru mine, și-atunci...

Charlot însă m-a întrerupt:

— Ce e ăla ego, Alexandrine?

Ea a zâmbit, fără a se arăta câtuși de puțin surprinsă. A zâmbit cu zâmbetul acela larg în fața căruia, încă din adolescența noastră, mi se stingea orice furie. Apoi s-a ridicat fără să scoată o vorbă, culcându-și violoncelul pe podea. În gestul ei era toată afecțiunea pe care i-o porți unei ființe iubite; un gest care cerea timp. După aceea s-a dus spre celălalt capăt al staulului și a dispărut în dosul unui perete despărțitor din lemn. De acolo a ieșit cu un ied în brațe.

— N-are decât trei zile. Pe maică-sa n-am reușit s-o salvez. A murit când îl făta. Puiul stătea sucit în pântecele ei, iar eu n-am făcut ce trebuia. A pierdut foarte mult sânge, biata de ea... Să fi văzut ce mai clocot, ce zgomot lichid, ce de valuri roșii! Când i se scurgeau ultimii stropi și nu mai avea putere decât să privească, mi s-a părut că-și privea puiul așa... cu disperare... și că mă implora să am grijă de el. Să știi că nu sunt nebună, Maryse, orice-ai crede tu.

Mângâia micuțul animal cu blândețea celor care știu ce e tandrețea, poate tocmai fiindcă multă vreme nu au avut parte de ea. Charlot li s-a alăturat din câțiva pași și, cu mari șovăieli, a întins mâna spre puiul de capră așa cum ai apropia-o de o flacără. Alexandrine s-a lăsat pe vine. Iedul, dornic în mod evident să fie mângâiat, a întins capul spre fiu-meu. Charlot i-a oferit un obraz, iar iedul l-a lins de mai multe ori, drăgăstos.

— Îl cheamă Minus, a zis Alex răsucindu-se spre mine. Grupa mea sanguină e O negativ. Sunt donatoare universală și tare aș fi vrut s-o pot ajuta și pe maică-sa. Numai că nu sunt chiar atât de universală.

Apoi, țâșnind de nicăieri, a venit și răspunsul ei:

— Nu știu cu adevărat ce-i ăla ego, Charlot. Cred că e o bandă desenată din mintea oamenilor. Cu o mulțime de supereroi.

Charlot părea să fi uitat de întrebarea lui. Minus îi captase toată atenția.

— Pot să-l țin și eu?

Brațele copilului alcătuiau deja un fel de leagăn. Ciudat tablou! Nu se mai știa cine legăna pe cine. Iedul nu opunea nicio rezistență, dimpotrivă. Pentru câteva clipe, chiar i-am invidiat. Erau atât de departe de lumea asta care ne face să credem că trebuie să fii mare pentru a fi fericit! Că trebuie să fii *cineva*!

Fără a se uita la mine, Alexandrine s-a dus în spatele meu. Fredona exact ce cântase mai devreme la violoncel. Bach se revărsa acum din coardele ei vocale. Aerul îi servea drept arcuș. Preț de câteva note, n-am mai auzit behăiturile; sau să zicem, mai degrabă, că nu mă mai agasau.

Cu Minus în brațe, Charlot părea să-și fi pierdut orice interes pentru ego. Alex nu mi se mai adresa decât mie:

— Prietenul nostru, Minus, are nevoie de atenție pentru a supraviețui. Spre deosebire însă de copii, el nu trebuie să se transforme în erou pentru a o obține. Ori să creadă că trebuie s-o facă. Cu cât mă gândesc mai mult la treaba asta, cu atât mi-e mai clar că egoul este un personaj de benzi desenate, alcătuit din toți acei supereroi care defilează și ne populează mintea în această viață. Personajele pe care ne imaginăm că ar trebui să le jucăm: fiul ideal, iubita de vis, profesoara genială, medicul magician, prietena perfectă și de neînlocuit... Egoul este, în sine, o colecție de mii de eroi. Iar memoria e dulapul unde sunt îngrămădite toate costumele lui.

Alexandrine se uita numai la mine.

— Tu, specialista în creier, n-ai observat că neuronii fabrică întruna identități? De invincibili, de nemuritori, de învingători. Opusul total al nimicului... adică al morții.

Nu mă miram deloc. Alex ținea în mod constant discursuri din astea inflamate. Una dintre temele ei predilecte era acutizarea actuală a narcisismului.

— Gândește-te numai un pic, draga mea, orice discurs integrist s-ar putea traduce cam așa: „Eu sunt cel care are dreptate! Ceilalți sunt toți niște tâmpiți. Trebuie educați! Și reeducați! Până pricep ce este bine pentru ei". Câtă compasiune! Și ne mai mirăm că din cauza noastră dispar 130 de specii de plante și animale în fiecare zi. 130 DE SPECII... ÎN FIECARE ZI!

Astea erau tiradele „alexandriene"... Avea, în privința asta, o predispoziție din familie. Tatăl ei pictase pe acoperișul garajului lor un Buddha imens. Cu o vopsea rezistentă la intemperii. Nu puteai vedea întregul tablou decât din înaltul cerului, când era senin. „Ca să ne amintim să revenim cu picioarele pe pământ!", zicea domnul Beguin.

Într-o zi de primăvară, când am trecut pe la fermă, m-a luat cu el în balonul lui cu aer cald. Un vis de copil devenit realitate. Ne uitam amândoi cum soarele topea zăpada de pe chipul lui Buddha.

— Uită-te la spectacolul ăsta, Maryse, e lecția cea mai importantă din viața ta. Într-o bună zi, o să înțelegi că gândurile oamenilor seamănă cu zăpada asta. Când ele sunt impregnate numai de „eu, eu, eu" — ceea ce se întâmplă mai tot timpul —, îl ascund în dosul lor pe Buddha, pacea. Oamenii cred despre ei că sunt conținutul ideilor lor — cuvinte, imagini — și se atașează de ele. Se ceartă între ei ca să le apere și să le impună. Se poartă ca și cum ar încerca să împiedice topirea zăpezii primăvara. A deveni inteligent, draga mea, înseamnă a învăța să trăiești în permanență cu primăvara în minte. Asta se cheamă „vigilență". Să înveți să deosebești gândurile pline de „eu, eu, eu" de cele care nu-s. Cum faci asta? Observând, așa cum observi acum acoperișul garajului, din acest balon. Vezi atunci defilând toate acele „meu", „mele", „mie" și te uiți la ele cu atenție: „Asta sunt eu, oare?" Și mai vezi și judecățile, criticile, blamurile. Și te întrebi: „La ce-mi folosesc aceste gânduri?" Iar dacă ajungi la concluzia că nu-ți sunt de niciun folos, le lași să se topească. Vigilența e soarele din mintea noastră, Maryse. Se întâmplă uneori să nu mai rămână niciun fel de gând, ca atunci când zăpada s-a topit cu totul. Ai încetat să te mai opui topirii ei și poți vedea în sfârșit ce e dedesubt. Poți atunci să privești întregul spectacol și să te minunezi de frumusețea lui, ca atunci când iubești. A deveni inteligent înseamnă ceea ce înseamnă de fapt „a iubi".

Părinții lui Alexandrine au murit la trei luni unul după celălalt. Mama ei s-a dus prima. Domnul Beguin, îndrăgostit până peste cap de soția sa, n-a rezistat șocului. S-a urcat în balon și a dispărut în înaltul cerului. Balonul a fost găsit undeva pe malul fluviului. Nu și trupul domnului Beguin. Nici măcar balonul n-a reușit să-l desprindă de tot și toate; n-a putut rupe cea de pe urmă legătură, aceea care-l ținea legat de soția lui.

Charlot ne-a întrerupt:

— Ai dreptate, Alexandrine, am tot timpul capul plin de eroi.

Ne-am întors amândouă spre el. Iedul îl lingea pe față. Era momentul să plecăm. Abia ce-am ieșit din staul, că Alex făcea deja să vibreze sufletul violoncelului său. De astă dată, improviza...

— Ia zi, Charlot, caprele ascultă și-acum?
— Da, mamă. Dar tu? Nici acum n-auzi?
— Nu, dragul meu, spune-mi tu.
— Caprele aud bucuria!

Apoi, cu privirea întoarsă spre staul:

— E posibil, mamă, să existe brânză fericită?

Atenția lui Charlot ajunsese la maxim. Parcă era un somnambul mergând pe sârmă. Aș fi vrut să fiu plasa lui de siguranță, dar eu eram sârma. Așa mă simțeam întotdeauna cu copiii pe care mă temeam că o să-i pierd. Iar pe Charlot chiar nu voiam să-l pierd. Eram foarte îngrijorată. Nu suportam să-l văd bântuind prin casă, cu mințile aiurea. Povestea asta a lui cu egoul mă râcâia în continuare. Nu dusesem lucrurile până la capăt. Definiția lui Alex îmi scăpase din vedere. „Egoul este un personaj de benzi desenate, alcătuit din toți acei supereroi care defilează și ne populează mintea în această viață." Charlot prinsese imediat ideea: „Mulțumesc, nașă, asta chiar mă ajută!"

Oare ce era, din nou, foarte clar pentru el, iar eu nu pricepusem?

Într-o dimineață, am încercat să construiesc o punte între el și mine aducând vorba, ca din întâmplare, de o expunere pe care o făcuse în fața clasei și pentru care luase A+. Un mare succes. El însă, ca și când n-auzise nimic din ce zisesem, mi-a spus:

— Nu știu să mă port ca un copil, mamă. E prea greu. Bolnavii tăi cum fac? Ei mai sunt copii? Îți trebuie așa de mult timp ca să fii copil! Ție studiul creierului îți ocupă tot timpul. Iar eu nu sunt la fel de interesant precum creierul.

Frumoasă palmă! Cât timp îți trebuie ca să fii copil? Nu mai țineam minte. Mătușa Bénédicte își petrecea mai tot timpul zicând că „n-avea timp". Mai ales când trebuia să se ocupe de mine. Și adăuga: „Fată dragă, nu trebuie să pierzi nicio secundă dacă vrei să ajungi cineva. Iar tu o să reușești în viață, scumpete. N-ai vreme de pierdut cu păpușile sau cu alte copilării. B-ul sau C-ul nu sunt de ajuns, doar A-ul contează!"

În apărarea ei, trebuie să spun că nu mă „alesese" ea. Se trezise cu mine pe cap, în apartamentul ei de pe strada Rachel. Aveam trei ani, iar ai mei tocmai muriseră într-un accident de mașină. După o seară cu prea multă băutură, la niște prieteni doctori. Încă de a doua zi fusesem dată în grija mătușii Bénédicte, sora maică-mii. Îi plăcea, de altfel, să-mi aducă mereu aminte că părinții mei nu-i lăsaseră nicio moștenire, în afară de mine.

Obnubilată de convingerea că viața îi era datoare cu ceva, se concentra asupra propriilor vise, le nota pe frigider, le repeta cu voce tare de trei ori pe zi, cumpăra bilete la loto, aplica *ad litteram* sfaturile citite în horoscop, bea sucuri de ceapă și sfeclă și se masa cu ulei de santal în fiecare seară, înainte de culcare.

Ghinion, universul făcea pe surdul. Nu trimitea niciun mesaj clar în favoarea ei. Ea încerca totuși, prin toate mijloacele, să se facă auzită; cineva avizat avea să-i vadă până la urmă potențialul. Degeaba însă, niciun semn. „Răbdare" era cuvântul ei de ordine. Secretul ei? O pasență în care-și ghicea viitorul. „Cărțile astea de joc nu m-au înșelat niciodată!", zicea ea.

În orice caz, imposibil să-i reproșezi că n-ar fi fost cinstită. Îmi amintea cu regularitate că ea nu-și dorise niciodată un copil. O hotărâre luată la 20 de ani, un fel de revelație. Înconjurată de lumânări și fum de tămâie, mi se confesa fără nicio reținere, fără nicio pudoare, cu o totală transparență. Pe vremea când abia știam să citesc și să socotesc, stăteam pe post de duhovnic, lângă cada ei, în picioare, cât ea se spăla. Cred că-i simțeam deja suferința. De fapt, făceam mai mult decât s-o simt, o absorbeam. Vibram fizic în fața vidului, a golului, a acelui „nimic" pe care-l ascundea construindu-și legenda. Firește, simțeam de multe ori că-i sunt o povară, dar aveam un rol al meu: nu oricine poate fi terapeut la cinci ani!

Vorbea foarte puțin despre mama mea, iar atunci doar ca să se plângă: „Soră-mea a avut noroc cu carul. Doctoriță, și cu soț doctor. Se iubeau foarte tare, să-i fi văzut cum se mai cocoleau, cum stăteau numai de mână, cum se sorbeau din ochi unul pe altul! Nimeni și nimic nu mai exista în jurul lor. Și s-au tot tăvălit prin noroc până au intrat în copacul ăla. Uite-așa schimbă viața uneori macazul, hodoronc-tronc!"

Am foarte puține amintiri cu mama. Până la urmă, n-am cunoscut-o cu adevărat pe niciuna dintre cele două surori. Doar niște aparențe. Nici în privința lui taică-meu n-am prea multe informații. Din câte bănuiesc eu, tanti-mea a fost îndrăgostită de el.

În ce mă privește, nu se poate spune că aveam iubiți, ci doi amanți: cancerul și creierul.

Creierul este un fel de centrală bioelectrică, un punct nodal în care se întâlnesc niște fire ce fac să funcționeze corpul *și toate celelalte*: gândirea, fricile, dorința, suferința, tristețea, bucuria, enervările, iubirea... Pe scurt, ceea ce noi, oamenii, numim viață! Și totuși, oricât de stupid ar putea părea, până să vină Charlot cu întrebarea lui, nu realizasem nicio clipă că aici intra și egoul! În mod curios, „eu", neurologul și profesoara emerită de anatomie a creierului, trăiam ca și cum egoul ar fi fost ceva independent de activitatea cerebrală. O „chestie" căreia îi atribuiam o existență proprie. Și, culmea ridicolului, eram total incapabilă să dau o definiție a acestei „chestii" pe înțelesul unui copil de nouă ani!

Ajunsă și în pană de idei, și la capătul răbdării, m-am hotărât să discut cu Georges Paris, marele meu prieten și coleg pedopsihiatru. Îmi ziceam că, în domeniul egoului, el avea cu siguranță mai multe lungimi de pistă în fața mea. Mă așteptam de fapt ca, dincolo de cunoștințele sale teoretice despre „eu", să aibă o imagine obiectivă și despre talia propriului său ego, și speram să fi tras de aici câteva învățăminte personale pe care să mi le poată împărtăși.

Pe Georges l-am cunoscut în perioada când ne făceam stagiile de final de studii. Prima dată când l-am văzut, deghizat în Moș Crăciun în fața unui oficiu de asistente medicale, am crezut că e un pacient psihotic. Ce-i drept, în afară de hainele alea caraghioase, Georges are toate trăsăturile lui Moș Crăciun, inclusiv râsul: „Ho, ho, ho..." Îl revoltă în schimb supraabundența și risipa. Cam ciudat pentru cineva cu sacul plin de daruri! L-am auzit de multe ori vorbind despre detașare, debarasare sau chiar renunțare. E de neoprit pe tema asta. După părerea lui, consumul, sub toate formele lui, distruge pur și simplu copilăria, făcând-o să piardă ce are ea mai luminos: uimirea, plăcerea de a aștepta, creativitatea jocurilor născocite cu un capăt de sfoară și niște cutii de carton... Georges vorbește despre consum așa cum vorbesc eu despre cancer. Doi hoți de copilărie.

La fel ca Alex, trăiește singur și n-a fost niciodată căsătorit. Mă rog, cel puțin eu așa știu. Însă adoră compania femeilor. În perioada acelor stagii — o spun cu toată modestia —, îl bănuiam a fi unul dintre cei care voiau să-mi intre sub fustă. Mă simțeam flatată, dar n-aveam niciun chef să fac dragoste cu Moș Crăciun. Fantasma asta nu intra în repertoriul meu.

Îmi place la nebunie de Georges, dar de multe ori mă scoate pur și simplu din sărite. Când îl întreb câte ceva, are stilul ăla foarte psihoterapeutic de a nu-mi da niciodată un răspuns satisfăcător. Se mulțumește să-mi arunce niște indicii. Nu mă pot obișnui cu treaba asta! Eu vreau să știu clar. Și imediat. Cu toate astea, îl consult de fiecare dată când starea unui copil cere expertiza combinată a amândurora. Prin urmare, l-am sunat în legătură cu întrebarea lui Charlot. După salutările uzuale, am intrat în miezul problemei:

— Ia zi-mi, Georges, ce înseamnă ego?

A băgat acel „Ho, ho, ho..." de Moș Crăciun ca pe un râs pe care l-aș califica drept „psihanalitic", adică un râs conținând un răspuns pe care totuși nu-l destăinuie. I-am zis că mă interesa la modul foarte serios.

— Egoul este „eul" sau, dacă preferi, tot ceea ce structurează „eul".

— Ai putea să fii mai clar?

— Ce ți-a venit cu întrebarea asta, Maryse?

I-am explicat cât am putut eu de bine.

— Ho, ho, ho! Copilul ăsta e la fel de curios ca maică-sa!

— Deci ia zi, geniule, tu ce i-ai răspunde?

— Că e vocișoara aia din mintea noastră care zice „eu" sau „eu, cel care...".

— Și mai ce?

— Că egoul e tot ceea ce reprezintă acest „eu"!
— Georges! Știi că are doar nouă ani, nu?
— Știu, Maryse. Dar răspunsul meu îți e adresat mai mult ție.
— Te rog, nu te mai juca de-a psihanalistul cu mine! Am nevoie de știința ta ca să-l luminez pe fiu-meu, nu pe mine. Aș vrea să am un răspuns pe care să i-l pot da. Reacțiile lui Charlot îmi lasă impresia că a inversat, practic, rolurile. Am senzația că se uită la mine ca la fetița lui și mă face să simt că o să înțeleg eu cândva... când o să fiu mare.
— Ai putea să-i spui că egoul înseamnă toate acele lucruri cu care el se identifică. De exemplu: „Am nouă ani, sunt fiu unic, trăiesc într-o familie monoparentală, mama mea este o specialistă în creier, îmi place..." De fapt, ce-i place fiului tău?
— Ce vrei să spui?
— Îi place să joace fotbal sau să colecționeze timbre, învață să cânte la pian, la armonică, la fluier?
— Stă mult la calculator și joacă jocuri video. Unde vrei să ajungi?
— Hmm... Nu crezi c-ar fi bine să fii ceva mai atentă și să vezi ce crede el despre sine însuși?
— La nouă ani?
— Da, la nouă ani! La vârsta asta, avem deja o imagine despre sine, despre ceea ce credem că suntem.

Am încercat să-mi amintesc la ce vârstă știusem sigur că voi fi cineva special. Sau, ca să fiu mai exactă, la ce vârstă îmi imaginasem asta. Fusese demult de tot. La o privire mai atentă, mi-am dat seama că ceilalți mi se păruseră foarte repede neinteresanți. Înceți, banali. Se jucau cu mingea de-a rațele și vânătorii, în vreme ce eu nu mai aveam părinți, dar aveam deja o mulțime de opinii. Treaba asta mă făcea unică, aducându-mi un pic de atenție din partea celorlalți. Priviri, cuvinte, o mână pusă pe umăr: „Ești foarte inteligentă, Maryse! Știi atât de multe lucruri!" Iar mătușă-mea Bénédicte nu se jena să-și bage și ea nasul: „Nu trebuie să ai încredere în nimeni, Maryse! Toți oamenii mint. Pe ei înșiși. Pe ceilalți. Pe toată lumea. Toți se cred mai breji ca vecinul lor. Ascultă la mine, fetițo: viața, adevărata viață, e atunci când ajungi să fii cea mai tare. Eu încă n-am ajuns, dar o să vină și asta. Tu, cu toate câte le înveți, o să fii *the best*. Nimeni n-o să-ți mai spună să taci din gură. Niciodată. O să poți trimite la plimbare pe oricine, oricând. Îți garantez că din momentul în care lumea va pricepe lucrul ăsta, nimeni n-o să ne mai poată opri".

Simțind cum mă împotmolesc în acele reflecții, am reluat discuția:

— Dragă doctore, cum aș putea eu, pornind de aici, să-i explic fiului meu ce înseamnă să ai un ego umflat?

— I-ai putea spune că egoul este persoana care credem că suntem. Și că acesta se umflă pe măsură ce acela care credem că suntem e tot mai convins că are întotdeauna dreptate și că e superior celorlalți. Ai putea să-i mai spui că acel „cineva" care credem că suntem nu are nimic de-a face cu ceea ce suntem în realitate. Niciodată!

— Și cum facem ca să știm cine suntem în realitate?

— Mergem la terapie.

— Hai, domne, zi!

— Ai un ego foarte susceptibil!

— Georges!

— Iartă-mă, Maryse, dar îmi place la nebunie să te aud reacționând... E mica mea latură de mascul alfa, cred... Trebuie să discut despre asta cu psihanalistul meu!

— Îți bați joc de mine? Ieși odată din carcasa ta de psihoterapeut și zi-mi ce să fac!
— Pe curând, Maryse.
Și a închis. Ăsta era Georges!

Du Bonheur m-a sunat azi după-amiază.

Îmi place să-i zic du Bonheur în intimitate, când nu e și ea de față.

Atunci când găsesc o modalitate de a pleca de la spital la aceeași oră ca și ea, stau în parcarea subterană fără ca ea să mă vadă. Doar ca s-o privesc de la distanță, pe furiș. Mersul ei. Stilul ei. Magnetismul ei.

Ar trebui să-i spun du Bonheur de față cu ea. „Bună, du Bonheur, câți ai salvat săptămâna asta? Doi, trei, cinci? Patru la zero pentru supraviețuitori?" Ar apuca-o furia, sunt sigur. Ador furia ei. Dacă ar ști ea... Aștept de nu știu când un semn care să-mi spună: „Da, barosane, da, dragul meu Paris, mă interesezi". Dar ți-ai găsit! Răceală. Profesionalism. Cancerul înainte de toate.

Eu care de atâția ani citesc pe chipurile oamenilor, eu care decodez fizionomii, care interpretez tăcerile, de data asta sunt total neputincios... Vreau să zic, în privința inimii.

Un singur subiect de discuție pare posibil: cariera ei, succesele ei, victoriile ei asupra morții. Nicio conexiune organică, viscerală. Du Bonheur nu emite niciun mesaj personal. De parcă n-ar fi interesată de mine decât pentru expertiza mea, pentru perspectiva medicală cu care o pot completa pe a ei.

Eu sunt complementul. Ea este subiectul. Și nici măcar nu suntem în aceeași frază.

Întrevăd totuși o rază de lumină: fiul ei, Charlot.

„Mamă, ce e ăla ego?" La nouă ani! În 20 de ani de profesorat, niciunul dintre studenții mei nu mi-a pus această întrebare. Deși e întrebarea centrală în universul psihologiei. Și în cel al psihiatriei. Așa cum este soarele în sistemul solar. Un puști de nouă ani e interesat de acest subiect?! S-a întors lumea cu fundul în sus!

Sau, poate, dimpotrivă: e începutul unei lumi normale.

În fond, și eu am aceeași problemă ca Charlot: stau cu mâna ridicată, într-o bancă din fundul clasei, cu du Bonheur ca profesoară, iar ea nu mă vede.

La sfârşitul acelei după-amiezi, mă simţeam mai frustrată ca oricând. Georges mă intrigase cu chestia aia pe care o zisese: „Acel «cineva» care credem că suntem nu are nimic de-a face cu ceea ce suntem în realitate". În loc să-mi bat capul cu o singură întrebare („Ce e ăla ego, mamă?"), uite că mă luptam acum cu două! Ce voia să spună deşteptul ăla?

Hotărâsem să reiau discuţia cu Charlot, deşi nu ştiam prea bine de unde să încep. Spre marea mea uşurare, de cum am ajuns acasă, a sărit chiar el:

— Mamă, eu am un ego umflat?

— Ţi-am zis deja, dragul meu. Bineînţeles că nu! Sper că n-ai grija asta acum!

A rămas tăcut o bună bucată de vreme. Apoi mi s-a părut că fiecare părticică din el stătea să izbucnească în plâns.

— Ce e, scumpule?

— Mi-e teamă că am un ego umflat, mamă!

— Ce mai e şi povestea asta?

— Încerc să mă simt bine de fiecare dată când ridic mâna şi nu sunt ales. Dar nu reuşesc!

— Şi cum încerci asta?

— Îmi spun, în gând, că n-are nimic! Dar tot rău mă simt.

— Rău?

— Da! De ce să învăț niște lucruri dacă nu pot să i le arăt profesorului?

— Nu crezi că ai putea învăța doar fiindcă lucrul ăsta poate fi util sau amuzant?

— De exemplu?

— De exemplu, să stăpânești bine limba franceză! Ca să te exprimi clar când vorbești sau când scrii. Sau ca să-i înțelegi pe scriitori, pe poeți, pe filozofi... Când înveți geografia unei țări, n-o faci pentru a le arăta tuturor că știi niște lucruri, ci ca să te descurci ușor în țara respectivă, atunci când o vizitezi. Ca să nu te pierzi pe-acolo. Ca să știi unde trăiește cutare prieten de-ai tăi. Ca să ai în minte niște peisaje. Ca să descoperi alte moduri de a gândi și de a trăi. Când însă o persoană învață geografie doar ca să arate că ea știe mai mult decât ceilalți, atunci e doar o modalitate de a-și da o anume importanță, de a se simți cineva și, prin urmare, un om viu.

Eu, una, aproape că eram impresionată de ceea ce spuneam! Din păcate însă, vorbele mele n-aveau niciun efect asupra lui Charlot.

— Mamă, am obosit.

— Bine, dragul meu. Dar n-ai un ego umflat, crede-mă.

— De unde știi, dacă nici nu poți să-mi spui ce înseamnă?

Fiul meu era de nerecunoscut. O enigmă în vârstă de nouă ani!

Peste viața lui Charlot a căzut o bombă. Iar prin ricoșeu, și peste viața mea. Se tot plângea că la școală avea probleme cu vederea. Primul examen medical a avut loc în luna octombrie. După el au urmat nenumărate altele. O cascadă de alte examinări. Am apelat la cel mai bun oftalmolog din spital, un alt prieten de-ai mei: Robert Le Borgne[1]. Aceeași poveste cu numele ne leagă. La fel ca mine, a avut parte numai de ironii și de mirări, numai că, spre deosebire de mine, el n-a părut niciodată să le dea vreo importanță. Încă înainte de a fi fost admis la medicină, știa că avea să se facă oftalmolog. „Știu, o să râdă toți de mine, dar nu-mi pasă, am o pasiune pentru ochi și vreau să-i pot trata!" Sarcasmele nu-l atingeau câtuși de puțin: „Doar n-o să mă-mpiedice numele să-i tratez pe suferinzi. Un nume nu poate fi o închisoare".

Când trebuia să-i înștiințeze pe pacienți că aveau o problemă gravă, era direct și nu ascundea nimic. Cu noi a fost cât se poate de franc:

— Atrofie de nerv optic, Maryse. Poate o formă severă. Unele teste arată că fiul tău a pierdut un pic și din capacitatea auditivă. O să-l ținem sub observație. La prima vedere, pare să fie boala Kjer. Au mai fost cazuri în familie?

---

[1] Le Borgne — Chiorul. (*N.t.*)

De fapt, uitasem ce însemna această maladie. Expresia „atrofie de nerv optic" făcea să-mi sune în minte cuvântul „cecitate". Numai asta auzeam.

Ce se alegea de viața mea dacă Charlot ajungea orb? De visurile mele? De succesul meu? Voiam să mă imaginez în continuare primind tot felul de premii, nu ocupându-mă de un handicapat! Astăzi, când îmi aduc aminte de acea reacție de nevrozată, îmi dau seama în ce cloacă ne poate vârî egoul — negarea existenței celuilalt, în beneficiul lui „eu, eu, eu!". Chiar și când e vorba de propriul tău fiu.

Simt și acum mâna lui Charlot trăgându-mă cu putere de mânecă:

— Ce boală e asta, mamă?

Lui Robert i s-a umplut atunci vocea de o căldură paternă:

— E o boală a nervului optic, Charlot. Nervul optic este un firicel foarte subțire care transmite creierului imaginile captate de ochi. În cazul tău, acest nerv a început să slăbească. Transmiterea nu se mai face cum trebuie. De-asta nu mai vezi foarte bine la tablă de câteva luni încoace. Ai înțeles?

— Da, am înțeles. Și cum se ia boala asta?

— Nu se ia, dragul meu. Se transmite prin gene. Te naști cu ea.

— Asta înseamnă că o aveam deja în mine când m-am născut?

— Da, exact. Dar nimeni nu putea ști.

Charlot a ridicat din umeri, apoi a rostit această frază ciudată:

— În mintea mea sunt multe lucruri pe care nimeni nu le știe...

Robert s-a întors spre mine, interzis. Eu m-am încruntat şi am dat din cap, semn că eram la fel de şocată ca el. Charlot a continuat:

— Doamna Leblanc ne-a vorbit la şcoală despre gene, ca să ne explice de ce suntem diferiţi între noi. Genele nu există numai la oameni, ci şi la plante. Şi la animale. La noi, ea zice că ne dau culoarea ochilor şi a părului. Şi statura mai mare sau mai mică.

Robert a confirmat, cu un zâmbet înduioşat:

— Da, aşa este. Doamna Leblanc îşi cunoaşte bine materia.

— Şi cum te vindeci de această boală? Cu ochelari?

Robert s-a întors spre mine cu o privire ca de cerşetor. Nu-mi dădeam seama dacă-mi cerea voie să răspundă sau mă implora să intervin, ca mamă, şi să preiau cumva ştafeta. E un om discret de felul lui, care rareori exprimă în cuvinte ceea ce simte. Cel mai adesea comunică din priviri. De astă dată însă, nu mai avea acea linişte confortabilă în care să se refugieze. În vreme ce el, care cunoştea răspunsul, nu voia să-l rostească, memoria mea începea încet-încet să se trezească: Kjer este o boală genetică foarte rară. Un caz la treizeci de mii. I se mai spune şi „atrofie optică dominantă" — sau „AOD", pentru cunoscători. Nu are leac. Vederea scade progresiv, ajungându-se uneori până la orbire. Puteam fi oare purtătoare a acestei gene? Nu-mi amintesc ca mătuşa Bénédicte să fi pomenit vreodată de maladia Kjer. Derutată complet, m-am uitat la Charlot şi am băiguit:

— Nu, scumpul meu, nu se vindecă.

N-a avut nicio reacţie. De parcă ar fi fost vorba de o informaţie deja străveche pentru el.

— Asta înseamnă că o să orbesc?

Am închis ochii. În fine, cred că am închis ochii. Ca să văd cum avea să fie, mai încolo, în lumea lui. Şi ca să găsesc un răspuns, în acel întuneric.

— Mamă, asta înseamnă că o să orbesc?

Am deschis ochii. În fine, cred că am deschis ochii, fiindcă nu sunt sigură că-i închisesem cu adevărat. O piramidă dacă s-ar fi înălţat în faţa mea, şi tot n-aş fi văzut-o, atât de atentă eram la discursul meu interior, la vorbele pe care mi le spuneam mie însămi, în gând. Legat de propria-mi persoană! Eu, specialista în creier, nu eram în stare nici măcar să-mi dau seama că atenţia nu poate fi îndreptată în două direcţii în acelaşi timp. Deşi e un lucru atât de evident! Nu-l poţi vedea sau auzi pe cel din faţa ta dacă atenţia ta e conectată la priza de curent neuronală legată de „eu, eu, eu"! Totul gravitează atunci în jurul propriei persoane. Cuvintele, imaginile, totul! Soluţia e simplă, dar foarte greu de aplicat: mutarea întregii atenţii asupra celui pe care-l ai în faţa ta. Greu de aplicat, pentru că egoul vrea această atenţie doar pentru el! Altfel, are impresia că dispare...

Repetând întrebarea, Charlot m-a făcut să înţeleg că, pentru câteva secunde, îl pierdusem cu totul din vedere. Pe el care, la nouă ani, tocmai aflase că viaţa lui avea s-o ia razna. Adevăratul orb era Maryse du Bonheur!

Mă gândeam la punţile rupte dintre celule, la comunicările întrerupte, la mesajele care nu mai trec, la celulele separate, la cancerogeneză... În iureşul acela mental, mi-am amintit şi de ziua când m-a întrebat de mai multe ori: „Mamă, eu de unde vin?"

— Mamă, parcă nici nu m-auzi. Zi-mi, o să orbesc?

O parte esenţială a muncii mele la spital consta în a răspunde la întrebări din astea delicate. Aproape în fiecare zi aveam de dat veşti proaste. Dar siguranţa pe care o afişam faţă de tinerii mei pacienţi şi de părinţii lor dispăruse complet în faţa propriului meu fiu. Văzându-mă atât de neajutorată, Robert mi-a sărit în ajutor:

— Nu neapărat, Charlot. Ca să fiu sincer, nimeni nu poate prevedea ce o să ţi se întâmple în continuare. S-ar putea să nu pierzi decât o parte din vedere. Doar după nişte ani o să putem şti cu adevărat. Niciun caz nu seamănă cu celelalte.

Fără nici cea mai mică tresărire, Charlot s-a întors atunci spre mine:

— Mamă, de ce îmi răspunde domnul doctor Le Borgne, când eu pe tine te-am întrebat?

Mă simţeam ca un boxer băgat în corzi exact când arbitrul se pregătea să oprească lupta.

— Fiindcă, i-am zis eu, tocmai am aflat că ai o boală care te-ar putea duce la orbire, iar vestea asta m-a cam băgat în ceaţă.

— Nu l-ai auzit pe domnul doctor, mamă? Eu încă văd.

Apoi, apăsând pe fiecare silabă, a repetat:

— EU ÎN-CĂ VĂD!

După care, ca şi acum ar fi avut 30 de ani de reflecţie şi de înţelepciune în spate, a adăugat, cu o imensă duioşie în glas:

— O să privesc stelele, mamă, chiar mai mult ca înainte. Le iubesc ca pe nişte surori. Vreau să le privesc cum trebuie înainte de a nu le mai vedea. Şi o să mă uit şi la toate celelalte lumini. La Lună. La licurici, când mai mergem la naşa Alexandrine. Şi chiar la luminile din timpul ploii sau din locurile umbroase.

Eram uluită complet. Robert, siderat ca şi mine, nu s-a putut abţine să intervină:

— Dar de pe ce planetă vine copilul ăsta? Nu de un oftalmolog are nevoie puştiul tău, ci de un impresar!

Luându-l pe fiul meu de umeri şi ghemuindu-mă în faţa lui, l-am întrebat:

— Ţi-e frică, scumpule?

Fără a-mi lua în seamă întrebarea, a continuat:

— Într-o zi, mi-ai spus că vin din stele. Crezi că stelelor le e teamă că o să se stingă, mamă? Georges zice că stelele se sting, la fel ca licuricii. Poate că ochii mei sunt o stea care începe să se stingă.

Mi-am dat la analiză câteva celule, la laboratorul de genetică al spitalului. Uf, nu eram purtătoare a genei „vinovate"... Prin urmare, era vina lui Jérôme. Uşurarea pe care o simţeam cocheta cu orgasmul. Seara târziu, când Charlot dormea, am sărbătorit vestea cu nişte şampanie. Am şi dansat, cu căştile în urechi şi cu MP3-ul la brâu, pe hitul Gloriei Gaynor, *I Will Survive*. Jubilam. Charlot n-avea să-mi poată reproşa niciodată mie, mamei sale, că i-am transmis întunericul. Tatăl lui era cel care ar trebui să aibă pe conştiinţă această povară. Eu, una, eram total de acord cu principiul „ţapului ispăşitor"! Din asta e greu să mai scapi.

În seara aceea, mi-am călcat pe inimă şi l-am sunat pe Jérôme. Ardeam de nerăbdare să-l anunţ că nu putea să mai aibă copii. Sau că ar trebui să se mai gândească — lucru pe care nu-l făcea niciodată — înainte de a-şi asuma acest risc. Abia aşteptam să-i spun: „Bine că n-ai mai făcut şi alţii!" Speram că se va gândi la asta de fiecare dată când va mai avea în pat o companie plăcută, şi că-şi va pierde până la urmă orice formă de virilitate. Îi eram recunoscătoare vieţii pentru generozitatea ei, căci boala lui Charlot îmi oferea prilejul de a-l face pe taică-său să plătească pentru ce-mi făcuse în urmă cu nouă ani. Ce privilegiu să fiu tocmai eu cea care avea să-i dea vestea!

— Eşti purtătorul unei gene care transmite o boală gravă, Jérôme. Boala asta duce la orbire. Fiul tău va ajunge orb.

— Să-mi bag picioarele, Maryse, eu n-am vrut niciodată copilul ăsta, am fost cinstit. Ba chiar am insistat să faci avort. Boala lui Charlot nu e o întâmplare, ci dovada că aveam dreptate. Tu ai vrut neapărat să-l păstrezi, tu să te descurci acum cu ochii lui.

Astăzi ştiu că egoul are o abilitate fenomenală să justifice orice, numai să nu fie prins la înghesuială: „Nu, nu sunt eu de vină, celălalt este!" Jérôme m-a părăsit când eram însărcinată în şapte luni. M-a lăsat baltă aşa cum îşi abandonează o rachetă rezervoarele goale — şi-au făcut treaba, gata, îmi văd de viaţa mea, mă înscriu pe orbită.

Eram devastată. Gândindu-mă în primul rând la mine, recunosc. Charlot se putea lipsi de tată — trăisem eu însămi această experienţă şi chiar eram mândră, într-un fel —, dar cum putuse Jérôme să-mi facă mie una ca asta?

A reapărut când Charlot avea trei ani. O revenire la fel de dureroasă ca plecarea, dacă nu chiar mai dureroasă. M-a sunat într-o sâmbătă dimineaţa: „Alo, Maryse, vreau să ştiu ce mai face băiatul meu". De parcă nimic nu se întâmplase. Tare aş fi vrut să fim faţă-n faţă ca să-l fac să-şi înghită fluierele, nasul de clovn, stropitorile şi toată acea uşurătate a lui care mă sedusese cândva. Cu toate astea, nu-l puteam refuza dacă voia să ia legătura cu fiul său. Din fericire pentru mine, locuia în sud-vestul Statelor Unite şi lucra la un circ celebru. N-avea timp să vină la noi.

Am pus nişte limite: „Bine, dar un telefon pe săptămână, nu mai mult!" N-a respectat niciodată acest cadru, telefonând atunci când putea, adică rar: „Sunt mai ocupat ca niciodată, Maryse. Am de pregătit spectacole, de făcut numere noi, de desenat costume! Spune-i lui Charlot că-l iubesc". N-am știut niciodată de ce anume se temea cel mai mult: de reproșurile sau de indiferența fiului său? După câțiva ani, s-a întâmplat ceea ce trebuia să se întâmple: Charlot a încetat să mai aștepte telefoanele tatălui său.

Nenorocitul! Cuvântul ăsta îmi stătea mereu pe buze! Era suficientă o poză de-ale lui pentru ca ritmul cardiac să mi se ambaleze. În realitate, niciodată nu mă amenințase fizic sau verbal. Plecase, atâta tot! Să zicem că încetase să mă mai aleagă, așa cum ar zice Charlot. La auzul numelui „Jérôme", întregul corp îmi trecea pe modul „luptă". Când mi-am dat seama de puterea distructivă pe care o avea încă fostul meu bărbat, nu mi-a venit să cred! Și totul doar pentru că, la un moment dat, făcuse din mine o ființă unică, excepțională... Ruptura fusese brutală. Jérôme se îndrăgostise nebunește de o fată de 20 de ani. Aceasta avea un trup de nimfă și-l admira pe soțul meu de parcă ar fi fost un zeu coborât din Olimp. Eu aveam 30 de ani, eram gravidă până-n vârful urechilor și-mi începeam cariera care avea să mă ducă în vârf. Ea era româncă (ah, exotismul!) și contorsionistă de profesie. Îmi imaginam adeseori multiplele poziții în care făceau probabil dragoste, în vreme ce eu mi-o căutam pe cea în care puteam să dorm.

Jérôme a plecat pe neanunțate, lăsându-mi doar un bilețel pe masa din bucătărie: „N-am mai trăit niciodată așa ceva, Maryse. Între fata asta și mine există o chimie. Viața e scurtă, trebuie să trăiești clipa. Vreau ca de-acum încolo să fiu eu însumi. Îmi pare rău. Îți mulțumesc pentru ceea ce eşti". Semnat: „Jérôme". Am obţinut custodia completă.

Când sună, îi place să-i aducă aminte lui Charlot că lucrează într-un circ de renume internaţional din Las Vegas, visul tuturor clovnilor. Charlot a înţeles rapid ce voia să spună tatăl său: „Bravo, tată! Sunt mândru de tine".

Când l-am cunoscut eu, Jérôme voia deja să-şi dedice viaţa distrării copiilor. De altfel, asta m-a şi fermecat la el. Confundasem nevoia lui de a fi admirat de acei năpârstoci cu dragostea lui pentru ei. Pe vremea aia îmi făceam stagiatura în pediatrie la spital. El fiind student la Şcoala naţională de teatru, făcea voluntariat la acelaşi spital, două seri pe săptămână. Se costuma în clovn şi se plimba prin saloane. Avea un succes nebun, iar familiile copiilor şi personalul medical îl priveau ca pe un erou, ca pe un misionar curajos şi poznaş.

Când m-am întors de la spital în seara aceea, Charlot m-a luat prin surprindere:

— Zi-mi şi mie, mamă, e aşa de important de ştiut de la cine vine boala?

— Da, dragul meu. Pentru cazul în care persoana respectivă ar avea şi alţi copii.

— Tu vrei să ai şi alţi copii?

— Nu prea. Dar tatăl tău s-ar putea să vrea.

— Înţeleg. Deci ca să nu mai facă tata alţii ca mine.

Încă o măciucă trasă în fruntea iubirii. M-am aşezat în genunchi şi l-am cuprins în braţe, stropindu-l şi cu câteva lacrimi.

— Viaţa ar fi atât de uşoară, dragul meu, dacă ar fi mai mulţi copii ca tine! Dar tatăl tău trebuie să afle. Poate că ai pe undeva nişte fraţi sau surori... Sau poate că el are de gând să-ți facă vreo câțiva cu Lara... Trebuie să meargă la un consult.

— Tata are un ego umflat, nu-i așa? Chestia asta se poate transmite prin gene?

Îmi venea să urlu cât mă țineau plămânii:

— DA! ARE UN EGO ENORM TAICĂ-TĂU! CEL MAI UMFLAT EGO DIN TOATE TIMPURILE! EGOUL SUPREM!

Dar mi-am păstrat calmul:

— Tatăl tău și-a dorit dintotdeauna să fie cel mai nostim clovn de pe Pământ, și cel mai iubit. Ar trebui să nu uiți nicio clipă că a făcut să râdă o mulțime de copii până acum. Și că încă nu s-a terminat. L-am văzut cu ochii mei la spital. În fața unor copilași foarte bolnavi și a părinților lor morți de frică. De-asta l-am iubit atât de tare.

Am făcut o scurtă pauză, apoi am continuat:

— Ca să-ți răspund la întrebare, eu nu cred că egoul se transmite prin gene, scumpule. O să-l întreb și pe doctorul Paris, să văd el ce crede?

Strângându-l în brațe în continuare, l-am sărutat pe creștet mai lung decât de obicei. Am profitat de ocazie ca să-mi vâr nasul în mirosul părului său, așa cum mi-l vâr din când în când într-un pahar cu vin. Îmi plac parfumurile produse de viață.

Du Bonheur m-a întrebat cât se poate de serios dacă egoul se transmite prin gene.

Cu vocea ei gravă, uşor răguşită, de jazz nocturn, o voce „saxofonică". Vibraţia aceea unică e de ajuns ca să mă răvăşească. O voce mai gravă şi mai tulburătoare decât a lui Marlene Dietrich în Lily Marlène.

Mi-a spus că băiatul ei are boala Kjer.

A trebuit să caut prin cărţile mele de oftalmologie. Uitasem de maladia asta nenorocită. Perspectiva, o eventuală pierdere a vederii, a auzului şi chiar a altor câteva funcţii neurologice — nu se ştie, nu se poate prezice clar. „Poate că", o formulă teribilă. Un coşmar. Dar nu şi pentru Tom Degeţel. Îmi place să-i spun Tom Degeţel. E povestea preferată a copilăriei mele, o celebrare a ascultării şi inteligenţei.

De îndată ce Tom Degeţel i-a văzut pe maică-sa şi pe amicul nostru, Robert Le Borgne, distruşi de aşa un diagnostic, le-a strigat în faţă: „EU ÎNCĂ VĂD!" Un fel de a le zice: „Hei, reveniţi-vă! Voi nici nu mai sunteţi aici, cu mine, ci în sumbrele voastre proiecţii!"

I-a lăsat pe amândoi cu gura căscată. „La nouă ani? Poate să spună asta un copil?" Da, scepticilor ce sunteţi! Nu există o vârstă anume pentru luciditate! Trebuie doar să-i faci un pic de loc în minte. La vârsta asta, poţi să te întrebi şi dacă egoul se transmite prin gene, ai voie. Mai ales dacă ţi-e teamă. Cu aşa părinţi, Charlot are toate motivele să-şi pună nişte întrebări...

Se teme că ar putea avea un ego umflat aşa cum alţii se tem că ar putea avea cancer. El vede în asta ceva monstruos. Are dreptate, de altfel. Egoul poate deveni cancerul conştiinţei. De multe ori, el face mai mult decât să omoare: îi împiedică pe cei vii să trăiască. Acaparându-le toată atenţia, îi împiedică să fie deschişi la ceea ce percep simţurile. La cântecul sturzului, la mirosul de cedru sau la dulceaţa migdalei...

Charlot aproape că ştie cum să se descurce cu boala Kjer... dar cu egoul? Se simte atacat din interior.

Du Bonheur a făcut toate testele posibile. Concluzia: nu ea e purtătoarea acestei gene a maladiei Kjer. Tare aş vrea s-o întreb: „Dar a genei egoului umflat?" Mi-ar plăcea să-i spun că egoul se transmite prin gene, doar ca s-o văd cum ia foc... Cum arde de vie sub ochii mei. Cum o mistuie inteligenţa, patima, angoasa. Să-i contemplu frumuseţea în starea de jăratic.

Eu, unul, ştiu bine starea asta de jăratic. E forma pe care o iau de fiecare dată când o văd. Şi în toate serile, sau aproape toate, când o urmăresc pe furiş în parcare. Ea nu şi-a dat seama nici acum. Mai bine, fiindcă jăraticul se poate vedea de departe. Pe de altă parte, cum să renunţ la acest filaj? Pentru mine e mai mult decât un joc, e un impuls inconştient!

Pasul ei. Ritmul ei. Tocurile ei pe ciment. Sunetul ferm, puternic, decisiv. Energia vitală a mişcării. Senzualitatea revelată de acel mers.

Picioarele ei. Energia lor... imensă. Ea ştie foarte bine. Sunt nişte centrale nucleare. Un singur pas de-ai ei şi e Cernobîl curat. Rămân trăsnit de fiecare dată.

Sânii ei pe care-i ghiceşti tresăltând ori de câte ori pune piciorul în pământ. Un balans în faţa căruia aş îngenunchea. Cu veneraţie.

Cu o săptămână înainte de Crăciun, Charlot m-a întrebat dacă-l puteam invita pe Georges pe la noi, „ca să sărbătorim Crăciunul în familie".
— În familie?
— Seamănă cu Moş Crăciun, mamă. Tu mi-ai zis că doctorul Paris trăieşte singur. N-aş vrea să-l lăsăm singur pe Moş Crăciun tocmai de Crăciun. Şi-apoi, e prietenul tău, îţi place mult, mi-am dat seama după cum vorbeşti despre el.
— Serios?
— Da, e ceva în vocea ta. Când vorbeşti despre doctorul Paris, chiar dacă zici nişte lucruri nu întotdeauna drăguţe, eu simt contrariul. Ca şi cum capul ar gândi alte cuvinte decât cele care-ţi ies pe gură.

Profeţia lui Alexandrine se împlinea în continuare...

Nu mai vedeam un copil — copilul meu —, ci o fiinţă fără vârstă, micuţă de înălţime, cu un discurs bizar. Plus frazele alea pline de mister:

— Doctorul Paris m-ar putea probabil învăţa cum să mă apăr în caz de nevoie. Când nu mai ştiu ce să spun sau să fac. Asta-i meseria lui, cred, să-i ajute pe copii să găsească o soluţie atunci când ei nu mai ştiu ce-i de făcut.

Vorbele lui mă alarmau. Un strigăt după ajutor? Inima îmi bătea cu putere. Charlot îmi trimitea prin priviri semnale de om aflat în suferinţă. Aşa cum o floare îşi mobilizează toate parfumurile pentru a nu lăsa colibriul să se îndepărteze.

— De ce anume să te aperi, dragostea mea?
— De chestiile care nu-mi dau pace.
— Ce chestii?
— E complicat, mamă. Nu pot să-ți spun...
— Ce prostii mai sunt și astea? Te rog, spune-mi...

L-am văzut cum se cocârjează. Parcă i-ar fi agățat cineva o piatră de gât sau i-ar fi cedat ceva — trosc! — în coloana vertebrală. Avea postura animalelor ălora care se supun, epuizate, după o luptă lungă și violentă. N-am mai putut să scot nicio vorbă de la el.

După câteva ore, l-am surprins înconjurat de figurinele lui de supereroi. Lăsase deschisă ușa de la camera lui. Întors cu spatele la mine, le vorbea:

— Lăsați-mă în pace! Nu v-am făcut nimic!

Asta ce mai era? Scena mi se părea suprarealistă. Charlot stătea în genunchi în fața unor personaje de benzi desenate:

— Opriți-vă odată, gata, e prea dureros! Sunteți prea mari. Sunteți prea puternici. Sunteți prea totul. Totul e prea. Vă rog eu, opriți-vă!

Nu mai înțelegeam nimic. „De ce el?" Prin minte îmi treceau o grămadă de diagnostice care n-aveau niciun sens. Psihoză infantilă, schizofrenie și alte asemenea umiliri ale inteligenței. Hai și ajută-mă, Georges, te rog mult! Când l-am sunat să-i spun de invitația lui Charlot, a ezitat:

— Charlot vrea să mă invite la voi la masă, dar tu vrei, Maryse?

— Eu vreau tot ce vrea Charlot, Georges, ce-i așa de complicat?

— O să venim amândoi, dragă Maryse, şi eu, şi Moş Crăciun.

Dacă tot era să fim „în familie", îl invitasem şi pe Robert Le Borgne, fratele meu de suflet. Spre uimirea mea, acceptase instantaneu: „Venim cu mare plăcere, dragă Maryse. Alice şi copiii vor fi încântaţi. Cu toţii sunt foarte ataşaţi de Charlot. Boala lui i-a impresionat foarte tare. Adélaïde, care e de aceeaşi vârstă cu el, m-a întrebat dacă n-ar putea să-i dea ea un ochi lui Charlot: «Dacă într-o zi n-o să mai vadă deloc, tati, aş putea să-i dau eu unul de-ai mei, cum se face cu rinichii. Şi ai putea face chiar tu operaţia...»"

Când vorbea despre constelaţia „fetelor lui", despre „cele patru stele ale sale" — Alice, soţia sa, plus Adélaïde, Rebecca şi Cassandre, fiicele sale —, Robert se transforma în peisaj de primăvară. Îi creşteau aripi, petale şi frunzuliţe fragede. Nu-i ştiam copiii. Ne promiseserăm de mii de ori să luăm cândva prânzul împreună, dar niciodată n-avuseserăm timp. Cam cum era şi cu Alexandrine. Îi ştiam acolo, cu inima deschisă oricând pentru mine, iar asta îmi era suficient.

Noaptea aceea de Crăciun mi le-a şters din amintire pe toate celelalte, sumbre şi singuratice, ale copilăriei mele de orfană. Georges hotărâse să-şi facă numărul ca la carte. A apărut îmbrăcat într-un superb costum de Moş şi cu braţele încărcate de daruri minunate pentru toată lumea. Fiicele lui Robert, nişte bomboane de fete, erau foarte impresionate de personaj. De statura lui, de strălucirea lui, de râsul lui...

Adélaïde părea mai fascinată de ochii lui Charlot decât de păpuşa spectaculoasă pe care o primise. Se uita la el fix, încercând „discret" să se apropie... Charlot nu se ferea, părea chiar să aprecieze apropierea aceea neașteptată. După toate aparențele, surprizele nu veneau numai de la Moș Crăciun. Adélaïde a întins o mână spre Charlot și, cu o voce fremătătoare, i-a spus: „Am un cadou pentru tine". Charlot a desfăcut cu precauție ambalajul pachetului. Ca pentru a prelungi plăcerea descoperirii. Era o lanternă micuță. Țopăind surescitată, Adélaïde s-a grăbit să-i explice: „Pentru când n-o să mai vezi foarte bine. Luminează foarte tare".

Aș fi preferat să nu aud niciodată așa ceva, mai ales din gura unei copile.

Charlot a îndreptat puternica rază de lumină spre ceasul din perete, care arăta că mai era exact un minut până la miezul nopții. A așteptat răbdător să se scurgă acele ultime șaizeci de secunde. Apoi, în clipa în care cucul a ieșit din ceas și a cântat, s-a întors către mine și mi-a zis:

— Mamă, e cea mai frumoasă noapte din viața mea!

Ieri am sărbătorit Crăciunul.

Robert, Alice și copiii lor: cadouri mai adevărate decât originalele din natură. Charlot, foarte bucuros: Tom Degețel își revine. Iar du Bonheur, uimitoare, strălucitoare. Îmi venea să-i pun rămurele de brad și ghirlande. Mirosea a pădure.

Crede — sunt convins de asta — că n-are nevoie de protecție, de protecția mea. Nu știe ce periculos este să-ți negi frica. Să te lași convins că ești invincibil, superior, indestructibil...

Se ascunde în spatele unei armuri de hârtie, cu o sabie de cristal în mână și o cămașă de zale tatuată pe piele. Într-o zi, mi-a povestit despre copilăria ei: despre părinții dispăruți când ea avea trei ani, despre viața ei în casa de pe strada Rachel, despre lecțiile mamei sale adoptive, o femeie depresivă care alerga după niște visuri prea mari pentru ea.

Mărturisirile acelea ne-au apropiat, dar n-au fost suficiente. Du Bonheur se pitulează în continuare în spatele nevoii sale de a fi cea mai bună. Asta-i modalitatea ei de a se pune la adăpost. Oamenii nu-l atacă pe cel puternic, câtă vreme nu se cred mai tari decât el. Îl respectă.

După vacanța de Crăciun, Charlot a reînceput școala și totul a devenit tern. Abia dacă mai vorbea. Rarele noastre schimburi de cuvinte erau strict utilitare: mâncare, haine, temele pentru acasă, cotidianul cel mai banal cu putință.

Robert i-a examinat ochii în două rânduri și n-a observat nicio schimbare semnificativă. Cele câteva încercări ale mele de a-l face pe Charlot să-mi spună cum se mai simțea n-au dus decât la un laconic:

— Văd încă, mamă! Văd și că ți-e frică.

Înțelepciunea lui mă timora. Un virtuoz al vioarei sau al pianului, la numai 10 ani — asta s-a mai văzut. Dar un poet? Un înțelept? Un psiholog? Până și Georges era intrigat de ceea ce el numea „sensibilitatea lui de păianjen":

— Păianjenul este hipersensibil. De îndată ce o muscă atinge unul dintre firele pânzei lui, acesta se repede asupra prăzii și o mumifică în câteva clipe. Poate că asta i-a inspirat pe amerindieni când au conceput captatoarele de vise. Noaptea, obiectele acelea rețin, cică, visele urâte, în timp ce visele frumoase sunt lăsate să treacă și să se deschidă ca o floare. Lumina dimineții distruge apoi tot ce a reținut captatorul: demoni, monștri, fantome. Fiul tău e un „captator de vise viu", Maryse. El pare să fi prins niște coșmaruri care nu-i aparțin. Și să nu fi găsit lumina care le va face să dispară. Dar, după lucrurile pe care mi le-ai povestit, cred că e pe punctul s-o dibuiască.

La şcoală, direcţiunea a luat măsurile necesare pentru a se adapta problemelor de vedere ale lui Charlot. Băiatul meu stătea acum în prima bancă. Doamna Leblanc, noua lui învăţătoare, i-a informat pe elevii din clasă că ochii lui Charlot erau bolnavi. Am aflat asta de la mama unui elev, Charlot nu-mi spusese nimic.

Purtarea lui mă punea tot mai mult pe gânduri. Se închidea cu orele în camera lui şi părea să fi înlocuit calculatorul cu desenul şi pictura. Îmi ceruse să-i cumpăr vopsele în ulei, guaşe, acuarele, pensule şi cărbuni. Seara, nu mai aveam voie să mă duc la el să-l sărut. Pe uşă, lipise ostentativ un anunţ: „Accesul mamei interzis!" Îmi dădea de înţeles că nu voi mai putea intra în camera lui decât cu acceptul său. Mă îndemna să am încredere în el. Simţeam că era mai bine să nu merg mai departe cu investigaţia.

Într-o bună zi totuşi, pe la amiază, după ce mi-am terminat cursurile la universitate, m-am hotărât să trec pe acasă. Respectasem destul timp ordinele fiului meu. Apropiindu-mă de camera lui, mă încerca un neplăcut sentiment că-l trădam şi, în acelaşi timp, că mă trădam pe mine însămi.

Când, cu precauţie, şi cu o anumită jenă, am deschis uşa cuibuşorului său, nu mi-am putut reprima un ţipăt de uimire. Sentimentul de vinovăţie a dispărut cu totul în faţa spectacolului din faţa mea. Lui Darth Vader, Joker şi Dracula, figurinele de jucărie care stăteau de obicei împrăştiate pe jos, li se adăugaseră o mulţime de desene înfăţişând nişte personaje cu o figură înspăimântătoare. Podeaua era acoperită de o armată ciudată. Nişte chipuri diforme cu ochi imenşi, gălbui, adânciţi în orbite. Linii albastre încercuiau fiecare ochi. Oare cum se putea urca Charlot în pat fără să calce pe tuburile de guaşă sau pe desene?

Vocea lui m-a făcut să tresar. Stătea în picioare, în spatele meu.

— Încerc să desenez egoul, mamă.
— Poftim?
— Încerc să desenez egoul.

Ce făcea acasă la prânz, el care pleca în fiecare dimineaţă cu pacheţelul de mâncare? Cum putuse ieşi din şcoală fără să-l vadă nimeni? În ciuda furiei teribile care mă cuprinsese, reuşeam să par calmă. Trebuia să dau socoteală pentru actul meu de indisciplină. Căci nici eu nu fusesem cuminte!

— Ce faci aici, scumpule? Nu eşti la şcoală?

Fără să-mi facă nici cel mai mic reproş pentru invadarea templului său, mi-a răspuns, plin de energie:

— Învăţ s-o şterg de la şcoală şi să vin acasă fără să-şi dea seama cineva. Nu-i suna să le spui că m-ai găsit aici, fiindcă ar fi mai rău.
— Charlot, ascultă-mă...
— Fac cercetări, mamă. Ca tine cu cancerul. Şi, la fel ca tine, nu vreau să pierd timpul.

Simţeam nevoia să stau jos. O imensă oboseală îmi înmuia oasele.

— Dragul meu, mama ta nu ştie ce să-ţi spună. Şi-n plus, îi este ruşine. Nici eu n-ar trebui să fiu aici... În camera ta, vreau să zic. Fiindcă nu ţi-am cerut voie. Dar am intrat pentru că sunt îngrijorată. Tăcerile tale sunt, pentru mine, ca nişte mici apocalipse.
— Mamă, tu întotdeauna exagerezi cu toate.

— Zi-mi și mie, de ce vrei să desenezi egoul?
— Din cauza lui Hamid.
— Cine e Hamid? Nu mi-ai vorbit niciodată despre el.
— E un coleg nou. A venit în Franța anul trecut, împreună cu mama lui. E arab.

Mă bucuram că-mi vorbea în sfârșit despre un prieten. De la o vreme, noi doi nu mai discutam despre nimic! Cum ajunsesem oare să pierd în asemenea hal contactul cu el? În mediul meu profesional eram un „star"; oamenii mă respectau, îmi recunoșteau meritele. Făceau apel la știința mea, la intuiția mea, la talentele mele. Dar la mine acasă? În fața ușii închise de la camera fiului meu? Nu mai știam cum să procedez; de parcă, în afară de comportamentul celulelor maligne, nu mă mai pricepeam la nimic altceva. Uite că Charlot avea un prieten. Poate că asta era puntea care mă va ajuta să ajung din nou la el.

— Ce legătură are desenatul egoului cu Hamid?
— Nu vreau să vorbesc despre asta.
— Serios?
— Când ești exclus, ți-e frică, mamă. Iar eu sunt, la rândul meu, un exclus.
— Ce tot spui acolo?

Și-a dat drumul, a început să tremure. Se abținea să izbucnească în plâns, parcă rămăsese brusc fără aer.

— Din cauza ochilor mei, cred. Toată școala știe. Iar eu mă simt ca Hamid. În recreație sau la sfârșitul orelor, când plecăm, elevii dintr-a șasea fac cerc în jurul nostru. Scuipă pe jos, de parcă asta i-ar face mai puternici. Și îmi pun piedică râzând, cu un băț sau cu piciorul. Și strigă: „Uite orbul cum cade, uite orbul cum cade!" Iar de Hamid zic că e terorist și aruncă după el cu pietre.

Sângele îmi dădea în clocot. Îi uram pe copiii ăia călăi chiar mai mult decât îl uram pe fostul meu bărbat. Iar prin ei, îi uram și pe părinții lor, bineînțeles. Îi uram că făcuseră așa niște copii. Sau că nu aveau habar de răutatea acelor mici monștri. Sau că, după mintea lor, era de datoria celorlalți copii să se apere, chiar dacă erau mai mici, mai fragezi ca vârstă. Sau... sau... sau... Furia îmi țâșnea prin toți porii pielii. De fapt, îi uram pe toți cei care urăsc. Pe toți cei care disprețuiesc. Pe toți cei care aduc suferință. Uram lumea întreagă, ca să zic așa. Și toate celelalte lumi. Mă uram pe mine însămi pentru propria-mi ură. Mai ales că nu știam nimic. Nici despre părinți, nici despre copii, nici despre orice altceva. Și îi uram pe toți cei care nu văd nimic. Și îl uram pe cel care a spus că „esențialul este invizibil pentru ochi" și că „nu vedem bine decât cu inima"[1]. Ce tâmpenie! ESENȚIALUL ESTE FOARTE VIZIBIL CÂND DESCHIZI OCHII!

— Ai vorbit despre lucrurile astea cu doamna Leblanc?

— A vorbit mama lui Hamid, după ce a fost lovit cu o piatră în nas. A trebuit să meargă la urgențe, fiindcă i se făcuse cât o minge de tenis. Mama lui le-a luat la întrebări pe doamna Leblanc și pe directoare. Toată lumea țipa, mai puțin doamna Leblanc. De-asta ne-a vorbit ea despre gene. Și despre diferențele dintre noi.

— Și mie nu mi-ai spus nimic? Niște copii dintr-a șasea te dau jos DINADINS și tu nu-mi spui nimic?!

A lăsat doar capul în jos și a murmurat:

—Tu ești ocupată cu ceilalți copii, mamă. Cu cei care mor în spitalul tău.

---

[1] Citate din *Micul Prinț* de Antoine de Saint Exupéry. (*N.t.*)

Îmi venea să înjur de toți sfinții!

— Băiatul meu, scumpul meu... Nu te recunosc, nu te mai cunosc! Ți-ai ascuns de mine frica, ai păstrat-o pentru tine. Habar n-aveam prin ce treci. Ai primit amenințări? Te-au șantajat cu ceva? Ți-e frică de represalii dacă îi denunți pe călăi?

Eram atât de turbată de furie, încât îmi venea să pun mâna pe o pușcă. L-am implorat:

— Spune-mi, dragule, de ce vrei să desenezi egoul?

— Desenez ca să se oprească odată filmele care mi se tot derulează în cap. Când trasez linii și forme, mă liniștesc. Parcă începe să-mi funcționeze o altă parte a creierului. Nu știu de ce. Poate știi tu, mamă?

M-a luat cu transpirații.

— Filme?

— Da, imagini, privirile elevilor dintr-a șasea și țipetele lor când cad, după ce mi-au pus piedică. Le am în minte tot timpul. Și fața lui Hamid cu nasul ca o portocală plină de sânge. Când desenez, toate astea încetează. Nu mă mai simt atât de rău, de parcă fixarea atenției asupra desenului m-ar proteja.

— Mai spune-mi despre Hamid.

— Vreau să-l apăr.

— De ce?

— Fiindcă e ca mine. Și fiindcă eu sunt ca el...

Gâfâia.

— ... E la fel ca mine, chiar dacă are alte gene, și chiar dacă vine din altă țară. E la fel în privința fricii, a suferinței... și a... singurătății.

A făcut o pauză, apoi a continuat, ceva mai calm:

— Poate să iubească la fel ca mine, mamă... La fel cum te iubesc eu pe tine. Suntem la fel și în privința

zâmbetului, şi în privinţa lacrimilor. Şi în privinţa vână-
tăilor de pe corp.

Aş fi vrut ca toată lumea să audă acele cuvinte.
În toate limbile pământului. Ar fi fost ca nişte Rusalii
păgâne.

— Şi povestea a încetat? Vreau să zic, cei dintr-a şasea
au încetat să vă mai hărţuiască?

— Oarecum.

— Cum adică, oarecum?

— Se uită în continuare la noi... cu nişte ochi mai în-
spăimântători ca pietrele cu care aruncau înainte.

— I-a pedepsit cineva?

— Pedeapsa n-ar schimba nimic, mamă. În fond, nu ei
sunt de vină.

— Nu ei sunt de vină? Ce vorbă mai e şi asta?

— De vină e Egomanul din mintea lor.

— Ăsta cine mai e, scumpule?

— E un supererou care se ascunde în mintea noastră.
Cel care am vrea noi să fim.

Egoman, Egoman! Oare ce mai inventase copilul
ăsta?!

— Şi ştii ceva? Hamid, în arabă, înseamnă „demn de
laudă". Exact opusul felului în care este tratat în prezent.
Când toţi îl resping.

Du Bonheur e mânată de o dorință extrem de puternică: să facă să dispară cancerul de pe fața Pământului. Și, laolaltă cu el, toate fricile pe care acesta le provoacă. Vrea să-i elibereze pe copii de spaimele lor nocturne și diurne, vrea să le descătușeze imaginația, creativitatea... Și, bineînțeles, cu ocazia asta, să scape și de propria ei spaimă, și de cea a lui Charlot.

Mie, unuia, îmi vine s-o urmez până la capăt. Prin toate parcările din lume. S-o ajut să câștige admirabila luptă în care s-a băgat.

Să descopăr odată cu ea că teama există la destul de mulți copii cu mult înainte de asaltul cancerului asupra vieții lor, și că poate tocmai această teamă contribuie la apariția celulelor maligne.

Egoul nu ține de viață. El e un derapaj al evoluției, al dezvoltării creierului, al multiplicării neuronilor.

Hai, du Bonheur, trebuie să discutăm!

Aşa cum presimţisem, Egoman a început să mă obsedeze de îndată ce am ieşit din camera lui Charlot. Mi-am luat cu mine la spital mai multe desene şi figurine, şi le-am împrăştiat pe jos, în cabinet. L-am sunat pe Georges, voiam să vină imediat. I-am spus că peste tot îl vedeam numai pe Egoman. Asta stârneşte imediat interesul unui psihiatru!

— Egoman? Ce mai e şi asta, Maryse?
— Hai să vezi, că e la mine aici, sub birou.
— Vin imediat.

Câteva minute mai târziu a intrat pe uşă şi, o bună bucată de vreme, n-a scos niciun cuvânt. S-a uitat doar cu mare atenţie la acele desene şi figurine de jucărie. Apoi, în timp ce eu aşteptam o revelaţie limpezitoare, a zis, cu elocinţa unui papagal care nu ştie decât să repete câteva cuvinte:

— Hmmmmm... Interesant! Foarte interesant!

Simţeam că înnebunesc.

— Domnul mare terapeut nu are ceva mai interesant de spus? i-am zis eu.
— Sunt ale lui Charlot?
— Da, sunt ale lui Charlot! Încearcă să deseneze egoul, îţi dai seama? Zice că, atunci când desenează, i se opresc filmele din cap.
— Filmele?

— Da, îl hărțuiesc unii la școală. Iar asta îl chinuie tot timpul, până și în vise. Niște elevi dintr-a șasea îi pun piedică și-l dau jos. Și strigă după el: „Uite orbul cum cade!" Mi-a mai zis și că vrea să-l protejeze pe prietenul lui, Hamid. Eu nu-l știu pe copilul ăsta, dar cei de-a șasea spun că-i terorist și dau cu pietre în el. Direcțiunea a aflat și a luat măsuri. Dar Charlot mi-a mărturisit că privirile lor îl sperie acum chiar mai mult decât pietrele.

Georges clătina din cap, cu dinții strânși. Nu-l mai văzusem niciodată în starea aceea.

— Nu pot să cred! Cum e posibil așa ceva?!

Strângea din pumni chiar mai tare decât din dinți. A urmat o lungă perioadă de tăcere, impregnată de tristețe.

— Asta-i adevărata hărțuire, Maryse. Când loviturile se întipăresc în mental. O simplă privire a călăului e de ajuns pentru a genera suferință. Charlot a fost răpit dinăuntrul său. El este acum ostaticul propriilor lui gânduri. Nu-i de mirare că și-a înconjurat patul cu figurile astea oribile.

Iarăși vid. În amândoi, de astă dată. Apoi Georges a continuat:

— Charlot a descoperit o modalitate excelentă de a se elibera, dragă Maryse. De a-i da afară pe cei care l-au răpit. Nu le dă voie acestor imagini sumbre să-i ocupe mintea cu totul! Se refugiază în culori, în linii, în contraste. Arta aruncă asupra hârtiei pietrele încasate de el și de prietenul lui, și le dă o formă nouă. Așa e mai puțin dureros. Poți să-ți scoți din cap insultele de care ai avut parte, așa cum îți scoți o așchie din deget... Am o idee, dar e ceva mai trăsnită, Maryse. Va trebui să mă ajuți și tu.

Nu era pentru prima dată când Moș Crăciunul meu preferat avea un proiect extravagant. La el, asta era mai degrabă un obicei.

— Hai, fă-mă un pic să râd. Chiar am nevoie! i-am zis eu, curioasă.

— Dacă-mi dai voie, o să-l invit pe Charlot să țină o conferință la următorul congres internațional de pedopsihiatrie.

Mi-au trebuit câteva secunde ca să-mi revin din șoc. Apoi am izbucnit într-un râs nervos.

— Glumești? Ce aiureală mai e și asta? Ho, ho, ho...

Georges a rămas cât se poate de zen în fața reacției mele.

— Charlot și-ar putea prezenta desenele pe un ecran mare, ca de cinema. Am și titlul: „Egoman!" Cu subtitlul: „Ajutați-mă să desenez egoul, experților! Semnat: Charlot, nouă ani" Cred că i-ar lăsa mască pe toți psihoterapeuții din sală.

Eram foarte, foarte supărată.

— Tu ai înnebunit?

— Vorbesc foarte serios, Maryse. Aș fi și eu cu el, bineînțeles. Îți dai seama, un copil care atrage atenția unei mulțimi de doctori asupra uneia dintre cele mai importante chestiuni ale modernității? O chestiune de care depinde supraviețuirea tuturor copiilor pe care-i tratăm? Și supraviețuirea ta? Și a mea? Și a lui Charlot? Și a lui Hamid? Și a călăilor lor?

Ascultându-l, am început să mi-l imaginez pe Charlot pe o scenă imensă, primind ovațiile sălii ridicate în picioare. Și am simțit cum încolțea în mine invidia. Era un moment pe care aș fi vrut să-l trăiesc eu, eu însămi!

Incredibil ce repede poate reacționa corpul, cu stare de indispoziție, cu spasme... Mi-am amintit de niște imagini cu copii în fața Adunării Generale a Națiunilor Unite, de imensul tărăboi mediatic, de premiile pe care le-au primit.

Micuța Malala Yousafzai, de exemplu. La vârsta de 11 ani, începuse să militeze pentru educația fetelor din Pakistan. La 15 ani, era rănită în cursul unei tentative de asasinat. La 17 ani, primea Premiul Nobel pentru Pace. Doar ce mă gândeam la genul acela de succes, și indispoziția mea creștea. Mi-am mai amintit că am învățat la școală despre Iisus care, la 12 ani, cuvânta dinaintea învățaților din Templu. Câteva secole mai târziu, avea milioane de adepți! Uitasem cu totul de suferința fiului meu. Hotărât lucru, e greu să te gândești la altul înainte de a te gândi la tine, chiar și când e vorba de propriul tău copil!

Georges era de neoprit.

— Să știi că unul dintre cele mai mari derapaje din istorie a fost atunci când omenirea a început să creadă în ceva ce nu există.

— Georges, te rog mult. Doar n-o să-mi vorbești acum de Dumnezeu?!

— Cea mai mare greșeală din istorie este credința în existența egoului, dragă Maryse. Adică să crezi în soliditatea și permanența nenumăratelor false identități cu care creierul structurează „eul". Să crezi că „eu" este profesia mea, de exemplu, sau că „eu" este culoarea pielii mele sau religia mea. Să crezi că aceste (false) identități au o existență reală, singura valabilă, ori că sunt superioare tuturor celorlalte. Și că astfel s-ar justifica distrugerea tuturor celor care le-ar putea amenința existența, adică a tuturor celor care nu sunt ca ele. Asta-i un lucru cu mult mai grav decât orice credință în Dumnezeu!

— Dacă înțeleg eu bine, tu, un psihiatru, încerci să-mi spui că egoul nu există! Mie însă mi se pare că el e absolut peste tot. Mai peste tot și ca Dumnezeu, de fapt. Eu, eu, eu... Eu sunt prima afectată, dragă doctore.

— Da, tocmai aici e drama. Egoul e peste tot, invadează totul, dar, o repet, el nu există. Îi angoasează pe copii. Îi face să se îmbolnăvească. Îi face chiar să moară. Şi totul începe cu nişte pietre aruncate în curtea şcolii. E vorba însă de aceeaşi teamă, de aceeaşi rivalitate dintre unii şi alţii ca aceea care, mai târziu, ajunge să declanşeze războaiele dintre adulţi.

S-a oprit ca să înghită în sec. Pe obraji îi curgeau şiroaie de lacrimi. Moş Crăciun plângea.

— Şi ăsta nu-i decât începutul. Suferinţa abia a încolţit. Va face mai departe grămezi de victime. Ea e viitoarea ciumă, viitoarea holeră. Iar cu ea e mai greu de luptat, pentru că microbii bolilor mortale, oricât de greu ar fi de detectat, există totuşi. În vreme ce egoul, încă o dată o spun, nu există. El e un concept, o construcţie a minţii omeneşti. E la fel de ireal ca Moş Crăciun.

Barba îi era udă de lacrimi. Îmi venea să i-o şterg cu ceva. Cu mâna. Cu părul. Era pentru prima oară. I-am întins o batistă. Începeam să înţeleg:

— Asta vrei să le arăţi, prin Charlot, celor de la congres?
— În scurt timp, n-o să mai avem destule spitale ca să tratăm toate aceste mici — şi mari — victime ale chinului de a trăi, Maryse. Copiii ăştia care sunt dispreţuiţi fiindcă sunt altfel... Până şi ei îi pot ataca pe cei care nu cred acelaşi lucru ca şi ei. Pur şi simplu pentru că o credinţă diferită o poate pune sub semnul întrebării pe cea cu care ei s-au identificat. Reflexul este să-ţi spui: „Dacă dispare credinţa mea, dispar şi *eu*". Asta încearcă să ne transmită Charlot cu galbenul şi cu albastrul lui.

S-a întors spre mine. Brusc, vedeam toată bunăvoinţa de care se bucurau copiii la apariţia prietenului lor, Georges, când din salon dispărea orice urmă de teamă.

Cu zâmbetul său de călugăr zen, mi-a spus:

— Aş vrea tare mult să-i fiu aproape lui Charlot, Maryse. Iar desenele lui sunt o excelentă cale de comunicare. Am să-l ajut, dacă eşti de acord, să-şi continue cercetările. Să se întrebe, de exemplu: „Oare, atunci când o convingere dispare, dispare şi creativitatea?" O să găsească singur răspunsul la această întrebare. Nu ştiu când anume, dar sigur va reuşi. Spune-mi, Maryse, crezi că florile sunt animate de nevoia de a se distinge fiecare sub forma unui „eu"? Sunt flori, şi cu asta basta. Îşi oferă polenul albinelor, fără ca vreun „eu" mititel să implore: „Luaţi-l pe-al meu, e mai bun decât al vecinei". Florile sunt legate de tot ce-i în jur prin culorile şi prin parfumul lor. Iar asta îi permite vieţii să se prelungească prin ele, graţie vântului sau insectelor. Doar fiinţa omenească asociază sentimentul existenţei cu un „eu". Fiinţa însă, în esenţa ei, nu are nevoie de „eu". Cine ştie, de altfel, dacă nu cumva există alte vieţuitoare, pe alte planete, care se strică de râs văzând câtă importanţă i se acordă aici acestui fenomen numit „eu"? Un fizician al cărui nume l-am uitat spunea: „Suntem fragmente de conştiinţă plutind prin univers". „Eul" a intrat în scenă mult după apariţia vieţii. Iar astăzi, o distruge pentru a-şi păstra acele foiţe sau coji identitare cu care se identifică. Lucrul ăsta trebuie repetat într-una, Maryse: „eul" nu este indispensabil fiinţei. Ceea ce trebuie noi să facem şi să răsfacem de-a lungul întregii noastre existenţe este să conştientizăm. Charlot o va descoperi desenând. Iar eu te rog să te mai gândeşti la ideea cu congresul. O să fie anul ăsta. Pentru înscrieri mai avem la dispoziţie o lună. Ar fi bine să aduci vorba despre asta când mai discuţi cu fiul tău.

Când am ajuns acasă, congresul era cea mai mică dintre grijile mele. În minte aveam un singur gând, să-mi examinez fiul din cap până-n picioare. Voiam să mă asigur că hărțuirea era într-adevăr de domeniul trecutului. Atunci, imediat. Să văd ce vânătăi mai avea, să i le dezmierd, să i le sărut, să i le șterg. I-am spus să se dezbrace. A înțeles că n-avea niciun rost să se împotrivească. După câteva ezitări, și-a dat jos tricoul și pantalonii. Se simțea vinovat, rușinat, tremura — parcă ar fi vrut să devină invizibil...

Când i-am văzut brațele și picioarele, mi-a venit să strivesc cu pumnii tot ce era în jur. Aerul. Masa. Pereții. Capul meu... Aceeași furie, din nou. Eram însetată de răzbunare. Mă vedeam torturând niște copii de 11 ani, eu care-mi dedicam viața salvării lor de la moarte. Întreaga mea ființă voia să facă rău. Foarte mult rău.

— Nu sunt în stare să-l desenez pe Egoman, mamă, dar știu că e în capul omului.

— Hai și explică-mi, dragul meu, că nu înțeleg. De ce niște copii care se poartă așa de urât cu tine l-ar avea și ei pe Egoman în capul lor?

— Atunci când ridică mâna ca să arunce cu pietre, o fac ca să atragă atenția. Ca și cum ar striga: „Hei, hei! Sunt aici!" Ei trăiesc comparându-se în permanență și vor să arate că sunt puternici pentru ca nimeni să nu le poată lua locul cu ceva ce ei nu au. Ochii mei bolnavi, de exemplu. Sau hainele lui Hamid. De parcă nişte ochi sau nişte haine ne-ar putea face mai interesanţi.

— Şi ce au atât de special hainele lui Hamid?
— Sunt prea mari pentru el.

Îmi dădeam seama că Georges şi Charlot erau deja foarte apropiaţi. Nişte vechi complici.

— Ce o să faci ca să te aperi? Vreau să zic, dacă încep iar cu hărţuitul?
— Să-mi continui cercetările...

Tom Degețel se vede foarte rar cu taică-său, cu clovnul ăla de Jérôme! Omul e mai tot timpul în străinătate, ocupat cu strâmbatul — specialitatea lui — în fața unor puști care-l adoră. Iar în acest timp, Charlot stă posomorât. Din cauza picioarelor încasate de la niște puști care-l disprețuiesc. Jérôme! Ce mai circ! Ce-ar fi să vii să te strâmbi și-n fața celor care-ți terorizează copilul? Să-i faci să râdă într-o recreație. Ca să le dispară teama de a fi invizibili. Și să-și desfacă pumnii. Și să le cadă pietrele din mâini...

Du Bonheur e destul de acră în privința fostului ei bărbat. Tipul nu dă aproape niciun semn de viață. Doar câte un telefon pe fugă, din când în când. „Ce mai faci, bătrâne? — Bine. — Cât de curând ajung pe la voi, să știi. — Când? — Nu știu încă. Vreau să fie o surpriză. — Mulțumesc, tată, îmi plac surprizele. — Mi-a zis mami de boala ta. Ești pe mâini bune. Mami e cea mai tare. Și spitalul ei, la fel. — Pe curând, tată, abia aștept să te văd."

Are dreptate du Bonheur când zice: „Fiul lui riscă să nu-l mai vadă deloc, într-o bună zi. Iar el, imbecilul, n-are ochi decât pentru cei care-l admiră. Cum de nu mi-am dat seama de asta de la bun început?"

E atât de frumoasă când își scoate ghearele... Ar trebui să i-o spun și ei. Exersez în fața oglinzii: „Ești frumoasă, Maryse! Hai, Georges, hai că poți!" Mă antrenez și în visele pe care le visez: ghearele ei... i le văd, i le simt! Pe piele, pe spate... Visez la un autograf dat de toate cele zece degete ale ei.

Dar ca să i-o spun în față, da, aș avea într-adevăr nevoie de un supliment zdravăn de curaj. Ar trebui probabil să iau exemplu de la Tom Degețel. N-a împlinit încă 10 ani și deja l-a inventat pe Egoman! Încearcă să deseneze egoul pentru a-l reduce la tăcere: ce idee minunată! Am putea să desenăm împreună. Să facem portretul acelei „chestii" care nu mă lasă să spun „Ești frumoasă, Maryse!". Eu ce nume i-aș fi pus oare?

Numai că Tom Degețel are nevoie de mine ca să revină pe linia de plutire. Maică-sa nu poate să-l ajute. Ea e poate chiar mai pierdută decât era în copilărie, pe vremea când locuia pe strada Rachel... „Oglindă, oglinjoară, spune-mi, cine e cea mai frumoasă, cea mai mare, cea mai tare? — Îmi pare rău, Maryse, nu ești tu! — Atunci, spune-mi, unde pot găsi niște pietre? Vreau să dau cu ele în toți cei care sunt mai frumoși, mai mari și mai tari decât mine! Să-i rănesc și să-i fac să dispară de pe fața Pământului... Să ajung în sfârșit cea pe care toată lumea o privește, o respectă, o recunoaște! Fiindcă, din punctul meu de vedere, cred că nu am existat niciodată!"

Nu-i prea târziu pentru a o ajuta pe du Bonheur să iasă din povestea în care s-a întemnițat: o prințesă minunată închisă în „turnul Egoului". Charlot o va ajuta. Iar eu îl voi ajuta pe Charlot.

14 februarie. Soare orbitor. Lumină peste tot. O dimineață asemănătoare celei în care s-a născut Charlot. Astăzi, împlinește 10 ani.

Cu câteva săptămâni înainte, îl întrebasem ce i-ar plăcea să facă de ziua lui, iar el îmi răspunsese prompt:

— Să-l mai văd pe Minus, iedul lui Alexandrine. Și să-mi invit și prietenii: Hamid, Marie-Lou și stelele doctorului Le Borgne.

N-o știam pe Marie-Lou. Îmi aminteam doar așa, vag, că parcă mai auzisem acel nume.

— Cine e Marie-Lou?

— Ți-am mai povestit de ea, mamă, nu mai ții minte? Greu de zis cine e, dar pot să-ți spun că ea e steaua mea.

La auzul unei asemenea afirmații, am început să mă bâlbâi:

— Da, da, îmi amintesc...

Charlot a sărit imediat:

— Nu poți să le ții minte chiar pe toate. Greu mai găsește cineva un pic de loc în propria-i minte. Știu cum e, capul meu e plin de gânduri mai tot timpul. Ca și al tău.

Loc în mintea mea? În mintea mea nu era decât el! Simțeam că-mi crapă capul de cât mă gândeam la el! Dar nu asta voia să spună, mai mult ca sigur. Trecerea lui la două cifre, împlinirea vârstei de 10 ani... era o etapă pe care țineam neapărat s-o subliniez. Mătușa Bénédicte îmi ignorase mai toate aniversările, şi nu voiam ca povestea asta să se repete. O lecţie pe care mi-o dăduse viaţa.

Robert şi Alice voiau şi ei s-o vadă pe Alexandrine. De la demisia ei nu mai primiseră niciun semn de viaţă de la ea, doar acel „Pa şi pe curând, dragilor!" când plecase din spital. Robert îi lăsase mai multe mesaje pe robotul telefonic, dar nimic, niciun răspuns. El şi soţia sa nu pricepeau în ruptul capului de ce preferase ea caprele în locul copiilor. Şi amândoi voiau să profite de petrecerea de-acum ca să înţeleagă în sfârşit acea ciudată opţiune de viaţă.

Georges nu se lăsase rugat ca să vină şi el. Charlot era încântat: „Georges o să se înţeleagă perfect cu Minus. Au aceeaşi personalitate". Asta mă făcuse să pufnesc în râs! Dacă Georges ar fi fost acolo, cred că nu i-ar fi plăcut deloc reacţia mea. Apoi mă simţisem obligată să-i explic lui Charlot: „Stai liniştit, scumpule, doar mi-l imaginam pe Georges behăind".

Scăldaţi într-o lumină de primăvară, cei doi prieteni ai lui Charlot ne aşteptau sub un copac înalt din faţa clădirii în care locuia „steaua lui Charlot": Marie-Lou, o fată de culoarea soarelui şi a zăpezii, şi Hamid, un băiat de culoarea scoarţei de arţar.

Am oprit maşina. Charlot a coborât în fugă. Abia când a ajuns lângă Marie-Lou mi-am amintit de scurta descriere pe care mi-o făcuse: „Prietena mea mută"...

Fata i s-a adresat prin semne, iar fiul meu i-a răspuns cât se poate de firesc. Am rămas trăsnită.

— Ştii limbajul semnelor? l-am întrebat eu.

— Nu, mamă, dar o înţeleg pe Marie-Lou aşa cum te înţeleg şi pe tine atunci când nu spui nimic. Doar că Marie-Lou mă ajută, cu mâinile.

Hamid părea și el să înțeleagă. Reacționa la cel mai mic gest, chipul lui fremătând ca o frunză de plop în bătaia vântului.

Părinții lui Marie-Lou au ieșit din casă. Tatăl era într-un palton vechi, pătat de ulei și de unsoare; ea, într-o costumație foarte originală, croită clar de mână. Un fel de cuvertură făcută din petice în culorile amurgului; practic, niște bucăți de stofă portocalii, roșii și violet prinse laolaltă. O reciclare cu ștaif. Prezentările au fost scurte și la obiect.

— Eu sunt Harold Breton, tatăl lui Marie-Lou. Iar ea este soția mea, Mégane. Suntem încântați să vă cunoaștem, doamnă doctor du Bonheur. Marie-Lou ne-a spus că s-a întâlnit cu Charlot în curtea școlii, în timpul unei recreații, și că a atras-o faptul că „semănau în ceea ce-i deosebea de ceilalți". Prezența fiului dumneavoastră i-a schimbat viața fiicei noastre. Brusc, în Marie-Lou parcă s-a destupat ceva. Eu sunt instalator, cunosc toate țevile imaginabile și inimaginabile pe care oamenii le-au fabricat. Niciuna nu-mi rezistă. Singura care mă interesează însă e cea din gâtul fiicei mele. Ceva o blochează, un fel de dop. Eh, dopu' ăsta nu l-am putut face niciodată să dispară. Vocea fiicei mele e blocată undeva, dedesubt. Am fost pe la o mulțime de specialiști. Meningită, cum pare că se întâmplă adesea la sugari, urmată de surditate: știți ce înseamnă toate astea, nu? Urechile i-au fost reparate. Operația a fost un succes total. Ni s-a garantat că de-acum aude. Numai că Mégane și cu mine am încetat să mai credem. Fata a rămas mută, în ciuda tuturor eforturilor noastre. Ar trebui să vorbească, dar cuvintele nu vor nicicum să iasă. De când i-a cunoscut însă pe fiul dumneavoastră și pe Hamid, au apărut unele schimbări: niște sunete, niște încercări de articulare...

Prietenia, ultima speranță pentru niște părinți ajunși la capătul puterilor... M-au invitat să intru, ca să-mi arate locuința lor, dar am refuzat, pretextând că era târziu. Mă simțeam cumva stânjenită de afecțiunea aceea învăluitoare. Nu făcusem nimic pentru ei. Îmi ofereau prezența lor gratuit. Iar eu nu eram obișnuită cu gratuitatea. În optica mea, totul se plătea.

Harold construise casa cu mâinile lui și era foarte mândru s-o spună. Era un tip trunchios și puternic. Mégane era o femeie mai zgârcită la vorbă, rezervată, delicată.

— Eu sunt croitoreasă, doamnă doctor du Bonheur. Dacă aveți vreodată nevoie de ceva, vă rog să nu mă ocoliți!

Le invidiam ușurința cu care relaționau cu ceilalți, sensibilitatea aceea numită uneori „inteligență emoțională". Eu, doldora de diplome și de prestigiu, tare mi-aș fi dorit să fiu ca ei. Sufeream din pricina lipsei mele de simplitate. Aici, cu ei, statutul impunător nu-mi folosea la nimic.

Copiii au urcat în mașină, pe bancheta din spate. Hamid, care se așezase la mijloc, își ținea prietenii de braț. Complicitatea lor manifestă nu lăsa loc de cuvinte. Eram pur și simplu subjugată. Asistam la o formă de comuniune. Taina Treimii era rezolvată. Nu cântau, dar era ca și cum ar fi făcut-o. Iar dacă ar fi cântat, ar fi fost un cântec revoluționar, cu pumnul ridicat și cu acea siguranță pe care ți-o dă sentimentul că nu mai ești singur.

Acești micuți revoluționari aveau în mod evident un șef: Hamid. Charlot și Marie-Lou se sprijineau pe el, la modul fizic. Dar se simțea că asta nu se rezuma doar la atât.

Charlot îmi spusese că voia să-și protejeze prietenul; acum mă gândeam că era exact invers. Hamid era cel mai voinic, iar copilul ăsta apăra o cauză: nu spunea niciodată „eu", doar „noi". Avea discursul cuiva care îi ia pe ceilalți sub aripa sa și se oferă drept pavăză pentru toți cei amenințați.

Hamid mă atrăgea. Nu-mi mai luam ochii din oglinda retrovizoare. Mă uitam în spate mult prea mult: era periculos! Dar băiatul acela mă fascina. Nimic nesănătos, charisma lui, cred. Îl invidiam: grația aceea, farmecul acela firesc, la numai 10 ani! Un magnetism cuibărit tocmai în timiditatea sa. Aș fi vrut să fiu discipola lui favorită. Să-mi apere cauza... Abia când am ajuns în dreptul drumeagului ce ducea la proprietatea lui Alexandrine, m-am dezmeticit și eu din delirurile mele.

Alex instalase de-a lungul aleii mai multe aerostate în miniatură. Fiecare dintre acele micuțe baloane multicolore era reținut la sol de o sfoară roșie, legată de o pietricică. De jur împrejurul casei era plin de ele. Cred că fusese enorm de muncă. Puștii nu se mai opreau din strigăte: „Ia uite la ăla! Și la ăla! Și cel galben de colo, și ăla albastru, uau!"

În fața casei, copiii lui Robert alergau de la un balon la altul. Adélaïde însă, când ne-a văzut, a cârmit-o brusc și s-a dus țintă la Charlot. L-a prins în brațe, a închis ochii și l-a pupat pe gură:

— La mulți ani, Charlot!

A ținut mult timp ochii închiși, de parcă așteptase de nu știu când acel moment, iar acum îl savura. Fiul meu a încremenit. Nu se aștepta, mai mult ca sigur, la o

Ziua în care am început să mă iubesc cu adevărat

așa demonstrație de afecțiune. Când Adélaïde a deschis ochii, a văzut mirarea lui Hamid și a lui Marie-Lou. Cred că a perceput ceea ce simțisem și eu în mașină: legătura palpabilă dintre ei. Ceva îi unea pe cei trei copii, iar ea era pe dinafară.

Charlot era în continuare paralizat de sărutul lui Adélaïde, primul lui sărut. Hamid s-a apropiat de ea și i-a întins mâna:

— Eu sunt Hamid.

Apoi s-a întors spre Marie-Lou:

— Ea este Marie-Lou. E mută. Pe tine cum te cheamă?

Ținea în mod evident ca Adélaïde să nu se simtă exclusă.

— Pe mine mă cheamă Adélaïde.

Hamid s-a înclinat, salutând-o cu întreg corpul, ca un majordom în fața unei prințese. Apoi s-a dus la Rebecca și la Cassandre, le-a mângâiat cu degetul arătător pe obraz, le-a întrebat cum le cheamă și le-a salutat și pe ele înclinându-se până la pământ. Un copil venit din alte vremuri.

În acest timp, Adélaïde se uita lung la Marie-Lou, așa cum fac adeseori femeile aflate în concurență. Nu era greu să-ți dai seama că ezita, probabil, între compasiune și gelozie. Mâinile lui Marie-Lou zburătăceau în toate părțile. Voia și ea să comunice cu ei.

Alexandrine a ieșit din casă în trombă. A alunecat pe una dintre trepte, cât pe-aci să cadă — în mod voit! Își pregătise cu grijă intrarea în scenă, o regie demnă de un vodevil. Încălțată cu niște rachete de zăpadă, cânta cât o ținea gura: „Mulți ani trăiască, mulți ani trăiască!..." Georges ieșise odată cu ea, și el cu rachete de zăpadă în picioare. „Ho, ho, ho, să înceapă petrecerea, Charlot!" Copiii aplaudau cu toții.

— Georges și cu mine puneam masa. Iar marele doctor încerca să mă convingă să mă-ntorc la spital. Sărăcuțul!
— Eu sunt de acord cu Georges, Alex. Locul tău e la spital. Ai un har. N-ai dreptul să ți-l folosești numai la capre.

Plecarea lui Alexandrine lăsase un mare gol în centrul spitalicesc. Nu numai că ea stabilea o „legătură" cu copiii înainte ca aceștia să se fi născut, dar ne ținea și pe noi, ceilalți, conectați la ceea ce înseamnă viață.

— Doar n-ați venit aici ca să vorbiți despre mine. Vă e foame, dragilor? „Casa Alex" vă propune: supă de ceapă cum o făcea bunica, plăcintă de carne și legume cu scorțișoară, tocană cu găluște aromate cu ierburi sălbatice și brânză de capră din zonă. La desert o să fie o mare surpriză. Hai, toată lumea la masă!

După masa aceea pe cât de festivă, pe atât de veselă, Alex a bătut din palme.
— Copii, înainte de desert, mergem să vedem animalele.
— Abia aștept să văd ce mai face Minus! a chiuit Charlot.

Când ne îndreptam cu toții spre staul, mi-am felicitat prietena pentru plantația ei de aerostate:
— Ți-a ieșit minunat, Alex. Dar cred c-a fost de muncă, nu glumă! Cât timp ți-a luat?

Cu o scurtă mișcare din mână, a măturat orice urmă de importanță a acelei acțiuni.
— Am avut ajutoare, Maryse. O să vezi imediat.

De cum s-a deschis ușa staulului, am auzit cum caprele încep să se agite. Se ridicau pe picioarele din spate, sprijinindu-se pe scândurile de sus ale țarcurilor. Parcă cereau să fie mângâiate, cum fac câinii la sosirea stăpânilor.
— Unde e Minus? a zis Charlot, surescitat.

Alex a arătat înspre tânărul țap.

— Uite acolo, Charlot.

— Ia uite cât a crescut, mamă! Oare mă mai recunoaște?

— Nu știu, dragul meu. E chiar așa de important?

— Păi, cum să fim prieteni dacă el nu mă recunoaște?

Hamid a intervenit cu blândețe:

— Continuând să-l iubești, Charlot. Nu trebuie să-ți dorești tot timpul să fii recunoscut.

Marie-Lou zâmbea. Adélaïde părea că nu înțelege.

— Hamid are dreptate, Charlot, a zis atunci Alex. Poți să-i dăruiești lui Minus toată afecțiunea ta. Și nu-i o mare problemă dacă el nu te deosebește de ceilalți. Să știi, dragul meu, că sunt oameni mai în vârstă care ajung să nu-și mai identifice nici măcar propriii copii. E o boală. Iar copiii lor, chiar dacă sunt adulți, suferă din pricina asta. Îi doare fiindcă au senzația că au pierdut pe cineva, e normal. Dar suferă și pentru că nu se mai simt speciali. Uitând că nu și-au pierdut capacitatea de a iubi. Și că pot în continuare să stea lângă persoana aceea care nu-i mai recunoaște. Și s-o iubească în tăcere. Cum ai iubi pe cineva care doarme. Și de la care n-ai aștepta nimic.

Hamid a început să-l mângâie pe Minus:

— Și noi aveam capre acasă. A trebuit să plecăm de lângă ele fiindcă tatăl meu fusese ales pentru o misiune. S-a aruncat în aer, într-un autobuz. Aveam cinci ani. Atunci am fugit aici, cu mama.

Am rămas cu toții înmărmuriți.

Hamid a continuat, de parcă ar fi fost singur cu sine însuși:

— Trebuie să fii foarte atent atunci când cineva îți spune: „Am nevoie de tine". Mai ales dacă nimeni nu ți-a mai spus-o până atunci. Brusc, crește inima în tine.

Nu te mai simți un nimic. Te simți mai important, simți că exiști. Ai face orice pentru persoana care îți spune așa ceva. Ca să ți-o spună din nou. Te-ai arunca și-n aer. Cred că tatălui meu nu-i mai spusese nimeni: „Am nevoie de tine". Era prima dată. Și ultima. Îmi pare rău că nu din gura mea a auzit acele cuvinte.

Cum stăteam noi așa cu gura căscată, un sunet de claxon ne-a făcut să tresărim.

— A venit desertul! a zis Alexandrine, forțându-se să pară veselă.

Apoi a deschis larg ușa staulului. În semiîntunericul înserării, două faruri mari ne orbeau. Charlot a reacționat primul. A scos din buzunar lanterna pe care i-o dăduse Adélaïde. O avea întotdeauna la el. Adélaïde, uimită și flatată, i-a zâmbit. L-am urmat cu toții pe Charlot până la acel vehicul, un autobuz școlar cu niște megafoane pe acoperiș:

— Dragul meu Charlot, e rândul tău să ne asculți vorbindu-ți despre iubire...

Autobuzul era decorat cu niște litere mari, vopsite în galben și albastru: „La mulți ani, Charlot". Din el coborau câteva zeci de copii, îmbrăcați toți în clovn.

Alex ne-a explicat:

— Am invitat niște copii din satul vecin și de la fermele din jur. Părinții lor au zis cu toții un mare „da" când le-am povestit despre Charlot. Ei m-au ajutat să pregătesc petrecerea. Primarul s-a oferit chiar să conducă autobuzul; asta-i meseria lui. Și-acum, deschideți bine ochii!

— Nu l-ai chemat și pe fostul meu soț, Alex? am încercat eu să glumesc.

— Ba bineînțeles că da, ce credeai? mi-a răspuns ea prompt. Numai că azi e și sărbătoarea de Sfântul Valentin, iar el trebuia să apară într-un spectacol intitulat *The Show of Love*. A promis însă c-o să-l sune pe Charlot de îndată ce-o să poată.

Apoi, arătând înspre acei clovni micuți, mi-a șoptit la ureche:

— M-am gândit că ar fi bine ca și tatăl lui Charlot să fie prezent într-un fel la petrecerea copilului, Maryse. Georges mi-a spus că ar fi o idee bună. Că ceva simbolic face mai mult decât o absență. Și că Charlot s-ar putea simți ceva mai bine.

După care a continuat:

— În loc de un tort cu niște lumânări de suflat, noi o să înălțăm pe cer lampioane chinezești. Niște aerostate luminoase. Și o să suflăm în ele, dar nu ca să se stingă, ci ca să se ridice.

În câteva minute, cerul s-a umplut de baloane luminoase.

Charlot și-a pus un braț pe după umerii lui Hamid:

— A fost drăguță Alexandrine că a chemat niște clovni de vârsta mea. S-a gândit că, în felul ăsta, o să fie și tata cumva cu noi, că n-o să-mi lipsească. Am înțeles ideea, dar nu era nevoie. Fiindcă ești tu aici, Hamid.

Încântarea i-a cuprins pe toți. Însoțită de acolita ei: tăcerea.

Charlot s-a întors către mulțimea de invitați:

— Vă mulțumesc tuturor, mi-ați făcut niște daruri minunate, mulțumesc mult! Dar, fără să vă supăr egoul, vreau să vă spun că cele mai frumoase cadouri sunt prietenii mei.

Georges a venit lângă mine. Avea ochii ca niște lampioane chinezești:

— Ești frumoasă, Maryse!

Eu n-am zis nimic. M-am uitat spre cer. Ca să nu mă vadă roşind.

Petrecerea s-a prelungit până când toate lampioanele au ajuns să se confunde cu stelele adevărate.

Ce mai petrecere, ieri! Tom Degeţel şi-a serbat cei 10 ani pe care i-a împlinit. Alexandrine, naşa lui, a umplut văzduhul de lampioane chinezeşti. Niciodată n-am mai văzut un „tort" atât de mare. Sute şi sute de lumânări zburătoare. Eu m-am aplecat discret spre Tom Degeţel şi i-am zis: „Pune-ţi o dorinţă, Charlot..." Au urmat câteva secunde de tăcere. Se gândea. Apoi a închis ochii şi a început să sufle spre cer. Mult timp. O veşnicie.

În cele din urmă, cu ochii în continuare închişi, mi-a mărturisit: „N-o să pot stinge lampioanele, domnule doctor, aşa că o să vă spun ce dorinţă mi-am pus: vreau ca, în ziua când n-o să mai pot vedea stelele, să le mai pot totuşi simţi, ca acum, aici, cu ochii închişi".

Un copil de vârsta lui n-ar trebui să spună aşa ceva. În cărţile mele de psihologie nu scrie nimic despre o asemenea fază. Charlot a găsit însă ceea ce caută o mulţime de adulţi care fac terapie cu anii. După ce au cheltuit o groază de timp şi de bani, ei tot nu ştiu că e de ajuns să închizi ochii şi să simţi în tine însuţi mişcarea stelelor. Ori să le auzi murmurul.

Am cunoscut doi prieteni de-ai lui Charlot: Hamid şi Marie-Lou.

Marie-Lou este mută. Meningită la o vârstă foarte fragedă. Tăcere permanentă. Limba semnelor. Totuşi, s-a făcut o intervenţie chirurgicală. Implanturi cohleare. Şi totul cu un succes deplin. Fata aude, de fapt, foarte bine! Poți să-i vorbești fără nicio problemă. Dar nu răspunde decât cu mâinile.

Ieri m-am uitat la ea cu atenție. Mi-a fost ușor, eram un străin. Un doctor gras și neinteresant. A fost de-ajuns să stau în preajma ei, în umbră. Să-i urmăresc discret reacțiile, tresăririle, reflexele.

Am făcut câteva teste. Pocnit din degete, șoptit din spatele ei, variații în volum ale vocii; reacționa la cel mai mic zgomot. O sensibilitate încântătoare, la drept vorbind. Capabilă să perceapă și cea mai fină schimbare de intensitate a respirației. Fata părea chiar să comunice cu acel țap tânăr, Minus.

Părinții ei au fost cu ea la mai mulți terapeuți. Li s-au servit tot felul de ipoteze, iar în cele din urmă li s-a spus că micuța nu voia, pur și simplu, să vorbească. Că proteja pe cineva sau ceva. Li s-a sugerat să aibă răbdare. Asta se întâmpla acum șapte ani.

Eu, unul, nu știu dacă aș putea aștepta atâta cu du Bonheur! Și dacă aș încerca să-i spun ce simt? Ea care pare surdă la toate formele de limbaj... Și dacă aș învăța și eu limba semnelor?

Marie-Lou e genul de caz care mă interesează în cel mai înalt grad. Sunt convins că e capabilă să vorbească. Am și ceva idei. O provocare pe care o apreciez în mod deosebit: găsirea blocajului, descuierea vocii, scoaterea ei din seif.

În celălalt puști, Hamid, Tom Degețel și-a găsit un frate. Amândoi sunt niște băieți al căror tată a dispărut. În ceață ori într-un nor de praf.

Hamid a învățat cum să scape de cea mai mare dintre dependențe, aceea din care decurg toate celelalte: tentația permanentă de a fi cineva. El i-a arătat lui Charlot cum se poate elibera: „Nu trebuie să-ți dorești tot timpul să fii iubit.

Trebuie doar să știi că ești tot timpul capabil să iubești. Și să-ți aduci aminte mereu de lucrul acesta".

Asta mi-a amintit de o frază a lui Rilke: „Să iubești înseamnă să strălucești cu o lumină inepuizabilă", și mi-a dat curaj să-i spun lui du Bonheur că e frumoasă. De răspuns, nu mi-au răspuns decât obrajii ei, printr-un aflux de sânge. Îmi place când o văd roșind așa, mocnit. Ea nu se îmbujorează niciodată, nu e genul ei, ea roșește mocnit. O caracteristică a jarului.

Am început să transpir, simțeam că făcusem o gafă. Dar mie îmi place și când ea mă face să transpir.

Îmi venea să-i vorbesc despre Egoman, despre barierele pe care le ridică între noi, dar m-am uitat cum lampioanele se amestecau cu stelele și am preferat să tac. Nu era momentul potrivit. Mai ales că nu-mi place deloc acest cuvânt, „ego". Sunt nevoit totuși să-l folosesc ca să mă fac înțeles, n-am încotro.

Am de gând să revin asupra acestui subiect la un moment dat, ca s-o fac să înțeleagă ceea ce a priceput fiul ei: atunci când închizi ochii și auzi murmurul stelelor, egoul se topește.

S-a întâmplat într-o joi. În ziua aceea, aş fi preferat să rămân mare şi tare.

Mare şi tare nu ca să-i privesc pe ceilalţi de sus, ci ca să pot lua pe umerii mei ceva din acea povară, ca să ştie şi ceilalţi că mai există nişte umeri pe care te poţi baza, pe care te poţi sprijini, măcar cât să-ţi tragi sufletul.

Aş fi vrut să fiu mare şi tare şi să trăiesc într-una din acele legende în care viaţa e băgată într-o sticluţă. Pentru a-i fi turnată pe gât celui care tocmai s-a stins. Ca să fie readus la viaţă. Ca să i se poată spune că nimic din ce a auzit nu e adevărat.

Charlot s-a întors acasă pe la 11 dimineaţa. Până la noi ordine, toate cursurile au fost anulate. Şcoala a fost evacuată, încercuită de poliţişti şi de benzi galbene. Copiii au fost văzuţi de nişte psihologi, apoi conduşi acasă unul câte unul.

Hamid a murit, spânzurat într-o sală de clasă. Avea 10 ani. Mama lui a fost cea care l-a găsit. Ea preda la clasa întâi. Îl lua cu ea dimineaţa, ajungeau înaintea tuturor. Urma să-şi termine lecţiile în sala lui de clasă, în timp ce ea îşi pregătea programul pe ziua respectivă în clasa ei.

A fost internată de urgenţă la spital, în stare de şoc. Au anunţat la ştiri, arătând o fotografie destul de recentă în care ea zâmbea. Tocmai obţinuse cetăţenia canadiană. Era o femeie frumoasă, la fel ca şi fiul ei.

Când Charlot a încercat să dea de mine, eram la căpătâiul lui Inès. O fetiță de opt ani. Era pe ducă. Întreaga mea atenție era concentrată asupra respirației ei. Din gât îi ieșeau niște sunete stinse, ca dintr-un nai.

Vibrația mobilului m-a făcut să tresar. Pe ecran s-a afișat numărul de acasă. Acasă? La 11 dimineața? Charlot?

Stăteam în picioare, în spatele părinților. Auzeam ultimele sforțări de respirație ale lui Inès. Intervalul de liniște după fiecare răsuflare era tot mai lung. Așteptam cu toții, încremeniți, răsuflarea următoare. Poate că... Interval de șapte secunde, de zece secunde. Charlot? La ora 11?

Acasă?

Douăzeci de secunde... O altă răsuflare. Treizeci de secunde... Patruzeci... Cincizeci... Un icnet... ascuțit, sec... Nimic, zero! Nu mai rămăsese decât un strop de veșnicie. Inès tocmai se dusese.

Am sunat acasă de cum am putut. Când mi-a răspuns Charlot, mi-a fost extrem de greu să înțeleg ce spunea. Plângea în hohote.

— Liniștește-te, liniștește-te... Ce s-a-ntâmplat?

— Hamid s-a spânzurat, mamă, Hamid s-a spânzurat... La televizor... Uită-te...

Am fost convinsă că n-am auzit bine, l-am pus să mai zică o dată.

— De ce, mamă? De ce sunt... sinucișiu copiii?

Am ieșit din salonul lui Inès în vârful picioarelor. Mama ei urla de durere și de indignare. Tatăl era sufocat de neputință. Așa se împărțea suferința.

M-am grăbit spre sala de odihnă a rezidenților. Acolo era un televizor care mergea încontinuu pe știri. Pe ecran se vedeau scaunul răsturnat și băncile din jur. De parcă cineva ar fi vrut să pună o cruce pe o hartă, să marcheze un loc. Opusul unei comori. Un gol. O absență. O gaură.

S-a spânzurat cu propriile haine, prea mari pentru el. A fost găsit la bustul gol, cu cămașa înnodată în jurul gâtului. Alte camere de luat vederi erau postate în fața casei lui Hamid. Li se luau interviuri vecinilor.

— Erau o familie discretă. Aproape că nici nu-i vedeai. O mamă și fiul ei. Despre tată nu știm nimic. Nu l-am văzut niciodată.

Apoi, alții:

— Mama poartă văl, dar nu pare periculoasă...

— Bine că băiatul nu s-a aruncat în aer! Păi, mai știi, la cum e lumea în ziua de azi...

Aproape că-ți pierea cheful să mai aparții speciei umane.

M-am dus glonț acasă. Când am ajuns, Charlot era în camera lui, cu ușa închisă. Am ciocănit, dar nu-mi răspundea. De două ori. De trei ori. Până la urmă, am intrat. Fiul meu stătea așezat în fața unei mici oglinzi, la bustul gol, ca Hamid în ultimele sale clipe.

Se vopsise pe față cu galben și albastru. În jurul ochilor își trasase niște cercuri. Plângea încetișor. Lacrimile erau pensulele lui și-i șerpuiau pe trup ca pe hârtia unui acuarelist. Niște dungi mari și verzi pe torace, pe burtă. Parcă ar fi fost zgâriat de niște unghii uriașe.

— Monstrul Egoman sunt eu, mamă! N-am știut să-mi apăr prietenul. Cei dintr-a șasea aveau dreptate când ziceau: „Ești doar un fricos, Charlot". Au dreptate, mamă. N-am fost destul de puternic. Nu m-am băgat între ei și el ca să le spun: „Lăsați-l în pace, nu v-a făcut nimic!" Ba chiar m-am ascuns în spatele lui. Alteori, am fugit și l-am lăsat singur. Mi-e ruşine, mamă. Nu sunt decât un fricos!

Am sărit literalmente pe el, lipindu-mi obrajii de ai lui. Îmi frecam pielea, părul, lacrimile de faţa lui pictată; chipul meu devenea o pânză vie. Toate puterile mele voiau să şteargă acel personaj al nefericirii, acea altă falsă identitate, cea a fricosului, şi să-l regăsească sub mâzgălelile alea pe fiul meu cel adevărat.

— Charlot, scumpul meu, povestea asta n-are nicio legătură cu tine! Tu ai făcut tot ce-ai putut.

M-a prins în braţe şi şi-a lăsat capul pe umărul meu. Îmi colora hainele cu tristeţea lui galbenă şi albastră. Ştia că avea de traversat un imens deşert.

Hamid a dispărut. Pentru totdeauna... Vânătăile de pe corp care urcă până la creier și-l umplu. Pietrele care se transformă într-un laț. Într-un nod. Mortal. Jigniri, priviri, judecăți care se strâng în jurul gâtului. Și îl frâng. Zgomotul unui scaun răsturnat. Și eternitatea are o mică pată pe rochia ei de timp.

I-am pus această întrebare lui du Bonheur: „Și dacă ar exista o defecțiune în mecanismul egoului, o defecțiune veritabilă? Imaginează-ți că activitatea egoului s-ar întrerupe, că nimic nu ar mai putea fi identificat. Ce-ar mai rămâne atunci?"

Ea n-a zis nimic. Eu însă mi-am strigat revolta și durerea pentru moartea lui Hamid. M-am lăsat luat de val.

„Ar rămâne inteligența, Maryse! Inteligența! Energia care circulă în creier nu ar mai fi mobilizată pentru a apăra niște reprezentări fără nicio importanță! Activitatea neuronală ar fi pusă în slujba binelui comun, întrucât supraviețuirea fiecărui individ de asta depinde. S-ar înțelege atunci, o dată pentru totdeauna, că dacă n-ar mai fi nimeni care să cultive legume ori să aibă grijă de cei bolnavi, am dispărea cu toții! S-ar termina cu intimidarea pentru că s-ar termina cu teama de diferență. În loc să trăim într-o lume a confruntării între niște foițe sau coji identitare, am aprecia diferențele și nu ne-am mai îndârji atâta să le eliminăm. Trebuie să ne amintim neîncetat că termenul «ego» desemnează nu viața, ci

multitudinea de identități fabricate de creier de-a lungul vieții. Oamenii întrețin iluzia că sunt cineva prin mașina pe care o conduc ori prin hainele pe care le poartă, dar niciuna dintre aceste identități nu are legătură cu Prezența, cu capacitatea de a fi aici. Putem aprecia un anumit parfum, putem avea o preferință pentru o anumită culoare, dar nu vom fi niciodată un flacon de Chanel Nr. 5 sau culoarea roșie. Încearcă să înlocuiești, Maryse, în următoarele fraze pe care urmează să le spui, cuvântul «ego» cu un lucru cu care tu te identifici — înfățișarea ta, de exemplu —, și ai să înțelegi prostia omenească. Egoul se ofuschează, inteligența se indignează. Egoul se închide, inteligența observă. Egoul opune rezistență, inteligența ascultă. Egoul se apără, inteligența se oferă. Egoul invidiază, inteligența se bucură. Egoul vrea, inteligența dă. Egoul lovește, inteligența educă. Egoul se simte umilit, inteligența compătimește. Egoul urăște, inteligența iubește. Egoul dă cu pietre, inteligența oblojește rănile."

Du Bonheur m-a ascultat până la capăt: „Înțeleg. E și groaznic, și minunat în același timp. Groaznic fiindcă ne omorâm între noi pentru a apăra niște iluzii; minunat fiindcă putem să ne dăm seama de lucrul ăsta. În fiecare clipă. Și asta înseamnă cuvântul «prezență», nu? Cred că de-acum încolo n-o să mai pot vedea lucrurile la fel".

De atunci încolo, de câte ori se stinge un copil la spital, mă gândesc la Hamid. De parcă ar fi acolo, lângă mine, unindu-și eforturile cu ale mele.

Era ca un băiat din *O mie și una de nopți* — Sindbad marinarul la 10 ani, sau Aladin, cu ochii ca niște lămpi fermecate. Astăzi, îmi spun că acele lămpi conțineau niște duhuri rele ce puteau fi scoase de acolo cu o simplă mângâiere pe creștet sau pe obraz. Pletele lui erau la fel de lucioase ca smoala topită. Uneori se ascundea în dosul lor, timid, cu figura celor care nu vor decât s-o ia din loc. A celor care nu sunt siguri că au dreptul să fie acolo, care se tem neîncetat că vor fi surprinși în flagrant delict de clandestinitate. Alteori, când simțeai intensitatea cu care prezența lui li se impunea celorlalți, îți venea să-l urmezi oriunde, doar pentru plăcerea de a fi cu el. Și pentru acea incredibilă încredere pe care ți-o inspirau cuvintele lui. Mi-a plăcut de el din prima clipă. Nu băgasem de seamă că avea haine prea mari pentru talia lui.

După dispariția sa, tămbălăul mediatic a fost de nedescris. O săptămână întreagă, ziarele au tunat și fulgerat împotriva directorilor de școli: „Incompetenții ăștia care nu fac nimic pentru a stopa hărțuirile. Ar trebui mai mult personal. Mai multă securitate. Mai mulți bani".

Se căutau vinovați. Se cerea o anchetă. Lucru care urma să aibă loc, de altfel. E atât de bine să știi că e vina cuiva! Că există undeva nişte monştri, nişte bolnavi, nişte nebuni. Odată identificaţi aceştia, problema e rezolvată, *yes*!

Când ascultam ştirile la televizor sau vedeam ce se scria în presă, simţeam că dorinţa mea de a-i face bucăţi pe călăii lui Charlot şi Hamid n-avea nicio legătură cu ei. Nu-i ştiam, nu-i văzusem niciodată. Erau nişte copii de 11 ani, puteam cel mult să mi-i imaginez. Iar imaginea la care ajungeam era foarte urâtă. O urâţenie care nu ţinea de forma dinţilor sau de nişte trăsături nearmonioase, ci de lipsa vieţii, a iubirii, a compasiunii.

Înţelegeam acum mai bine galbenul orbitelor lui Egoman. O lumină toxică. Culoarea aia care-mi deştepta hormonii agresivităţii, acea puternică senzaţie fizică numită de noi şi ură.

Nu pe copiii ăia voiam să-i distrug, ci egoul lor. Acel Egoman din mintea lor. Nevoia lor de a fi recunoscuţi, teama lor de a trece pe „planul doi" fiindcă nu aveau o boală de ochi sau un nume precum „Hamid". Nenorocitul ăla de ego le strecura în sânge virusul dispreţului. Care mă contamina şi pe mine. Începea să mi se cam ia de el! Egoman în sus, Egoman în jos; degeaba tot insista Georges pe virtuţile terapeutice ale personajului, eu nu vedeam decât efectele patologice: „Monstrul ăsta pune stăpânire pe judecata fiului meu, Georges! — Ba nu, Maryse, o protejează! — Nu mai ştiu ce să fac, Georges. Simt că mă duc la fund. Un copil a murit... Fiul meu mă sperie groaznic... Oare unde o s-ajungem?"

De la moartea lui Hamid, dormeam foarte prost. De multe ori, mă trezea un zgomot de scaun răsturnat. Un plesnet de haine care se întindeau, gata să se rupă. Creierul meu imagina acele sunete aşa cum inventa şi înfățișarea celor dintr-a șasea. Începeam să pricep ce voia să spună fiu-meu cu acel ciudat: „Nu mă poți vindeca pe mine, dar te poți vindeca pe tine". Poate cineva să se vindece, dragul meu, de vocea care-i sună în cap?

Așa că noaptea ascultam radioul, citeam ziarele. În presă se făceau tot felul de analize. Unii cronicari dădeau de înțeles, prin afirmații destul de fără perdea, că Hamid și mama sa erau indirect vinovați pentru ceea ce li se întâmpla. Că ei provocaseră aceste lucruri. Că nu trebuiau decât să rămână în țara lor... Alții spuneau că emigranții ar trebui să tacă din gură și să se socotească norocoși că au fost primiți aici. Nu înțelegeam. Păi, nu asta făcuse Hamid? Nu tăcuse el din gură? Așa cum făcuse și mama lui? Tot timpul? Vreau să spun, chiar și când se dădea cu pietre în ei? Nu înțelegeam, realmente nu înțelegeam.

Școala se reluase sub deviza: „Viața merge mai departe". Charlot nu se mai ducea la ore, evident. Venea cu mine la spital în fiecare zi, cu toate materialele de desen. După părerea lui Georges, era important să fiu alături de el — pentru o perioadă nedeterminată. Băiatul meu desena la mine în cabinet, confecționa figurine din hârtie creponată, decupa imagini de prin reviste. Doliul ne unea.

— Mama lui Hamid unde e?
— Într-un spital pentru adulți.
— O să înnebunească?
— Ce înseamnă, după părerea ta, să înnebunești?
— Să nu mai poți iubi pe nimeni.

S-a întrerupt cât să înfrunte un nou gând. Cât să-l formuleze clar, pentru a-l exprima plin de siguranță, fără a arăta cât de tare îl speria.

— Să înnebuneşti înseamnă şi să-l ai tot timpul pe Egoman în minte.

M-am gândit că, în condiţiile astea, toţi eram nebuni. Am revenit la mama lui Hamid:

— O să fie bine îngrijită, nu-ţi face griji. O să vorbesc cu doctorul Paris. El ştie spitalul unde e internată.

— O să mă pot duce la ea s-o văd?

Copilul ăsta... De pe ce planetă venea? M-a lăsat cu gura căscată.

— Nu chiar acum, scumpule. Nu cred că te-ar recunoaşte. Sunt unii oameni care, după un şoc groaznic, se duc într-o altă lume. Undeva în mintea lor. Nu se ştie unde. Tot ce se ştie e că nu mai sunt cu noi. Dar ei nu sunt nebuni, sunt pur şi simplu în altă parte. Fiindcă aici realitatea e prea dureroasă.

— Vorbeşti de Hamid sau de mama lui?

Fiul meu nu lăsa nimic nelimpezit. Lucrul ăsta mă epuiza.

— De amândoi, dragul meu. Vorbesc de amândoi.

— Nu e vina lor. De vină e Egoman.

Poveştile astea cu egoul mă făceau să ameţesc. Dintr-odată, celei care le ştia pe toate i-ar fi plăcut să-i spună cineva ce să facă. Din prostie — egoul e prost —, am început să mă burzuluiesc la Charlot:

— Auzi, ia, gata! Să termini cu chestiile astea. Egoman nu există, m-ai înţeles? Nu există! Cum nu există nici Darth Vader, nici Joker sau mai ştiu eu ce alt stupid de supererou dintr-ăsta. Sunt numai închipuiri!

În ciuda tonului meu autoritar, Charlot n-a mişcat nici măcar o sprânceană.

— Hamid o să fie înmormântat, mamă? a continuat el. Aş putea să mă duc şi eu?

După care a adăugat:
— De fapt, cine o să-l înmormânteze, dacă mama lui nu e acolo?

Era ca şi cum, cu tact, mă poftea să mă adăp din aceeaşi iubire ca şi el.

— Nu ştiu, dragule, dacă o să fie înmormântat. Nu ştiu nici cât timp o să fie bolnavă mama lui. Nu ştiu nimic.

Charlot a strâns între degete un tub de vopsea din care a ţâşnit o pastă de un albastru intens, şi s-a reapucat de pictat.

Anul şcolar se încheiase. Charlot îşi luase examenele graţie sprijinului doamnei Leblanc şi al lui Marie-Lou. Aceasta din urmă venea să-l vadă la spital în fiecare zi, pe la patru după-amiaza. Pentru a trece împreună prin „suferinţa Hamid".

Marie-Lou era o umbră micuţă care începea să tremure când vorbeai cu ea sau care dispărea înăuntrul său dacă o atingeai.

Petrecerea de la Alexandrine îmi permisese să aflu ceva mai multe despre relaţia dintre ei. Pe drum, la întoarcere, îi mărturisisem lui Charlot curiozitatea în privinţa prietenei sale. La început el ezitase, oscilând între plăcerea de a împărtăşi o bucurie preţioasă şi teama de a nu o strica exprimând-o în cuvinte. Se uitase la mine cu o privire de vameş, căutând să-şi dea seama ce intenţii aveam. Părea să nu ştie dacă-mi putea da voie să intru în lumea lor. Deasupra noastră era un cer plin de stele, genul ăla de cer care-ţi face poftă să trăieşti la ţară. Cu câteva săptămâni înainte, Georges îmi spusese: „La oraş, nu mai vedem stelele cât ar trebui, Maryse, e prea multă poluare luminoasă. Stelele ne aduc aminte şi de unde venim, şi cine suntem. Când nu le mai vedem, uităm că suntem doar ţărână". Înţelegeam foarte bine ce voia să spună. Şi mai simţeam că o asemenea puritate era o palmă pentru Egoman. În cele din urmă, de stele mă folosisem şi eu pentru a încerca să anihilez ezitarea fiului meu:

— Aş vrea doar să-mi povesteşti un pic despre steaua ta... Marie-Lou. N-ai teamă, o să păstrez secretul.

Păruse atunci să se relaxeze.

— Marie-Lou e cea mai bună prietenă a mea, împreună cu Hamid. Nu vorbeşte din cauza unei meningite. Îţi dai seama, mamă? A surzit din cauza acelei boli. A fost operată la urechi, dar parcă ceva a rămas blocat în gâtul ei, nu se ştie de ce. În orice caz, mă înţelege când îi vorbesc.

Un trio de copii uniţi de singurătatea lor. Un trio de copii în care se dă cu pietre fiindcă au ceva în plus, ceva în minus, ceva diferit. Un trio de copii încercuiţi în curtea şcolii. Da, curtea şcolii este un teritoriu cu nişte graniţe ale lui. Un loc în care creierul reptilian începe să dicteze comportamentele, în ciuda dezvoltării cortexului — creierul raţiunii.

Marie-Lou era ciudat de apropiată de fiul meu. La 10 ani, avea o atitudine aproape maternă faţă de el. Admiram dialogurile acelea ale lor în care se ajutau de creioane şi de gesturi. Ea îl învăţa pe Charlot limba semnelor. El o urmărea cu atenţie pe profesoară aşa cum un muzician îşi urmăreşte dirijorul. Era ceva ce mă tulbura în opera pe care o interpretau în duet. În acel recviem pentru Hamid. Nu exista niciun sunet în piesa aceea, doar doi copii care, cu vârful degetelor, ştergeau lacrimile de pe chipul celuilalt, atunci când se iveau. O melodie compusă pentru a se ajuta să se vindece.

Charlot spunea că „trăgeau tare" pentru pregătirea conferinţei. De multe ori, desenau împreună pe aceeaşi foaie de hârtie. Încetul cu încetul, feţele lui Egoman au tapetat toți pereții cabinetului. Nişte figuri strâmbe, explodate, sparte. Nişte mutre diforme aducând vag cu nişte case, încălțări, colivii cu păsări în ele, costume de clovn sau de Moş Crăciun cu ochi în mijloc. Uneori abstracții pure. Un singur punct de reper sistematic: albastrul şi galbenul. Utilizau tot ce le cădea în mână: cărbune, guaşe, acuarele. Frecau desenele unul de altul, hârtie peste hârtie, contururi peste contururi, culori peste culori. Îşi foloseau degetele, antebrațele, coatele. Pictau cu picioarele, cu genunchii. Erau mânjiți peste tot. Utilizau chipul celuilalt ca pe o canava. Îşi meştereau un amestec de roşcat, albastru, auriu şi galben, în trei dimensiuni. Zi de zi, asistam la o explorare demnă de Picasso, Braque sau Pollock... Îmi dădeam seama că nu ştiam mai nimic despre aceşti pictori. Că, în afară de celulele canceroase, nu mai cercetasem nimic. Oare ei ce căutaseră? Şi dacă era vorba de o conexiune cu frumusețea, adică de o legătură cu ceea ce simți atunci când dispare sentimentul că eşti *separat*? O căutare asemănătoare cu cea a lui Charlot şi Marie-Lou: de a reprezenta ceea ce ne uneşte sau ceea ce ne împiedică să fim uniți. Opera lor se construia nu doar pe hârtie sau pe pânză, ci între ei. Limba semnelor şi arta se întrepătrundeau cu o atenție aproape iubitoare pentru suferința celuilalt. Cu cât desenau mai mult, cu atât se auzeau mai multe izbucniri în râs. Acelea care răsună în spital când testele de sânge arată dispariția cancerului. La urma urmelor, poate că eu nu trăiesc decât în speranța că voi auzi mereu astfel de râsete.

Am părut un nebun. Pentru un psihiatru, nu-i chiar ceva banal.

De altfel, toate acele expresii, „râde ca un nebun", „iubeşte ca un nebun", mă întristează un pic. Dovedesc o proastă cunoaştere a nebunilor. Nebunia n-ar trebui să facă pe nimeni, niciodată, să râdă. Şi foarte mulţi dintre nebunii pe care i-am îngrijit ar fi dat orice să cunoască iubirea.

Dar chiar am părut un nebun. În sensul că nu-mi mai dădeam seama ce făceam (pe criteriul ăsta însă, mulţi oameni sunt nebuni). Aseară, du Bonheur mi-a zis să n-o mai urmăresc în parcare. Se pregătea să descuie portiera maşinii, când, brusc, s-a răsucit pe călcâie strigând: „Gata, Georges! Jocul ăsta al tău nu mă mai distrează deloc!" Am ieşit, ruşinat, din ceea ce credeam a fi o bună ascunzătoare. „La început, mă făcea să zâmbesc naivitatea ta, Georges. Cum puteai să crezi că nu te văd? Cu burtoiul ăla care îţi iese de după coloanele de beton! Şi un copil te-ar fi reperat imediat. Ce-i nebunia asta?"

Am început să mă scuz, explicându-i că nu voiam decât s-o protejez. Mi-a răspuns, evident, că n-avea nevoie de nicio protecţie. Că, dacă trebuia cineva să fie protejat, acela eram eu. N-am îndrăznit s-o întreb de ce.

Apoi s-a urcat în maşină, iar în momentul când am văzut închizându-se poarta parcării am reuşit şi eu să îngaim: „Te iubesc".

Proiectul lui Georges fusese acceptat de comitetul științific al congresului. Eram siderată. Egoman, desene de copil — cum să iei în serios așa ceva?! Și totuși, prezentarea fusese programată pentru luna decembrie. Georges era încântat. Charlot îi ceruse să fie însoțit de Marie-Lou.

— Îți dai seama, Maryse? Doi copii pe ditamai scena, în fața a vreo mie de psihiatri veniți din lumea-ntreagă? Cu trei ecrane mari în spatele lor? Ho, ho, ho... Un triumf, Maryse, o să fie un triumf! O să avem un om care să traducă limba semnelor. Plus traducere simultană în engleză, bineînțeles. Nu-mi vine să cred. Egoman ajuns vedetă... Un supererou care are capacitatea de a se transforma în tot și toate într-o fracțiune de secundă: un idol, o opinie, o națiune. Egoman e o idee de geniu, Maryse: o reprezentare extraordinară a îndelung perpetuatei iluzii că putem învinge moartea devenind ceva ce ne va supraviețui. Iluzia că, adoptând un caracter distinctiv, nu ne vom mai pierde în marea masă a celorlalți. Și că, astfel, nu vom mai dispărea. E ca la celulele alea canceroase pe care le venerezi, Maryse, ar trebui să înțelegi! Întreruperea comunicării dintre ele, ruperea punților, începutul cancerogenezei... Niște entități distincte care se multiplică, ajungând să distrugă totul în jur — exact același mecanism! Charlot și Marie-Lou prezentându-și viziunea lor despre ego: ăsta ar putea fi începutul unei chestii inedite.

Nişte copii care ne ajută să înţelegem ceea ce suntem cu adevărat. Nu ceea ce credem noi că suntem. Fascinant!

Nu-i împărtăşeam deloc entuziasmul. Dar, invitând-o pe Marie-Lou, Charlot dădea de înţeles că ţinea la acel congres. „E vorba doar de o prezentare, mamă. Chiar n-ai deloc încredere în mine? Şi o să fie şi Marie-Lou..." Oh, Charlot, bineînţeles că am încredere în tine. Mult mai mult decât îţi imaginezi. Şi am şi în Marie-Lou! Dar o mie de psihiatri, dragul meu...

Georges îmi simţise îngrijorarea şi încerca să mă liniştească:

— O să vorbim despre Hamid şi despre mama lui. Am primit veşti de la ea. E în continuare internată. Potrivit credinţelor ei, sinuciderea te duce în iad. Iată marea ei dramă: nu numai că fiul ei este mort, dar ea şi-l imaginează în infern pe vecie! Şi îşi spune că e din vina ei. La fel ca Charlot, la început.

— Ce legătură are asta cu desenele lui Charlot şi Marie-Lou?

— Desenele lor sunt cât se poate de revelatoare. Încălţămintea, casa, păsările din colivii: intuiţia lor de copii şi de artişti a fost foarte exactă.

— Dar în ce privinţă, Georges, că nu pricep?

— Lasă-mă să termin. Procesul de identificare caută în mod constant nişte reprezentări care-i vor da minţii omului impresia că el e un individ aparte. Treaba asta ţine de o veche distorsiune care ne face să presupunem că trebuie să ne distingem prin ceva pentru a primi atenţie. Să ne demarcăm, să fim unici.

— Şi când începe această *deviaţie*?

— Încă de la naştere. Creierul se înşală de la bun început! Interpretează greşit semnalele trimise de părinţi.

Începe să creadă că, pentru a supraviețui, trebuie să fie interesant, și imprimă această convingere pe propriul hard. Ea condiționează mai departe fricile lui, reacțiile agresive, comportamentele pe care le adoptă. Creierul va alege, de-a lungul întregii sale vieți, ceea ce-i poate conferi un caracter unic: un pantof roz marcat cu logoul Nike, o casă cu garaj triplu și acoperiș retractabil, o pasăre exotică drept animal de companie. Și va pândi cea mai mică critică la adresa alegerilor sale. Astfel, dacă aude vreo părere pe care el o consideră negativă, își va scoate artileria grea și o va îndrepta înspre persoana socotită că i-a adus o ofensă. Biologic vorbind, corpul reacționează ca și cum de asta ar depinde supraviețuirea lui, fiind gata să ucidă pentru un simplu comentariu. Pare o chestie primitivă, schematică, dar exact așa funcționăm noi! Părinții îi trimit copilului semnale pozitive atunci când acesta face niște lucruri „speciale" din punctul lor de vedere. Iar copilul decodează, prin propriile fapte, ceea ce-l face demn de iubire și de atenție în ochii părinților săi. Prin ricoșeu, aceștia se simt valorizați fiindcă au un asemenea copil. El deja nu mai există doar pentru ceea ce este, ci ca reprezentare identitară a genitorilor săi.

Prin ce anume mă făcea Charlot specială? Ce gen de semnale îi trimisesem oare? Nu găseam niciunul. Eram o mamă perfectă. Apoi mi-a venit în minte încă o întrebare, mai degrabă inconfortabilă: poate că n-avusesem nevoie de el ca să mă simt specială? Poate că eram deja suficient de specială în ochii mei? Poate că, pur și simplu, nu găsisem nimic special la el, în afară de statura lui măruntică?

— Sper că nu te plictisesc, Maryse.

— Nu, Georges, dimpotrivă. În fond, nu faci decât să-mi confirmi ceea ce presimțeam deja.

Bun, tocmai fusesem prinsă în flagrant delict de suficiență... Nu te poți schimba de pe o zi pe alta. Georges a zâmbit. Era obișnuit ca Maryse du Bonheur să le știe pe toate înaintea tuturor și mai bine decât toți. În fine, în domeniul medicinei, al cancerului, și al privirii bărbaților atrase de sânii ei.

— Georges, de ce ții tu atât de tare să inviți niște copii la o asemenea conferință? N-ai putea s-o faceți doar tu și colegii tăi?

— Discursul meu n-ar avea niciodată impactul unei prezentări susținute de doi copii răniți. Trăim pe o planetă de nebuni, lumea își pierde mințile... Ho, ho, ho!

Mie nu-mi venea deloc să râd.

— Nu văd ce e atât de amuzant.

— Dar nici nu încerc să fiu amuzant. Eu râd de mine. Râd de noi. Râd de specia umană. Și nu e amuzant deloc! Râd de seriozitatea cu care ne apărăm egourile noastre umflate. Toate teritoriile pe care le ocupăm: dulceața pe care o cumpărăm, marca de chiloți pe care-i purtăm, partidul politic cu care votăm, regiunea unde alegem să ne petrecem vacanța — tot ceea ce se învârte în jurul acelor false identități fabricate de procesul de identificare. Râd de îndârjirea cu care apărăm ceea ce nu suntem. Aici e adevărata nebunie, Maryse!

— Am impresia că în tine e un deșert, Georges. Și că încă nu l-ai traversat pe tot. Tu te ascunzi în spatele acestei false identități de Moș Crăciun. Nu-ți lipsesc decât bretelele, sania și un sac mare. E perfect ca strategie, când lucrezi cu copiii, dar ce ascunzi, de fapt? De ce anume ți-e frică? Mă gândesc la fraza ta șoc: „Acel «cineva» care credem că suntem nu are nimic de-a face cu ceea ce suntem în realitate. Niciodată!" Şi tu? Realitatea ta unde e?

Îl tratam după propriile lui metode, ceea ce-mi dădea o oarecare satisfacţie. El a început să fredoneze un cântec.

— E *Arabul* lui Serge Reggiani. Într-o vreme, îl ştiam pe dinafară.

A închis ochii şi a cântat. Pentru sine. Un cânt mai slab ca un murmur. Nişte cuvinte de nedesluşit. Apoi s-a oprit... a tuşit încetişor.

— Am uitat ce urma, Maryse... Ba nu, stai aşa, mi-am adus aminte.

Erau amintiri de demult. Cu ochii în lacrimi, s-a întors în cele din urmă spre mine şi, cu o voce puternică, a gemut:

— *Suntem vii*, Maryse! *Suntem vii!*

A făcut o pauză lungă. O tăcere interminabilă pe care simţeam nevoia s-o umple cu ceva, cu orice. Fixându-mă în continuare cu privirea, a reînceput să cânte. De astă dată, mi se adresa mie:

— *Ai schimbat ceva în viaţa mea,* Maryse.

N-am mai stat să aştept tăcerea.

— Eşti sigur că nu vrei să-mi vorbeşti despre lucrurile astea, Georges?

— Poate altă dată.

M-am apropiat de el şi am deschis braţele. De multă vreme nu mai îndrăznisem să fac gestul ăsta cu un bărbat. Poate că voiam să-i fiu alături în locul acela de unde urcau versurile cântecului. Deşertul lui. Falsa lui identitate. Sau poate copilul din el voiam să-l strâng în braţe, laolaltă cu toţi copiii care-şi dăduseră ultima suflare până să ajung în salonul lor? Dintr-odată, burtoiul lui mi se

părea un foarte bun adăpost. Cu brațele în jurul gâtului său, cu părul amestecat într-al lui, am șoptit:
— Îmi place parfumul tău.
Georges stătea ca o stană de piatră.
— Nu mi-am dat cu niciun parfum, Maryse.

Du Bonheur mi-a inventat un parfum. I-a pus numele „Ho, ho, ho".

Mi-a zis că ăsta-i aerul pe care i-ar plăcea să-l respire mereu. Că ar trebui împrăştiat peste tot, că ar acţiona ca un gaz euforizant, că poate deja acţiona în saloanele de copii. Când o aud spunând lucruri din astea, devin mai mut decât Marie-Lou.

Şi-a pus braţele în jurul gâtului meu, părul în barba mea. Toate mecanismele mele de apărare erau la pământ. Vulnerabilitate absolută.

Tocmai cântasem Arabul *lui Reggiani. N-am putut să-i spun de ce. Braţele ei au înţeles. Strânsoarea lor m-a făcut să simt că nu era nevoie să vorbesc. Că ele n-aveau nevoie să ştie ca să mi se prindă pe după gât.*

O chestie nouă la ea, care întotdeauna a zis că nu crede în gratuitate.

Arabul...

Aveam 13 ani. Eram deja gras.

O poveste care seamănă cu alte sute de mii. Un clişeu. Egoul nu încetează să se repete. E mereu acelaşi, secole după secole. Într-o vară, în timpul unei tabere de vacanţă, echipa noastră de mari amatori de drumeţii — Corbii Albi — făcea o excursie pe munte. Opt băieţi între 12 şi 14 ani. În pragul serii, ajunseserăm la destinaţie. Un lac pe malul căruia urma să ne punem corturile, ca să înnoptăm.

Era o căldură toridă. Ca toţi ceilalţi, mi-am pus pe mine costumul de baie. Uram costumele de baie. Din cauza şuncilor care mi se revărsau peste banda elastică ce servea drept centură.
— *Pluteşti sau te duci la fund, Georges?*
Râsete.
— *Ţie nu-ţi trebuie colac, ai deja cauciucul tău.*
Alte râsete. Mai multe. Mai zgomotoase.
— *Ăla nu-i cauciuc, e o răţuşcă!*
N-aveau nevoie să mă lovească, râsetele o făceau în locul lor. Degeaba îmi astupam eu urechile.

Patru dintre ei au venit lângă mine. Ceilalţi se uitau. Aplaudau. M-au prins de chilotul de baie, de mâini, de gât. Nici măcar nu m-am zbătut. Nu mai aveam putere s-o fac. Instructorul nostru, un tip de 16 ani, nu zicea nimic. Râdea ca toţi ceilalţi. Apoi au început să mă bage cu capul în apă. Înghiţeam, scuipam, mă sufocam.
— *Capul nu-i pluteşte, asta-i clar!*

Iarăşi râsete. Aproape că nici nu le mai auzeam. Erau departe, departe...
Înghiţeam supă după supă.
— *Ia zi, grasule, plutim sau nu plutim?*
Tăcere.

Da, pluteam. Nimic nu mă mai ţinea în apă. Nu mai aveam greutate deloc. Apoi, brusc, mi-am simţit corpul răsturnându-se, am tuşit, ochii mi s-au umplut de lumină, mi-am recăpătat cunoştinţa — oare chiar mi-o pierdusem? Nu-mi mai amintesc.

Un braţ îmi susţinea capul şi mă ajuta să mă ridic. Un corp solid îmi servea drept sprijin. La capătul celuilalt braţ, un cuţit reflecta razele soarelui.
Era Arabul.

Nici măcar nu-i știam numele adevărat. Îi spuneam cu toții „Arabul". Făcea parte din grup, dar fără să se amestece cu noi. Era mai mare, mai voinic, ne temeam de el. Mutra lui ne înspăimânta. O piele răvășită de acnee, pumnii puternici, neîncrederea permanentă.

Cuțitul lui avea lama lungă și subțire. Cincisprezece centimetri pe puțin. Era îndreptat spre cei care mă luaseră cu asalt. Instructorul îi cerea să lase arma jos. Arabul îl sfida.

— Dacă se apropie vreunul de el, îl spintec. Îi tai puța, urechile și nasul. Și i le arunc la lipitori. Am învățat să mânuiesc cuțitul înainte de a învăța să vorbesc.

L-a înșfăcat de păr pe unul dintre agresorii mei și, cu o mișcare scurtă, i-a tăiat un smoc.

A aruncat în sus firele de păr. Vântul le-a împrăștiat.

— Dacă ții la limba ta, i-a zis el instructorului, nu sufli o vorbă. Altfel, te găsesc și-n gaură de șarpe.

Până la sfârșitul taberei n-am mai avut nicio problemă. Îl chema Bachir. El era Hamid al meu. Aș vrea ca toată lumea să aibă câte un Hamid. Unul care să rămână viu. Pe-al meu l-am revăzut mulți ani mai târziu, când îmi făceam stagiatura în psihiatrie. El a fost cel care m-a găsit. Mi-am auzit numele în interfonul spitalului.

— Domnule doctor Paris, sunteți chemat în holul de la intrare.

M-am trezit în fața unei tinere familii: un bărbat, o femeie, un copil. L-am recunoscut imediat pe Bachir. Mutra îi era neschimbată. M-a strâns în brațe cu putere.

— Am venit la tine pentru fiul meu. Are probleme de învățare. Te urmăresc de multă vreme. Nici nu-i foarte greu, cu numele pe care-l ai, Georges Paris...

M-am ocupat de copil.

Drept mulțumire, Bachir mi-a dat un cuțit pe care-l făcuse chiar el. O bijuterie. Lama era ușor curbată, iar mânerul *era sculptat în formă de cap de corb. Cu asta se ocupa el, cu meşteritul cuţitelor. De fiecare dată când îl aud pe Reggiani interpretând* Arabul, *mă gândesc la el. La apa pe care am înghiţit-o atunci. La cuţitul lui. La familia lui. Acum, mă gândesc şi la Hamid, Charlot şi Marie-Lou.*

Mi-e în continuare greu să apar în public în chilot de baie. A trebuit să dau un sens acestui corp, acestei burţi, acestei grăsimi. Să le găsesc o identitate cu care să pot trăi. Mi-am lăsat să crească părul, barba. Am adăugat râsul „Ho, ho, ho".

Acum, kilogramele mele în plus servesc unei cauze... Mă ajută să intru în visele copiilor.

Şederea lui Charlot în cabinetul meu s-a încheiat când a plecat în tabără. Se simţea ceva mai bine, iar Georges mi-a confirmat acest lucru:

— Fiul tău a început să se liniştească, Maryse. Investigaţiile alea alături de Marie-Lou îi fac foarte bine. Îl poţi lăsa să plece, fără nicio grijă. Vindecarea lui o să continue acolo.

M-a gratificat, ca de obicei, cu privirea lui de terapeut. Beneficiam de ea în fiecare dimineaţă, înainte de orice altă formă de salut. De fapt, niciodată nu mă saluta în cuvinte. Începea cu un moment de tăcere, ăsta era felul lui de a mă întreba ce mai fac. Nişte ochi care-ţi dezbracă inima. I-am spus deja că nu-mi pica bine deloc.

— Eşti un voaior al fiinţei, Georges, un nou tip de pervers. Când te uiţi la mine cu ochii ăia, mă simt de parcă aş fi goală. Mai goală decât dacă aş fi în fundul gol. N-ai putea să-mi spui pur şi simplu „bună dimineaţa"?

Nicio reacţie. Figură impasibilă. L-am potcovit pe Moş Crăciun cu o nouă formă de boală mentală: „voaiorism al fiinţei". Am încropit chiar şi o definiţie. Cinstit vorbind, aceasta nu-l privea deloc pe Georges. Şi totuşi, i-am supus-o atenţiei, ca să-i aflu părerea: „Tendinţa maladivă de a scruta interiorul celuilalt. Propensiunea de a te bucura de neajunsurile celui de lângă tine, pentru a te delecta apoi cu propria-ţi superioritate. Înclinaţia de a detecta defectele, temerile, slăbiciunile celuilalt, și predispoziția de a le savura. Persoanele afectate de această boală, nemulțumindu-se cu vulnerabilitățile evidente, caută vulnerabilități ascunse. Scotocesc prin poveștile de viață în speranța că vor descoperi ceea ce subiecții lor nu vor cu niciun chip să se afle. E vorba de o modalitate mai subtilă de a-l face pe celălalt să dispară. În felul acesta, «voaiorii ființei» fac din ei înșiși o rasă pură, a celor puternici, a celor ireproșabili. Ei pot așadar selecta indivizii pe care-i vor face improprii să fie iubiți, adică mai tot restul lumii. Și, de îndată ce vor putea face asta, vor răspândi și cea mai mică informație culeasă despre acei oameni, despre acei «imperfecți». Peste tot. La muncă. Acasă. Pe internet. Dacă sindromul acesta nu este diagnosticat și tratat rapid, el poate conduce la o formă subtilă și ultramodernă de genocid afectiv".

În ciuda precauțiilor mele, Georges s-a simțit direct vizat. Egoul nu reține decât ceea ce vrea să rețină! Începeam să văd lucrul ăsta foarte clar... la ceilalți.

— Uau, Maryse! Mulțumesc mult! Mulțumesc pentru atenția pe care o acorzi sănătății mele mentale, apreciez! Dar lipsește ceva din definiția ta, draga mea colegă. Poți încerca să faci pe cineva respingător, sau impropriu să fie iubit, dar nu-i vei putea lua niciodată capacitatea de a iubi. Și iartă-mi tonul vocii, dar și mie mi-e frică să nu fiu surprins în flagrant delict de imperfecțiune!

Vocea i-a tremurat. Doar un pic.

Când mi-a dat de înțeles că Charlot putea pleca în vacanță și că vindecarea lui va continua, l-am întrebat de unde știa el atât de sigur.

— Uită-te la legătura lui cu Marie-Lou, a spus Georges. Nu-i nevoie să fi făcut studii de psihiatrie ca să-ți dai

seama că în relația lor e vorba de iubire. Iar iubirea a ajutat probabil mai mulți oameni să se vindece, de-a lungul timpului, decât a făcut-o medicina. Iubirea te vindecă de frică, Maryse, știai?
— Iubirea? La 10 ani? Fii serios, Georges...
— Da, Maryse, iubirea! Ești cumva geloasă?
— Geloasă, eu? Ești bolnav la cap? Sunt niște copii!
— Află că prima dată când m-am îndrăgostit, aveam 10 ani. Și eram îndrăgostit până peste cap. Ea n-a știut niciodată. Mă rog, poate că și-a dat seama... fiindcă nu mă puteam abține să nu mă uit întruna la ea. În clasă, ea era tabla mea. Pe trupul ei aș fi vrut să învăț să citesc și să socotesc. O chema Madeleine. Toată lumea îi spunea Butterscotch sau Toffee pentru că era îmbrăcată mai tot timpul în roșu și verde, ca niște dulciuri celebre de pe vremea aia. Eu preferam „Caramel cu unt". Totul, la ea, era caramel: ochii, părul, pielea. Chiar și mirosul. Într-o seară, toamna, ai mei erau la teatru. Vorbiseră cu băiatul vecinului, un adolescent de 15 ani, ca să aibă el grijă de mine și de frate-miu. De ce a acceptat? Pentru că, la 15 ani, un adolescent vrea să râdă. Mai ales de ceilalți. De cei mai mici. Și să le povestească apoi prietenilor. Ca să fie admirat. Ca să se simtă special. Egoul în plină acțiune. A ascultat la ușa camerei noastre când vorbeam singur despre Madeleine. Mult timp, sunt sigur. Apoi, fără să deschidă ușa, și râzând în hohote, a început să behăie un cântec deocheat. Auzise totul. Am paralizat, pur și simplu. Babysitterul nostru — tipul care ar fi trebuit să aibă grijă de noi — ridiculiza iubirea. Simțămintele mele erau cât se poate de pure. De ce-și bătea joc de ele? Nici măcar nu eram supărat, mi-era rușine. Ceva sfânt tocmai fusese profanat. N-am îndrăznit să le spun alor mei. De

fapt, n-am spus nimănui. Mă temeam să nu se afle la școală și să-și bată joc și mai tare de mine: „Paris o iubește pe Toffee, Paris o iubește pe Toffee..." Am început să cred că iubirea e un sentiment urât. Ți-am povestit toate astea ca să-ți spun că da, Charlot e îndrăgostit, și că asta îl ajută să se vindece. Numai să crezi că iubirea e posibilă.

A oftat. Apoi s-a apropiat de mine, ca și cum s-ar fi pregătit să-mi facă o confidență. Am întins, din reflex, urechea spre el. El a coborât vocea și, cu buzele foarte aproape de obrazul meu, a șoptit:

— Crede-mă, nu există o vârstă anume ca să-ți folosești capacitatea de a iubi.

Încă nu aveam încredere deplină în Georges. Cum poți avea încredere în Moș Crăciun? Mai ales când te ia peste picior și îți dezbracă inima până să-ți dea bună ziua? Parfumul lui mi s-a cuibărit însă de-atunci în scobitura din spatele urechii. Cu o ușoară tentă de caramel. Iar caramelul întotdeauna m-a reconfortat.

Charlot m-a întrebat dacă se putea duce în tabără. Marie-Lou se înscrisese într-una pentru tineri artiști. Fiul meu nu dădea nicio importanță cuvântului „artist". Și nici cuvântului „doctor", de altfel. Când spunea: „Mama mea e doctoriță și nu-i lasă pe copii să moară", o făcea mai degrabă din solidaritate cu micuții bolnavi decât ca să-și satisfacă vreo nevoie de captare a atenției celorlalți.

— Copiii pe care-i îngrijești tu se tem de ceva, mamă?
— De ce să se teamă, scumpule?
— Nu știu... Că n-o să mai poată desena, că n-o să-și mai poată iubi mama sau prietenii...
— Da, cred că se tem, dragul meu. Dar de ce vrei să știi?

— Fiindcă și eu mă tem. Mă tem c-o să-mi pierd vederea și n-o să-i mai văd fața lui Marie-Lou.

Nu mai puteam scoate niciun cuvânt. Mi se pusese un nod în gât.

Chiar și astăzi, seara, mi se mai întâmplă uneori să ridic ochii spre cer când mă întorc de la spital. Mă opresc pentru câteva clipe și ies din mașină. Lucru pe care nu-l făceam niciodată înainte. Și mă gândesc la tine, Charlot, și la Moș Crăciun. Din păcate, vorba lui Georges, nici măcar cerul nu mai e vizibil. Cu atâta beton și oțel, cu atâtea macarale. Neoanele și ledurile noastre, nenumăratele noastre becuri ne invadează orașele, făcându-ne să trăim de parcă lumina n-ar mai veni acum decât de la noi. De parcă noi am fi sursa și sfârșitul. Poluarea luminoasă blochează accesul către firmament. Taie orice posibilitate de contemplare a stelelor și nu ne lasă să vedem cât de mici suntem.

Folosesc atunci ochii tăi bolnavi, dragul meu, pentru a privi cerul ca tine, cu aceeași intensitate.

— Simt că-mi slăbește vederea, mamă. Dar văd totul mai bine ca înainte. Stelele, ploaia. Și pe tine.

„Și pe tine"... Mereu aceeași discreție când vorbești despre suferința ta, aceeași reținere. Nicio urmă de agresivitate. Nu ai nimic de ascuns, nimic de dovedit. Ești atât de adevărat, încât nici nu-ți dai seama.

— Mi-e teamă că în curând n-o să mai văd privirea lui Marie-Lou. Și că n-o să mai pot desena cu ea. Tocmai fiindcă mi-e teamă de lucrurile astea, vreau să merg în tabără cu ea. Trebuie să-mi continui cercetările, chiar și vara, așa cum tu îți continui lupta cu cancerul. Celălalt motiv pentru care nu mă pot opri este că treaba asta oprește filmele care mi se derulează în cap.

— Mai ai astfel de filme?

— Da, dar de data asta sunt filme cu ceea ce nu voi mai putea desena atunci când îmi voi pierde de tot vederea. Cum o să mai pictez atunci, mamă? Oare o să mai am filme în cap atunci când n-o să mai văd?

Eram complet dezorientată.

Tot el m-a scos din încurcătură:

— Poate c-o să sculptez? O statuie a lui Marie-Lou? Poate că mâinile o să-mi țină loc de ochi?

Viața care continuă să se extindă prin capacitatea de a crea... Așa cum se întinde cerneala pe hârtia sugativei.

— O să mergem să te consulte și doctorul Le Borgne. Poate că-ți faci griji degeaba.

— Nu-mi fac griji, mamă. Știu precis.

Charlot a suportat din nou o serie întreagă de teste pentru vedere și auz. Robert n-a putut decât să-i confirme observațiile:

— Vederea i se diminuează, Maryse, nu în mod spectaculos, dar indiscutabil. Și auzul, la fel. De obicei, evoluția e mai lentă, dar fiul tău pare să sufere de o formă mai severă. Să sperăm că nu vor fi și alte probleme neurologice. Din momentul ăsta, o să-l ținem sub o foarte atentă supraveghere.

Mi-a amintit apoi un aspect particular al acestei boli: perceperea defectuoasă a culorilor, mai exact pe axa albastru-galben. Uitasem de asta. Charlot are dreptate: memoria mea e prea plină.

Charlot vedea albastrul și galbenul ieșind din viața sa, și încerca să se opună înmuindu-și degetele în tuburile de guașă. Portretele lui Egoman jucau așadar rolul unei ancorări. Un mod de a împiedica acele culori să dispară prea repede. Exact când să ieșim din cabinetul lui Robert, Charlot s-a întors, ținând ușa cu mâna:

— Domnule doctor, ce mai face Adélaïde?

— Foarte bine, mulțumesc. Dar de ce mă-ntrebi, prietene?

— Pentru că într-o zi m-a sărutat, iar eu nu i-am mulțumit. Era prima oară când o fată mă săruta. Nu mai eram în stare să vorbesc. Plus că era și Marie-Lou de față...

— O să-i spun, Charlot, îți promit!

Cu puțin înainte să plece în tabără, Charlot m-a rugat s-o vizităm pe doamna Leblanc. În mod curios, după moartea lui Hamid, își făcea griji pentru ea. În zilele imediat următoare dramei, învățătoarea se dovedise un sprijin admirabil pentru fiul meu. Îmi trimisese un program școlar cu etapele de urmat pentru a încheia anul departe de băncile școlii, cu lucrările și examenele de dat — tot ceea ce-ți permitea să ții pasul cu viața cotidiană a unui elev. Și cu viața, în general.

Eu n-o văzusem niciodată pe doamna Leblanc. Aceasta ne-a primit în curtea școlii, sub soarele de iulie. Un soare căruia simți nevoia să-i mulțumești. De la primul contact, am înțeles de ce o plăcea atât de mult Charlot. Avea în jur de 20 de ani și era toată numai energie. Părul îi era la fel de roșcat ca al fiului meu. Iar ochii ei aveau culoarea caramelului, ca să folosesc și eu formula lui Georges.

Ne-am preumblat pe îndelete prin curte. Aș fi vrut să mă ridic, să plutesc, să fiu în balon. Să-l văd pe Buddha desenat pe toată întinderea curții. Erau acolo flori depuse de elevi și părinți. Erau și lumânări. Desene. O fotografie a lui Hamid. Și tot felul de mesaje.

Mult noroc, Hamid. Nu te cunoșteam prea bine, dar îți urez noroc. Fiindcă, acum că ești acolo, pot să-ți vorbesc. Dacă ești în rai, îți doresc să ai prieteni mai buni ca aici, unde nimeni nu vorbea cu tine.
Îmi plăcea foarte mult de tine.

Annie

Hamid, nu știu de ce ai făcut asta, dar nu-i vina ta că ai murit. De vină e faptul că nu intrai în obișnuințele noastre. Așa a zis doamna Leblanc și îi dau dreptate. Obișnuințele noastre le pot face rău celorlalți, asta am înțeles datorită ție. Îți mulțumesc.

Laurence

Salut, Hamid! Ce caraghios să-ți spun salut acum și să nu fi făcut-o niciodată înainte. Parcă acum te-aș vedea pentru prima oară. O să fii întotdeauna frumos cum erai și înainte, cu hainele alea prea mari pentru tine.

Éléonore

Doamna Leblanc citea odată cu mine. Și plângea.

— Le-am citit de o sută de ori și tot nu mă pot obișnui cu ele. De fapt, mai bine că nu mă obișnuiesc. Prea ne obișnuim cu toate. Și prea repede. Chiar și cu copiii care se spânzură.

Apoi, uitându-se lung la fotografia lui Hamid, mi-a spus:

— Mi-aș dori foarte tare ca Charlot să mă ierte, doamnă du Bonheur.

— Pentru ce anume să vă ierte, Isabelle?

— Pentru că le-am spus colegilor lui de clasă despre boala lui. Îmi pare foarte rău c-am făcut-o. Nu era cazul.

Aș fi vrut să-i zic că nu era nimic de iertat, că nu făcuse nicio greșeală, dar nu asta mi-a ieșit pe gură.

— Spuneți-i personal.

Cât am mers noi prin curte, Charlot a stat deoparte, așezat pe jos, cu spatele lipit de zid. Acolo îl găsea adeseori doamna Leblanc, la sfârșitul recreației, în compania lui Marie-Lou și a lui Hamid.

S-a dus la el.

— Cum te mai simți cu ochii, Charlot?

— Bine.

Învățătoarea s-a întors spre mine, neputincioasă. Am liniștit-o cu singura frază perfect onestă pe care o puteam găsi:

— O să mă ocup eu, Isabelle!

Atunci s-a așezat și ea pe jos, în fața fiului meu.

— Mă ierți, Charlot?

N-a părut deloc surprins de acea întrebare. De parcă o aștepta.

— Nu știu ce înseamnă să ierți, doamnă Leblanc. Dumneavoastră știți?

— Cred că un om iartă atunci când spune niște cuvinte care îți alină suferința. Vreau să zic, suferința pe care o simți din clipa în care i-ai făcut rău acelui om.

Charlot a strâns-o în brațe pe doamna Leblanc. Știa probabil că n-o va mai vedea niciodată cu ochii. Și-o întipărea înăuntrul său. A stat așa o bună bucată de vreme, apoi, slăbind strânsoarea, s-a uitat la mine.

— N-am scris niciun rând pentru Hamid, fiindcă nu mi-a venit în minte niciun cuvânt, a zis el.

Apoi și-a băgat mâinile în buzunare și a scos două foi de hârtie împăturite. Niște desene în galben și albastru. Ne-am întors toți trei lângă fotografia prietenului său. Charlot a așezat desenele pe jos — niște picturi aproape abstracte — și a pus pe ele câteva pietricele. S-a asigurat că n-o să le zboare vântul.

După aceea s-a ridicat în picioare și i s-a adresat lui Egoman:

— Asta pentru ca soarele și ploaia să te șteargă de pe fața Pământului.

A fost o vară întremătoare. Parcă moartea ar fi intrat în vacanță sau în concediu de boală pentru „epuizare profesională". Nostimă idee: moartea surmenată! În orice caz, în vara aceea, stătuse departe de spital. Aveam de dat numai vești bune. Remisiune completă la o mulțime de copii. Cinci ani fără nicio celulă malignă. Puteam pronunța cuvântul „vindecare".
— Vin-de-ca-re?
— Da, vindecare... putem vorbi de vindecare!
Familii întregi luate pe nepregătite, nevenindu-le să creadă, neîndrăznind în primă instanță să se bucure. Toți acei bieți oameni uitându-se unii la alții, stupefiați.
— Ăăă... vin-de-ca-re?
O mângâiere pe o piele arsă până la os; senzație mult prea plăcută ca să fie adevărată.
— VINDECARE? VINDECARE?
— Da, vin-de-ca-re... puteți s-o strigați și-n gura mare!
Succesele tratamentelor se țineau lanț. Rezultate tangibile, victorii confirmate. Succesul absolut era obținerea unui „zero" la toate capitolele: „zero pete", „zero umflături", „zero anomalii sanguine". Copiii urlau la toți cei pe care-i întâlneau:
— Am avut zero la ultima examinare!
— Serios?!
— Da, da, zero! Succes total!

O revenire a tonusului în țara mutrelor plouate. Încununarea anilor de implicare din partea părinților, prietenilor și a personalului medical. Rezultate obținute prin lăsarea deoparte a „eului", prin încadrarea lui temporară la obiecte inutile, pentru a trăi în spiritul cuvintelor de neuitat ale lui Hamid: „Trebuie doar să știi că ești tot timpul capabil să iubești. Și să-ți aduci aminte mereu de lucrul acesta".

În vara aceea, nu mă mai recunoșteam. Nu-mi mai doream atât de mult *să fiu cineva*. Ba chiar îmi venea uneori să separ aceste cuvinte, pe „a fi" de „cineva". Un divorț amiabil. „Cineva"-ul se îndepărta încetul cu încetul, lăsându-i întregul loc lui „a fi", într-un calm desăvârșit. Aceeași senzație și în cazul expresiei populare „a fi eu". Separarea se făcea cu blândețe: „eu" dispare, iar „a fi" rămâne să contemple toate acele familii care învață să articuleze: „VIN-DE-CA-RE". O redescoperire a bucuriei.

Nu mai simțeam nevoia să spun: „Datorită mie s-a rezolvat". Mă schimbam, nu mă mai împăunam. Mai degrabă, dimpotrivă: uitam de mine.

La sfârșitul verii, am încercat să dau de mama lui Hamid, dar n-am reușit. Până la urmă, am aflat că plecase în țara ei de origine, ca să fie în sânul familiei. Un mod de a spune că aici nu s-a simțit acasă. Oamenii știau foarte puține lucruri despre ea. Aproape nimic. Venise aici cu un soț lipsă, se dusese înapoi cu un copil lipsă.

La începutul lui septembrie, trei copii pe care-i cunoșteam au fost din nou internați. Era momentul recidivelor. Două fetițe, Axelle, de trei ani, și Delphine, de opt ani, și un băiat, Maxime, de 10 ani, vârsta lui Charlot. Moartea se întorsese din vacanță, dar acum aveam o altă relație cu ea. Meseria mea nu mai era modalitatea pe care o alesesem pentru a fi recunoscută și admirată, ci o punte pe care o construisem pentru a ajunge la bolnavi și a-i ajuta cât mai mult cu putință. Mesajul lui Hadrien începea să prindă rădăcini.

Ajutată de cercetările lui Charlot și Marie-Lou, de moartea lui Hamid — din nefericire! — și de observațiile subtile ale lui Georges, îi *vedeam* în sfârșit pe acei copii care renunțaseră la admirație și recunoștință, care nu mai erau deloc interesați de asemenea lucruri. „Mulțumesc, mamă, mulțumesc, tată, mulțumesc, dragul meu frate, mulțumesc, draga mea soră. Nu e nevoie să fiți *cineva* ca să vă iubesc."

Relația mea cu moartea se transforma. Ea nu mai servea drept trambulină pentru împlinirea viselor mele, ci arăta fragilitatea pe care o aveam în comun, cei trei micuți bolnavi și cu mine.

Cred că Georges înțelegea acest lucru. Îmi spunea:
— Într-o bună zi, tot o să le dăm noi de cap celulelor ăstora maligne. Geniul uman o să învingă. N-am reușit încă, dar la un moment dat nu vom mai muri de cancer. Vom muri fiindcă n-am știut să trăim. Vom muri de amărăciune, de dispreț și de indiferență. Vom muri de ceea ce l-a ucis pe Hamid. De pietrele și injuriile aruncate pentru a ne simți cineva, și de decepția că n-am fost. Vom muri de regrete și de remușcări. Vom muri pentru că am vrut prea multe sau pentru că am vrut prea tare. Vom muri pentru că n-am iubit destul, deși ne-am petrecut toată viața căutând iubirea. Pentru că am vrut mai degrabă să fim iubiți, decât să iubim noi înșine.

Când s-a întors din tabără, Charlot radia. A venit cu un sac plin de sculpturi, noua lui pasiune. Lucrări tăiate în săpun, în lemn... Capete şi corpuri de tot felul. Cele mai multe deformate. Dar şi câteva forme abstracte, preferatele fiului meu. Şi nişte reproduceri ale lui Darth Vader şi ale găştii lui de supereroi. După toate aparenţele, Charlot îşi sporea armata. În acest timp, Marie-Lou continuase să deseneze. Amândoi erau convinşi că trebuiau încercate mai multe căi pentru a ajunge să-i dea un chip lui Egoman. Creau, se oblojeau, creşteau. Le amenajasem un atelier acasă, în subsol. Când m-am întors eu de la serviciu, pe 11 septembrie 2001, la ora 5 după-amiaza, lucrau.

În ziua aceea am terminat mult mai repede ca de obicei. Când am aflat ce se întâmplase la New York, n-am mai putut rămâne la spital. Le-am spus să mă sune dacă se întâmpla ceva deosebit. Înainte de a pleca, i-am îmbrăţişat pe micuţii mei bolnavi. Nu mai făcusem niciodată asta până atunci. Nici pe Hamid nu îndrăznisem să-l îmbrăţişez în seara cu lampioanele chinezeşti. Deşi mă gândisem totuşi, pe drum, când ne întorceam şi mă uitam în oglinda retrovizoare. Atunci a fost ultima dată când l-am văzut. Probabil că nici pe mama sa n-aş fi îndrăznit s-o îmbrăţişez dacă aş fi întâlnit-o pe stradă. Exista o distanţă. Voalul ei, simbol al credinţei sale şi al prejudecăţilor mele: emblema fricilor mele, dar şi ale ei.

I-am îmbrăţişat pe copii şi pe părinţii lor. Nu se ştie niciodată. Imaginile cu prăbuşirea turnurilor gemene de la New York invadaseră întreg spitalul. În saloane, în cabinetele asistentelor, peste tot era numai asta, repetându-se încontinuu. „Big Apple"[1] îşi revărsa sângele pe coridoare. Şi focul. Şi praful. Toată lumea voia să ajute,

---

[1] Supranume al oraşului New York, folosit mai ales de newyorkezi. (*N.t.*)

să salveze. Chiar şi copiii, cărora nu le-a putut fi ascunsă acea nenorocire.

Televizoarele fuseseră plasate în locuri strategice. Părinţii voiau să afle detalii. Copiii întrebau:
— E de-adevăratelea? De ce? Cine a făcut asta?
Părinţii nu scăpau din ochi televizorul:
— Taci puţin, dragul meu, o să ne spună acum...

Se căutau vinovaţi. Deja fuseseră găsiţi câţiva. Ecranele erau pline de fotografii-portret. Lumea întreagă nu vedea decât asta: primul turn, rana lui larg căscată şi fumegândă, avionul care intra în cel de-al doilea, apoi ambele turnuri prăbuşindu-se. Moartea în continuă reluare. Îl vedeam pe Hamid. Căderea lui. Un mic turn doborât de nişte pietre. Fără foc, fără praf. Doar un scaun răsturnat.

Îmi aminteam de o frază a lui Jean Cocteau, scrisă pe un zid de beton la facultatea de medicină: „Mă doare că sunt om, înţelegeţi?" Toată lumea din secţie era bulversată. Se mergea mai repede, se vorbea mai repede, se făceau injecţiile mai repede. Toţi voiau să se întoarcă în faţa televizoarelor, să revadă fotografiile vinovaţilor. Să-i urască. Şi să poată spune în sfârşit: „Aşa sunt toţi!"

Ora 5 după-amiaza. Simţeam nevoia să-l strâng în braţe pe Charlot. Marie-Lou şi cu el m-au auzit intrând în casă, plângând, dând drumul la televizor. Au venit lângă mine. Am urmărit imaginile toţi trei, în tăcere. Timpul se oprise în loc. Ar fi trebuit să stingem aparatul, dar niciunul dintre noi nu reuşea. Marie-Lou a reacţionat prima. Mâinile i se agitau în toate părţile. Charlot a tradus:
— Erau şi copii în avion?
Eram atât de şocată, că nici nu mă gândisem la asta.

— Nu ştiu, draga mea. Nu mai ştiu nimic. Probabil că da.

— Avioanele astea sunt ca nişte pietre mai mari, nu-i aşa? Cu nişte adulţi „de-a şasea" care le conduc, nu? Cei care pilotau avioanele sunt şi ei nişte bucăţi de stea, mamă?

— Da, scumpule, dar ei nu ştiu asta.

— Înţeleg. Când nu ştii că eşti o bucată de stea, crezi că nu eşti nimic. Că eşti nul. Iar Egoman profită de ocazie. E un lucru mai greu de priceput.

— Da şi nu, dragul meu. Ei n-au auzit pe nimeni să le spună: „Am nevoie de tine". Şi apoi, dintr-odată, pentru prima oară în viaţa lor, aud pe cineva care le-o spune, privindu-i ţintă în ochi. Iar pentru ei moartea nu mai înseamnă nimic, fiindcă până să audă vocea acelui om, n-avuseseră deloc impresia că ar fi vii.

Încercând parcă să se liniştească pe sine, Charlot mi-a replicat scurt:

— N-are nimic dacă mie tata nu-mi spune: „Am nevoie de tine".

Marie-Lou l-a prins atunci de mână şi i-a strâns-o cu putere — un cuvânt plin de sens în limba semnelor.

Dacă aş fi fost într-unul dintre avioane, oare ce-aş fi făcut?

Nevroza umană e specialitatea mea. Am studiat-o sub toate aspectele. I-am explorat toate mecanismele. Ştiu numele tuturor bolilor psihice. Dar nebunia asta nu e în manualele de psihiatrie.

E în cărţile pe care nu le-am studiat. Cum să-l tratezi pe unul care crede că tatăl său e Dumnezeu şi că deţine adevărul absolut?

Problema nu e credinţa, problema e identificarea cu propriile convingeri. Nebunia începe în momentul când convingerile devin o identitate. Şi când un atac la adresa acestor convingeri este perceput ca o ameninţare la adresa egoului.

Cea care-şi inventează tot felul de convingeri este ignoranţa. Într-o vreme, s-a crezut că Pământul e plat, iar cei care susţineau că e rotund erau arşi pe rug.

S-a crezut că tunetul era un strigăt al lui Dumnezeu, iar cei care se îndoiau de asta erau executaţi.

S-a crezut că demonii scuipau foc prin gura vulcanilor, iar în cratere erau aruncate fecioare pentru a-i potoli.

Religia este o egoterapie. Ea oblojeşte frica de moarte a egoului. Dumnezeu, dacă există, cu siguranţă n-are nevoie de religii. Şi nici să fie înconjurat de o mulţime de eguri umflate, într-un paradis oarecare!

Problema nu este visul, ci identificarea cu visul.

Am făcut multă egoterapie la viața mea.

Am crezut în existența eului fiindcă nu înțelegeam adevărata natură a minții omenești. Așa cum înainte nu erau înțelese tunetele sau erupțiile vulcanilor. Nu știam că mai există ceva...

Nu pricepusem că egoul este încă o născocire a oamenilor pentru a-și domoli frica de vid, de neant, de sentimentul nonexistenței. De absurditate. Nu știam că putem exista, în orice clipă, lăsând egoul să cedeze locul Prezenței. Și că e suficientă o secundă de Prezență, nu mai mult, pentru ca simpla bălăceală a unei păsări într-o băltoacă să facă să dispară absurditatea lumii. Putem numi asta Dumnezeu, dacă vrem.

Astăzi, unii trimit avioane să distrugă turnuri, îi ard de vii pe cei care lucrează acolo și-i aruncă în aer pe pasageri — poate chiar copii — în numele unei credințe cu care s-au identificat.

Ignoranța continuă să facă prozeliți. Cu mijloace mult mai sofisticate. Secolele anterioare nu ne-au învățat nimic.

Prin urmare, dacă aș fi fost într-unul dintre avioane, singur printre rugăciunile fanaticilor — „Allah Akbar"[1] *— și sângele vărsat al personalului de bord, oare ce-aș fi făcut? Cred că i-aș fi spus în gând lui du Bonheur: „Ești frumoasă!" În speranța că vorbele mele vor traversa văzduhul și vor ajunge la ea. Așa cum își găsesc berzele cuibul primăvara. Niște cuvinte care străbat continentele — înfruntând vânturi, trăsnete, furtuni — fiindcă există în ele ceva care le obligă s-o facă. Care le dă puterea necesară. Un fel de instinct pe care nicio frică nu-l poate stăvili. Iar după aceea, aș fi închis ochii... N-aș mai fi fost atent la sânge, la rugăciuni. Atenția mi s-ar fi îndreptat spre aripile cuvintelor „Ești frumoasă".*

---

[1] Dumnezeu e [cel] mai mare. (*N.a.*)

Nişte aripi cu mult mai largi decât cele ale avionului. Şi le-aş fi făcut să se mişte cu răsuflarea mea. Conştient că e una dintre ultimele şi că ea ar mai putea duce încă ceva, un strop din credinţa mea, singura pe care o am: credinţa în această femeie şi în ceea ce înfăptuieşte ea.

Iar atunci poate că aş fi fost cu totul împăcat. Poate...
Eliberat de orice aşteptări.
Într-o linişte care mi-ar fi căptuşit frica.

Iar pentru a face să apară mai repede liniştea aceea, mi-aş fi repetat acea frază, acea vorbă genială a călugărului Thomas Merton: „Adevărata linişte înseamnă să nu mai ai nevoie să fii auzit".

În toamna aceea, i-am pierdut pe Axelle şi Maxime. Nu mă pot obişnui cu lucrurile astea. Nu vreau să mă obişnuiesc. La fel ca părinţii lui Hadrien, probabil, când el le spunea să meargă la culcare.

Apoi a venit congresul. Charlot m-a întrebat:

— O să vii şi tu, mamă, când ţin conferinţa? O să fie complicat, fiindcă egoul nu poate fi explicat... Dar o să înţelegi tu.

— Cum adică, nu poate fi explicat?

— Nu-mi dau seama cum aş putea să-l prezint pe Egoman în cuvinte. Nici cu desenele şi cu sculpturile noastre nu-l putem arăta foarte clar. Doctorul Paris zice că nu-i nicio problemă dacă nu ne terminăm cercetările la timp. Ce contează e ca ele să avanseze. O să le arătăm prietenilor lui ce am făcut până acum. După părerea lui, ăsta-i principiul la acest gen de congrese.

— Ştii câţi prieteni are doctorul Paris?

— O mie.

— Şi asta nu te sperie?

— Prietenii nu mă sperie niciodată, mamă. Nu ştiu cum face de are atâţia. Când îl întreb, începe să bombăne. Poate că procedează ca atunci când e cu tine şi nu-şi găseşte nicicum cuvintele. Cu tine, s-ar zice că se poartă altfel decât se poartă cu mine şi Marie-Lou.

— Nu înţeleg, dragul meu.

— Când e de față cu tine, se schimbă. De parcă i-ar fi frică de ceva.

În ciuda insistențelor mele, rămânea destul de vag.

— Nu știu, a încheiat el. Am vorbit și cu Marie-Lou: când e cu noi, nu simte nevoia să pară altcineva.

În ciuda reticenței mele, Georges și-a arogat dreptul exclusiv de a-i pregăti pe copii în vederea marelui eveniment: împreună și separat. Trei săptămâni la rând, mi-am dus copilul la Georges în fiecare marți seara. Harold și Mégane, părinții lui Marie-Lou, făceau același lucru cu fiica lor, joia. Sâmbăta după-amiază ne întâlneam ca să ne împărtășim îngrijorările. Copiii noștri, în schimb, păreau total absorbiți de povestea asta și nu foarte impresionați de ideea de a vorbi în fața unui public.

— Pentru noi e important, mamă. O facem pentru Hamid și pentru copiii de la New York. Vom putea să ne spunem părerea despre sinucidere. Și să le punem niște întrebări doctorilor care tratează egoul.

Când îi găseam acasă pe cei doi ucenici conferențiari ocupați cu desenatul sau cu sculptatul, mă transformam într-o inchizitoare. Încercam să-mi dau seama în ce ape se mai scaldă, dar degeaba. Cu cât se apropia mai mult congresul, cu atât angoasa mea sporea. Mă scărpinam nervos, dormeam prost. În fața întrebărilor mele îngrijorate, Charlot rămânea discret, calm, potolit. Marie-Lou, în schimb, părea să intre într-o stare de surescitare maximă. Mâinile îi zburau încolo și-ncoace, ca muștele. Iar Charlot traducea:

— Vor fi multe surprize, doamnă doctor Maryse, printre care unele de care nici Charlot nu știe.

Strategia lui Georges mă lăsa cu gura căscată. Nu aveam încredere în imaginația lui. Lumea copilăriei devenise lumea sa, trăia în ea în permanență, sau aproape. De fapt, semăna din ce în ce mai mult cu propria-i clientelă!

Într-o zi, îmi mărturisise că, pe vremea studenției, făcuse parte dintr-o trupă de teatru. Știa încă din primul an de facultate că avea să se facă psihiatru, și se gândise că drama și comedia ar constitui un atu prețios în exercitarea profesiei. Lucrul care-l interesase cel mai mult fusese punerea în scenă. Asta fiindcă-l ajuta să facă niște conexiuni cu psihicul.

— Din cauza tuturor punerilor în scenă pe care le ticluim în mintea noastră, Maryse, zi și noapte... Mai ales tragedii...

A venit și 11 decembrie, ziua Z, ziua congresului. Eram așezată de vreo 15 minute deja, pe un scaun din primul rând, când luminile s-au stins. Acordurile părții a doua a *Simfoniei nr. 7* a lui Beethoven au umplut sala. Marele Karajan și orchestra simfonică din Berlin. Unul dintre pasajele mele preferate. Georges știa asta. Ascultaserăm împreună diverse versiuni, interpretate de diverși dirijori și diverse orchestre. Intrarea lui Charlot și a lui Marie-Lou a durat trei minute. O veșnicie, pentru mine. Un fascicul de lumină era îndreptat asupra lor. Mă gândeam la lanterna lui Charlot, la Adélaïde.

Cei doi tineri prieteni înaintau încet, unul lângă altul, în armonie cu muzica lui Beethoven. O regie pusă la punct de Georges, n-aveam nicio îndoială. M-am întors să mă uit la auditoriu. O mie de psihiatri în semiîntuneric. Era greu să le vezi fețele. În fundul scenei, trei ecrane gigantice cu cei doi copii în prim-plan. Amândoi țineau câte un glob de sticlă în fiecare mână.

Apoi s-au îndepărtat unul de celălalt. Charlot s-a îndreptat spre un microfon, în partea dreaptă a scenei. Marie-Lou s-a dus în stânga. După care imaginile s-au inversat: pe ecranul din stânga: Charlot. Pe cel din dreapta: Marie-Lou. Pe ecranul din centru, două globuri de sticlă ocupau întreg spațiul: globurile lui Charlot. Marie-Lou le lăsase pe ale ei pe o măsuță din dreapta sa. Avea nevoie de mâini ca să poată vorbi.

O cameră de luat vederi era ațintită asupra obiectelor. Charlot le-a ridicat deasupra capului. Părea un preot în plină ceremonie religioasă, prezentând niște ofrande.

Scena era de mare efect. Pe ecran se vedea cum globul din stânga, pe care Charlot îl agita, se umplea de imagini nu foarte clar conturate, niște desene de copii — capete albastre, ochi galbeni. Lucrările lui Marie-Lou și ale lui Charlot fuseseră adunate într-un desen animat.

Fiul meu a început apoi să vorbească:

— Numele meu este Charlot. Iar ea este prietena mea, Marie-Lou. E mută.

Marie-Lou a ridicat imediat brațele și le-a pus să vorbească. Spre marea noastră surprindere, din difuzoare a răsunat o voce de adult. O interpretă, ascunsă undeva, traducea din limba semnelor.

— Bună ziua. Vă mulțumim pentru atenția cu care ne ascultați. Noi încercăm să aflăm ce este egoul. Am vrea să-l desenăm sau să-l sculptăm, dar nu reușim. După părerea noastră, e un personaj din mintea oamenilor. I-am dat și un nume: Egoman. Însă nu reușim nicicum să-l reprezentăm. Poate ne puteți ajuta dumneavoastră.

Auditoriul părea năucit complet. Charlot a preluat ștafeta:

— Marie-Lou și cu mine am vrea să dedicăm această conferință prietenului nostru, Hamid, și tuturor copiilor care ajung să-i cadă victimă lui Egoman.

În spatele meu au început să se audă câteva murmure.

— Ce glumă mai e și asta?

— Dar ce suntem noi aici?

Marie-Lou traducea vorbele lui Charlot. Ca și cum în sală ar fi fost persoane care nu auzeau. Cine știe? Gesturile fetiței ar fi putut să fie un apel la atenție. Un îndemn la Prezență. O strădanie de vindecare a surzeniei celor care nu vor să audă, sau care nu-și ascultă decât propria voce. Cu mâinile acelea, le arunca celorlalți speranța sa.

În momentul acela, aș fi vrut ca Georges să citească pe buzele mele... cu ale lui. Ar fi auzit tot felul de voci. O mulțime de voci. Vocile tuturor copiilor pe care nu-i putusem salva. Ale tuturor acelor Axelle, Maxime sau Hamid. Și ale celor vii: ale tuturor acelor Charlot, Marie-Lou și alții. Ar fi auzit acele voci urlând, și setea mea de a iubi...

Charlot a continuat:

— Hamid era prietenul nostru cel mai bun, s-a sinucis la vârsta de 10 ani. Dacă sunt aici, asta e pentru că îmi tot pun această întrebare care nu mă lasă uneori să dorm: ce este egoul? Am întrebat-o și pe mama, și pe doamna învățătoare. Și pe mulți alții. Dar nimeni n-a știut să-mi răspundă. Iată de ce Marie-Lou și cu mine am început să facem niște cercetări.

Murmurele au amuțit.

Atunci a intrat în scenă Georges, îmbrăcat într-un costum stil Hugo Boss, bleu-deschis, cu o cravată galbenă; niciodată nu-l văzusem atât de elegant. Chiar mi-a scăpat un mic „uau". Georges s-a dus țintă la Charlot și i-a pus o mână pe umăr. Fiul meu a continuat:

— Marie-Lou, Hamid și cu mine am avut parte de injurii și de pietre aruncate în noi de alți elevi, în curtea școlii. Colegii noștri mai mari nu ne suportau fiindcă eram altfel decât ei. Probabil că nu se simțeau destul de speciali. Iar diferențele noastre erau mult prea vizibile. La Hamid, era vorba de latura lui arabă și de hainele prea mari. La Marie-Lou, e faptul că vorbește cu mâinile. Iar la mine, e slăbirea vederii, cu perspectiva de a ajunge într-o zi orb. S-ar părea că egoul e ceva care crede că trebuie să fie aparte ca să-l bage lumea în seamă. El vrea să-i elimine pe toți cei care l-ar putea împiedica să fie special. Pe cei care sunt diferiți sau care îl pun în umbră. Așa că dă în ei cu pietre sau cu avioane. Și îi... sinucide pe copii.

Ecranele s-au făcut atunci negre. Foarte încet, pe cel din stânga a apărut o fotografie a lui Hamid. O fotografie făcută la aniversarea lui Charlot de la Alexandrine. Un portret alb-negru. Frumoasa lui față de revoluționar. În același timp, pe ecranul din dreapta, imagini cu turnurile din New York. Fumul. Avionul. Explozia. Flăcările. Prăbușirea. Mulțimea înnebunită care se revarsă pe străzi ca o lavă.

Treptat, treptat, imaginile au dispărut de pe ecranele lor pentru a reapărea laolaltă pe cel din mijloc. Un șoc brutal, percutant: capul lui Hamid, lovit iar și iar de avion. Focul amestecat cu trăsăturile chipului său, cu părul său, cu ochii săi negri. Mulțimea năvălind afară din gura lui. Nasul său înconjurat de nori de praf.

În acest timp, Charlot scutura în continuare globul pe care-l ținea în mâna stângă. Acesta a reapărut pe ecrane. Figurile albastre cu ochi galbeni se suprapuneau cu imaginile cu turnurile, cu avionul și cu Hamid. Iar Beethoven s-a auzit din nou în difuzoare.

Simțeam cum mi se strânge stomacul. Nişte greţuri puternice. O irepresibilă dorinţă de a vomita. Aveam rău de mamă, un joc de cuvinte tâmpit, pe care aş fi vrut să-l strig în gura mare în faţa întregii adunări, urcată în picioare pe scaun. Numai că ecranele s-au întunecat din nou. Întuneric beznă.

După câteva secunde, pe ecranul din centru au reapărut cele două globuri ale lui Charlot. Atunci a intervenit Georges:

— Problemele pe care ni le-am creat nu le vom rezolva dacă vom locui în continuare în lumea egoului, ci numai dacă o vom părăsi! Lumea egoului şi-a trăit traiul! Acum trebuie să intrăm în cealaltă lume: cea a Prezenţei. Trebuie să trecem de la globul agitat la cel gol şi liniştit. De la mintea plină de gânduri la mintea plină de tăcere. Ştiaţi că, la budişti, se foloseşte un glob de sticlă gol pentru a simboliza o minte perfect limpede, eliberată de capriciile egoului, o minte capabilă să primească, să accepte şi să transmită? Am atins de-acum starea de urgenţă, trebuie să încetăm cu întărirea egoului, e momentul să ne eliberăm mintea. Misiunea noastră este să-i ajutăm pe cât mai mulţi să scape de sclavia egoului. Trebuie să ne gândim la o evacuare urgentă şi universală. Iată ce ne învaţă aceşti copii.

Georges a traversat apoi scena, apropiindu-se de Marie-Lou. Charlot a rămas la microfonul său, în întuneric. Mângâind-o pe creştet pe micuţă şi vizibil emoţionat, Georges s-a adresat din nou auditoriului:

— Marie-Lou n-a vorbit niciodată altfel decât cu mâinile. A fost victima unei meningite foarte severe, la o vârstă fragedă. Ea are acum ceva să vă spună.

Pe ecranul din centru a apărut zâmbetul lui Hamid. În scenă au intrat două femei, una având un violoncel, cealaltă o vioară. Şi-au acordat instrumentele şi, cu o graţie sfâşietoare, Beethoven a cedat locul unei melodii care mi-era întru câtva cunoscută... O arie pe care nu reuşeam s-o identific. O amintire vagă. Mici fărâme.

Apoi s-a auzit o voce de înger. Delicată. Un suflu uşor care-şi încerca parcă norocul, fragil precum cristalul. Marie-Lou! Am recunoscut cântecul lui Serge Reggiani, *Arabul*, cel pe care mi-l cântase Georges cu câteva luni în urmă. Marie-Lou îşi punea în el tot sufletul.

M-a umflat plânsul. Părinţii ei, care stăteau nu departe de mine, erau sideraţi. Firicelul pur al vocii fiicei lor făcea să se-nfioare întreaga sală. Marie-Lou îşi transformase suferinţa şi cânta. Versurile defilau pe ecranele laterale. Doi oameni care se ajută unul pe celălalt, în pragul morţii. Arabul şi încă cineva — cineva care putea fi oricine, noi toţi.

Am închis ochii câteva secunde, ca să gust mai bine interpretarea lui Marie-Lou. N-o interesa performanţa muzicală, îşi punea întreaga energie în slujba unei intenţii foarte clare: omagierea unei persoane iubite.

Când am deschis din nou ochii, Charlot era lângă ea, foarte tulburat. Traversase întreaga scenă, la fel de stupefiat ca auditoriul. Marie-Lou a arătat cu degetul înspre ecranul din spatele ei — o invitaţie să ne uităm la Hamid, numai la Hamid. Nu la ea.

Pe ecran, avionul a început să se izbească de capul tânărului arab. Lacrimile mi se prăvăleau precum turnurile.

În cele din urmă, grozăvia de pe ecran a dispărut. Nu se mai vedeau nici turnurile, nici avionul. Rămăseseră doar chipul lui Hamid şi zâmbetul lui. După o pauză de câteva secunde, Marie-Lou a reluat ultimele cuvinte ale cântecului, *a capella*:

Dar ai schimbat, Arabule,
Ceva în viața mea...

În sală s-a lăsat o tăcere de plumb. Ai fi putut auzi chiar și o bătaie de pleoape. Copiii salutau, cu mâna pe inimă. Nişte aplauze amestecate au rupt în sfârşit tăcerea, dar nimic răsunător. O întâmpinare politicoasă. Georges s-a apropiat de microfon, pentru încheiere.

— A venit momentul să vă îndreptaţi către atelierele dumneavoastră. Spaţiile respective sunt indicate în programele ce v-au fost distribuite. Vă mulţumesc pentru atenţie.

În jurul meu auzeam comentarii dintre cele mai diverse: „Impresionant!", „Nu sunt sigur c-am înţeles...", „Ce-a fost circul ăsta?".

„Circul ăsta"... Mă gândeam la Jérôme: pe unde era oare? Fiul lui tocmai realizase o incredibilă performanţă în faţa a o mie de oameni, la numai 10 ani. Dar el? El unde era?

Copiii au coborât de pe scenă. I-am îmbrăţişat. Cât ai clipi, au venit lângă ei și alți participanţi, înconjurându-i. Felicitări, complimente, întrebări.

Marie-Lou a ieşit din micul grup format şi s-a dus la părinţii ei. Harold şi Mégane erau livizi. Fetiţa a întins braţele spre ei, cu un zâmbet larg pe faţă.

— Tu eşti, iubita mea? a întrebat-o Mégane.

Marie-Lou a izbucnit în râs. Și a răspuns, simplu:
— Mulţumesc.

Mama, năucită, s-a lăsat în genunchi în faţa fiicei sale.
— Pentru ce mulţumeşti?
— Pentru toată osteneala voastră, a spus copila, articulând răspicat fiecare silabă, de parcă răspunsul era de mult pregătit.

M-am dus la Georges.
— Cum ai făcut?
Mi-a zâmbit ridicând din umeri și clătinând din cap. Modul lui de a spune „Nu știu".
— I-am cântat cântecul, Maryse, atâta tot!

Apoi mi-a întors frumușel spatele și s-a dus spre un grup de colegi. Mă uitam la Charlot, înconjurat de specialiști ai copilăriei, și un val de orgoliu m-a umplut de o dulce euforie. Eram mândră de fiul meu. Îmi ziceam că nu mai exista un altul ca el pe această planetă.
— Fii atentă, mamă, că pune stăpânire pe tine Egoman...

În ziua congresului, la 8:45 dimineața, du Bonheur se foia deja în scaun, pe primul rând. Unde-i dispăruse oare legendara stăpânire de sine? Mi-au plăcut mult nervozitatea și fragilitatea ei. Charlot și Marie-Lou se uitau, de după cortină, la cele o mie de persoane prezente.

Când luminile s-au stins și s-au auzit primele note din Beethoven, mi s-au înmuiat picioarele. Nevoia de a îngenunchea în fața curajului celor doi puști, a setei lor de viață și a iubirii lor pentru prietenul dispărut.

Apoi însă, când i-am văzut că-și iau globurile de cristal și o pornesc către scenă, aproape că mi-a venit să-i opresc.

Prestația lor a stârnit tot felul de reacții. Admirație la unii, îndoială la alții, iar în unele cazuri, revoltă.

Ce s-a întâmplat de fapt cu Marie-Lou? N-am să știu niciodată de unde-i venea blocajul. Un traumatism? Meningita? Intervenția chirurgicală? Anestezia? Nevoia de a se proteja? Bănuiesc că a fost mai degrabă o nouă manevră a egoului. Nevoia temporară de a-și crea o identitate: „micuța mută". Cum să-ți imaginezi ce se petrece în capul unei copile bolnave de meningită?

Eu am încercat. Visele, coșmarurile, panica celor din jurul ei, febra, somnolența, confuzia. Ce putea ea simți? Toate senzațiile stârnite de instinctul de a trăi, fără îndoială, nevoia de a se ocupa cineva de ea.

Când a scăpat de febră: surzenia. Absență totală a sunetului, vid, tăcere peste tot. Și apoi frica, bineînțeles. Iar odată cu ea, descoperirea identității „micuței mute". O modalitate subtilă de a obține atenția celorlalți — de „a fi aleasă", ca să folosesc formula atât de dragă lui Charlot.

Îmi închipui că după o așa boală, creierul poate face o piruetă echivalentă cu: „Lumea se ocupă de mine fiindcă nu vorbesc, așa că e mai bine să tac".

E posibil ca Marie-Lou, de la o vârstă foarte fragedă, și în ciuda dragostei nemărginite a părinților săi, să fi îmbrăcat această vestă identitară. Rezultat al unei interpretări eronate a neuronilor săi. După care au urmat intimidarea, pietrele, moartea lui Hamid. Fata a găsit un motiv pentru a renunța la tăcere, la armura sa: prietenia, o iubire profundă pentru Hamid și Charlot, o solidaritate în suferință. Și-a descoperit capacitatea de a fi prezentă și de a iubi: veritabila ei identitate. Dorința arzătoare de a arăta acest lucru a devenit mai puternică decât prețioasa atenție pe care i-o procura muțenia sa. Așa că s-a debarasat de acea coajă perimată care n-avea nicio legătură cu ceea ce e ea cu adevărat, de acea mască pe care nu mai avea de ce s-o poarte sau s-o apere. Putea de-acum să trăiască fără să se mai ascundă în spatele mișcărilor din mâini. Asta se numește detașare, desprindere.

Ar trebui să mă scutur și eu de falsele identități... Știu cum să le vorbesc copiilor. Nu mai rămâne decât să-mi găsesc o voce cu care să le vorbesc adulților. Mai ales celor pe care-i iubesc... Acestei Femei!

La serbarea de Crăciun din jurul bradului, mi-am îmbrăcat din nou costumul. Copiii săreau în jurul meu de parcă s-ar fi vindecat. Cancer, fibroză chistică, nimic nu mai conta. Era ziua țipetelor de bucurie, a țopăielilor de lăcustă, a sprinturilor de căprioare. Alții, mai slăbiți, vârâți sub pături într-un scaun rulant, zâmbeau în ciuda măștii de oxigen de pe figură *şi a perfuziei din braţ. Cei mai mari, care nu mai credeau de mult în nenea cu reni, intrau în joc de dragul celor mai mici şi, trecând peste toate, încercau să insufle ceremoniei un plus de entuziasm. Stau şi mă întreb dacă nu cumva sunt mai eficient ca Moş Crăciun decât ca psihiatru...*

Serbarea asta mi-a prins foarte bine. Chiar aveam nevoie de aşa ceva. Copiii au avut, din nou, grijă de mine. În zilele care au urmat congresului, am primit e-mailuri de peste tot. În primul rând mulţumiri, complimente, felicitări. Cei mai mulţi lăudau curajul celor doi puşti, originalitatea regiei, îndrăzneala discursului. Îmi cereau permisiunea de a prezenta ideea lor şi în alte locuri. În alte ţări. Spuneau că ceea ce trăiseră Hamid, Charlot şi Marie-Lou era ceva universal. Şi că, acum, mai mult ca oricând, cei aflaţi într-o asemenea situaţie trebuiau să se facă auziţi. Că era momentul să punem cu toţii umărul! Oameni de ştiinţă, cercetători, medici.

Dincolo de valul acesta de recunoştinţă, am încasat însă şi eu nişte pietre! Era normal să existe nişte voci disonante. Dar nici chiar aşa... Scrisori, e-mailuri pline de insulte. Care murdăreau tot ce încercaserăm noi să demonstrăm. Care mă acuzau că „mă folosisem" de copii. Egoman atacă pentru a se apăra, pentru a supravieţui, pentru a nu muri niciodată.

Şi, în ciuda sutelor de susţineri şi de felicitări, egoul meu, ofensat la culme, nu vedea decât critica, decât blamul. Creierul privilegiază ceea ce percepe drept o ameninţare — un vechi reflex, rezultatul câtorva milioane de ani de condiţionări.

Câţiva copii m-au tras de costumul meu alb-roşu, întrebându-mă: „Unde sunteţi, domnule doctor? Nu sunteţi cu noi! Întoarceţi-vă aici, avem nevoie de dumneavoastră". Aveau dreptate: la ce bun să-mi tot muncesc mintea cu acele insulte? Voiam să-mi fac rău singur? Prin urmare, mi-am îndreptat atenţia către ochii aceia care mă aşteptau şi legătura s-a restabilit rapid. Așa îți regăsești adevărata identitate. Aceea care apare atunci când încetează hărmălaia interioară.

În fața bucuriei copiilor, Egoman a amuțit în sfârșit.

Poate că de-acum înainte voi putea să mă ocup de ei mai bine ca înainte. Amintindu-mi mereu să nu las acest ego speriat să-mi monopolizeze atenția atunci când copilul din fața mea e cel care are cu adevărat nevoie de ea.

După cinci ani

În vreme ce eu îmi făceam griji pentru intrarea adolescenței în viața lui Charlot, acesta avea o cu totul altă ocupație: își petrecea mai tot timpul cu Marie-Lou, de parcă ar fi fost un cuplu! Ea dormea acum la noi acasă. Sau Charlot la ea.

Chiar și acum — după cinci ani — îl mai chestionam uneori pe Georges în legătură cu „vindecarea" spectaculoasă a lui Marie-Lou. Nevoia de a-mi însuși și eu puterea ei, poate. Convingerea că avea un secret al său. O rețetă magică. Pe care aș fi ajuns până la urmă să i-o smulg. El zicea că nu fusese nimic miraculos.

— Voiam să arătăm că i se poate veni de hac lui Egoman. Că ne putem debarasa de autoritatea lui și de rolurile pe care ne pune să le jucăm.

Georges credea că misiunea lui era să le redea glasul tuturor copiilor care și-l pierduseră, se considera un ortofonist al sufletului. Pentru el, Marie-Lou era un simbol:

— Ea e întruchiparea victoriei asupra forțelor obscure care bagă călușul în gură copilăriei. Ea reprezintă toți puștii ăștia muți pentru care mă bat.

Pentru el, cea mai rea dintre forțele obscure era ignoranța.

— Majoritatea ființelor omenești nu știu ce înseamnă „să te cunoști". De mii de ani vorbim despre asta, dar nu căutăm în direcția cea bună. Ne uităm înspre împlinirea visurilor, înspre satisfacerea dorințelor, înspre nevoia de reușită, când e suficient să descoperim ce înseamnă „să fii acolo". O prezență conștientă de tot ce se întâmplă în interiorul și în jurul nostru. Conștientă mai ales de gândurile care ne poluează și ne mobilizează întreaga atenție.

Marie-Lou și Charlot își împărțeau viața între școală, camerele lor — una în fiecare casă — și atelierele amenajate pentru ei de cele două familii. Iar în vreme ce eu îmi doream în continuare să devin extraordinară măcar un pic, ei doi se ocupau cu descoperirea lucrurilor obișnuite ale vieții de zi cu zi.

După congres, Charlot încetase să-mi mai pună întrebări. Avea de-acum pe cine să facă părtașă la interogațiile sale, o nouă confidentă, o parteneră cu care să discute.

Își pierduse, de altfel, complet vederea. Marie-Lou îi servea drept ghid. Eu descopeream gelozia. Marie-Lou în sus, Marie-Lou în jos, parcă eu nu mai existam decât ca să le asigur cele necesare traiului — mâncare, haine, vizite periodice la Robert —, toate celelalte aparținându-i lui Marie-Lou. Tânăra câștiga ca frumusețe tot ce pierdeam eu ca exclusivitate, ca apropiere. Nu mai eram bună decât pentru plăți. După ce fusesem abandonată de tată, eram abandonată acum și de fiu.

Lara, „drăguța" fostului meu soț, contorsionistă reciclată în chiropracticiană, îmi făcuse o vizită la câteva săptămâni după congres. Mă căutase la spital.

— Doamna doctor du Bonheur, sunteți chemată la recepție.

A fost surpriza totală: mă aștepta o țigancă.

— Eu sunt Lara, prietena lui Jérôme. Are nevoie de ajutor.

O ascultam pe hipioata aia trasă la față și râdeam în sinea mea. Era la fel de slabă ca bolnavii mei. În sfârșit, nenorocita stătea în fața mea, terminată. Râdeam și în exterior, iar asta o stânjenea vizibil. Recunosc că asta îmi făcea o oarecare plăcere.

— Ajutați-ne, vă rog mult. Jérôme nu știe că sunt aici. El n-ar fi venit niciodată. Mă gândeam că l-ați iubit cândva și că poate... pentru că e tatăl lui Charlot...

Mi-a spus că Jérôme fusese dat afară de la circul unde lucra. Existau alți clovni mai simpatici decât el. Marele star era distrus.

În lunile dinaintea concedierii, își pierduse treptat puterea de a-i distra pe copii și încercase toate modalitățile de a fi din nou în formă: cocaină, ecstasy, metadonă, alcool — marele cocteil. Devenind dependent de aceste substanțe după ce fusese dependent de privirea celorlalți...

Când își pierdea echilibrul în timpul spectacolului, nu mai era un joc de scenă, era cât se poate de real. La început, căderile astea încă mai stârneau râsul, dar încet-încet a început să cadă peste spectatorii din primele rânduri. Costumația nu mai putea masca decăderea. Rănise chiar și un copil. După acel trist eveniment, îl dăduseră afară. M-am gândit la mătușă-mea Bénédicte, beată, prăbușindu-se peste mine în apartamentul de pe strada Rachel. I-am scris Larei un cec spunându-i că nu voiam s-o mai văd niciodată.

Charlot n-a știut nimic. Am păstrat acea jalnică întâlnire doar pentru mine. Tatăl lui urma să plece în India, astea erau ultimele vești de la el. Câteva dintre sculpturile băiatului meu reprezentau un bărbat în sari șezând în poziția lotusului... Era oare Egoman cu trupul lui Jérôme? N-am îndrăznit să-l întreb pe Charlot.

Cu o săptămână înainte de a împlini 15 ani, Charlot mi-a pus întrebarea pe care o așteptam cu groază de ceva vreme:

— Mamă, ce înseamnă să fii îndrăgostit?

Solicitarea aceea mă deranja; mai rău, mă irita. Dar măcar îmi era adresată mie. Oscilam între bucuria de a-mi relua rolul de mamă pe care o întrebi orice și exasperare: îndrăgostit la 15 ani! Un teren cât se poate de propice pentru suferință. Dacă ar ști el...

— Nu sunt sigură că știu, dragul meu...
— Cred că m-am îndrăgostit.
— Serios?
— Tu nu erai îndrăgostită de tata?
— Nu știu, nu mai țin minte.

Părea extrem de dezamăgit.

— Nu-ți mai amintești chiar nimic? De ce ați divorțat? Eu nici măcar nu mă născusem, a fost din vina mea?

— N-a avut nicio legătură cu tine, scumpule, pur și simplu nu ne mai iubeam. Mă rog, tatăl tău nu mă mai iubea.

— Explică-mi și mie, *mom*, de ce la un moment dat v-ați iubit și ați făcut un copil, iar după aia nu v-ați mai iubit? Ce fel de iubire e asta?

Aș fi preferat să-mi fie încă în pântec: ajutor, Alexandrine! Cum să-i las întregi iluziile?

— ... Nu ştiu, dragul meu, mi-ar trebui ceva timp să mă gândesc.

Uite încă o întrebare pentru bunul meu prieten Georges. Deşi în privinţa iubirii între adulţi, ar avea el însuşi nevoie o consultaţie!

Încet-încet, în zilele şi săptămânile care au urmat, am văzut apărând primele sculpturi înfăţişând trupul lui Marie-Lou. Din lut, toate.

— O sculptez cu tot trupul meu. Cu toţi nervii. Cu toate venele.

Îmi venea să-mi provoc fiul:

— Nu prea îmi plac şoldurile ei, sânii...

— Mamă, cum poţi să spui aşa ceva?

În realitate, eram emoţionată până la lacrimi de lucrările pe care le descopeream. Ici, un chip modelat de iubirea în care crezi cu adevărat. Colo, nişte curbe tinere tăiate de tandreţe — un trup slab, prea slab, dar atât de adevărat.

— Idealizezi, Charlot, şi întotdeauna e periculos să idealizezi pe cineva.

— De ce?

— Fiindcă rişti să fii dezamăgit.

— Poate în cazul tău, mamă.

Tăcere.

— Am făcut dragoste cu ea. Voia să fie prima. Am descoperit că sărutatul e unul dintre cele mai bune moduri de a asculta. E o nebunie câte poţi auzi cu buzele.

Charlot se culca cu Marie-Lou! Auzi drăcie! Nu-mi venea să cred...

— Când îmi lipesc buzele de ea, simt cum îi circulă viaţa sub piele, mamă. Gurii mele îi e foarte sete de viaţă. Mai sete ca oricând.

Cum de nu-mi dădusem seama, cum de nu văzusem? Era normal să se ajungă aici...

— Simt cum viața se caută pe sine și se găsește. Cred că asta se întâmplă când te săruți.

— Taci, Charlot!

Sexualitatea nu e o problemă pentru el, ci o expresie artistică. Niciodată clișeul „dragostea e oarbă" nu mi s-a părut mai adevărat. Când mă uitam la ei, mă apuca invidia. Faptul că se țineau neîntrerupt de mână mă scotea din sărite! Sărutările lor mă oboseau. Charlot nici măcar nu trebuia să închidă ochii ca să-și trăiască până la capăt senzațiile. Boala sporea intensitatea relației lui cu plăcerea, puteam să bag mâna-n foc.

— Când vreau să fac dragoste, mamă, parcă întreg universul se implică. Vreau să zic, toată evoluția, toată istoria vieții care mi se năpustește prin celule ca o herghelie de cai. E ceva și foarte greu de suportat, dar și amețitor. O năvală violentă a lumii în propriul meu trup. Asta chiar nu-ți spune nimic, ție, pasionata de biologie?

Dacă ai ști tu tot ce-mi spune mie asta, Charlot... Tot acel gol pe care-l resimte biologia mea. Dacă ai ști...

— O privesc cu mâinile, mamă. E ciudat... Înainte, când ea nu vorbea, o ascultam cu ochii. Acum, o văd cu mâinile.

Eram invidioasă pe mâinile lui, pe puterea mâinilor lui. S-ar părea că Charlot mi-a „auzit" gândurile.

— E o nebunie câte poți vedea atunci când nu mai vezi deloc. Diferența dintre „a iubi" și nevoia de a fi ales cu orice preț. Am auzit la televizor un tip care tocmai omorâse un urs: „Acum am un trofeu", zicea el fălos. Dar, mai ales, zicea: „În sfârșit!", de parcă toată viața lui așteptase acel moment. Era atâta mândrie în vocea lui! „E cel mai mare urs ucis vreodată în această zonă!" Mă bucuram că nu vedeam ursul pe ecran. Egoman era acolo şi vorbea despre sine. Ținea să fie *singurul*, pentru *a nu fi singur*... Cu Marie-Lou, n-am nevoie de asta.

Dragostea îi dădea o siguranță extraordinară!

Georges, căruia m-am confesat în aceeaşi seară, mi-a explicat:

— Ai ocazia să explorezi invidia şi gelozia, draga mea colegă! Ți-ar putea fi foarte util. Aceste două emoții vin din frică. Trebuie să înveți să le deosebeşti una de cealaltă...

— I-auzi! Păi, zi-mi tu, că tu mereu ştii mai multe ca toți ceilalți!

N-a muşcat momeala.

— Gelozia e teama de a pierde ceea ce ai impresia că deții. Ceva sau cineva pe care nimeni altcineva nu le deține şi care, în consecință, îți oferă sentimentul unicității. Fiul tău, de exemplu. Când te vezi înlocuită de o adolescentă de 15 ani capabilă să aibă şi ea grijă de el, asta îți zdruncină sentimentul că eşti unică şi pe acea Egowoman pitulată în tine! Mai ales dacă, la 15 ani, adolescenta cu pricina e capabilă să-ți iubească fiul cu adevărat...

Încerca, în mod evident, să mă destabilizeze.

— Şi invidia, domnule psihiatru, invidia ce e?

— Invidia, Maryse, este teama de a nu avea ceea ce altcineva pare să posede; ceva care îl face unic în ochii tăi şi care te lasă pe tine în masa cenuşie a ființelor comune.

— Nu sunt sigură că înțeleg care-i diferența...

— În cazul geloziei, e teama de a pierde. În vreme ce în cazul invidiei, e teama de a nu avea. În ambele cazuri, e vorba de ceva care te alienează şi te împiedică să iubeşti.

Nu înțelegeam nimic. Nu voiam să înțeleg nimic.

Într-o dimineață de iulie, Marie-Lou a venit la mine în secție, însoțită de părinții săi. Charlot nu era la curent, și nici eu nu anticipasem nimic.

Fata era mai palidă ca de obicei, ca să folosesc o formulă blândă. Și mai slabă. Cu pete vineții pe corp. De data asta, pietrele veneau din interior. După câteva zile, diagnosticul se confirma. Cea mai mare piatră posibilă: cancer!

Nu mirosisem nimic. Deși ar fi fost de ajuns să mă uit mai bine la fața ei, sau la sculpturile care-i înfățișau trupul în declin... Nu văzusem că slăbea, nu-i văzusem decât frumusețea și formele tinere pe care Charlot i le descoperea cu inocență. Ba chiar îmi dorisem să slăbească ceva mai mult, dacă-mi amintesc bine. Pentru ca fiului meu să-i piară cheful de a o mai sculpta, de a-i mai sculpta viața, viața lor!

Încă o lovitură sub centură din partea existenței. De parcă nu încasasem deja destule. Un motiv în plus să devin superstițioasă și să încep să cred că soarta se înverșuna împotriva mea. Mai abitir decât împotriva oricărui alt om. *Eu, eu, eu...* De ce oare, după atâtea încercări — orbirea lui Charlot, surzenia lui Marie-Lou, sinuciderea lui Hamid —, viața trebuia să-mi rezerve încă o nenorocire? De ce mie? Georges mi-ar fi spus, după cum îi era obiceiul: „Liniștește-te, Maryse. Nu trebuie să te consideri atât de importantă, încât să crezi că viața se înverșunează în mod special împotriva ta. Că te-a ales ca victimă privilegiată. Soluția e una singură: Prezența. Toate capacitățile tale, toate rezultatele eforturilor pe care le-ai făcut ca să devii cea mai bună, oferă-le! Dă-le!"

Hai, Marie-Lou, să-i dăm bătaie!

Marie-Lou, micuță umbră discretă. După cinci ani fără nicio adiere de vânt, asupra ta se abate furtuna: leucemie acută limfoblastică.

— Am un cancer de sânge, domnule doctor Paris.
— Da, știu.
— Sunt tot mai fără vlagă.
— Da, știu.
— Și mai slabă.
— Da, știu.
— Și-mi apar și vânătăi.
— Da, știu.
— E ceva ce nu știți, domnule doctor Paris?
— Cum te simți, asta nu știu.
— Nici eu.

Marie-Lou întoarce capul ca să-mi evite privirea.

— Nu știi sau nu vrei să vorbești despre asta?
— Uneori, cred că mi-era mai bine când eram mută.

O furie îndreptată împotriva mea. O simt în glasul ei.

— Te-ai supărat?
— De mine se ocupă doamna doctor du Bonheur.

Modul ei de a-mi spune: „Du-te naibii!" Îmi respinge toate încercările de a-i prinde privirea.

— Îți place că ea se ocupă de tine?
— E destul de ciudat. Când e doctorița mea, parcă-i altă persoană decât atunci când e mama lui Charlot.

Voiam să știu dacă se cenzurează. Dacă-și interzice să dezvăluie ceva ce i-ar putea păta imaginea în propriii ochi. Voința de perfecțiune e foarte periculoasă: machiezi adevărul ca să nu dezamăgești niciodată, ca să nu fii respins.
— *Îți place de ea?*

Tare aș fi vrut să-mi spună nu. Un NU hotărât, din rărunchi. Un mod de a ne spune că nu e acel înger pe care toată lumea îl vede în ea. Acea imagine pe care se obligă s-o întrețină, în timp ce ea nu-i decât o micuță femeie luptându-se cu niște întrebări îngrozitoare.

— *Când mă tratează, da! Se teme pentru mine, chiar dacă încearcă s-o ascundă. Vrea să trăiesc, o simt foarte clar. Când e mama lui Charlot, e exact opusul, dar și atunci încearcă s-o ascundă.*

Privirea ei e ațintită din nou înspre mine. Înțeleg acum cum făcea să-și exprime furia atunci când n-avea voce. Ochii ei îmi sfredelesc creierul, ca niște țurțuri ascuțiți.

— *Și dumneavoastră, domnule doctor Paris, în afară de a-i ajuta pe oameni să vorbească, ce anume tratați?*
— *Eu așa tratez, Marie-Lou, ajutându-i pe oameni să vorbească.*

Tânăra întoarce iarăși capul. Țurțurii rămân în mine, intacți. Nu se topesc. Mă trec fiori pe șira spinării. O aud zicându-mi:
— *Ah, da?*

Furia lui Marie-Lou. Împotrivirea ei. În timp ce eu o credeam o făptură angelică, atinsă de grația divină, ea se dovedește a fi totuși un om. Îmi vine să-i spun: Ai uitat ce-am făcut pentru tine? Nu mai ții minte? Arabul... Cântecul... Nu mai știi? Nerecunoscătoareo!

Apoi îmi dau seama că Egoman mi-a luat în stăpânire gândirea. Mă uit la blonda aceea drăguță de 15 ani, la strădaniile ei imense de a nu face rău nimănui. În mintea mea nu mai e decât ea. Fața ei ca o frază neterminată, o rugăciune a unui ateu.

— Dacă-i ajut pe copiii bolnavi să vorbească, Marie-Lou, e pentru a-i ajuta să spună cum se simt.

— Şi de ce trebuie să spună cum se simt?

— Nu-i obligatoriu, dar asta ajută la vindecarea furiei. Şi a amărăciunii. Şi a anumitor temeri. Iar uneori ajută şi la vindecarea cancerului de sânge.

Îmi apropii, prudent, mâna de a ei. Mă lasă să i-o prind.

— Şi îi ajută şi pe ceilalți să nu se simtă vinovați.

O să merg şi eu cu ea. Mai mult ca oricând, va avea nevoie de cineva care să spună că nu-i periculoasă, că oricine se poate apropia de ea, că nu va contamina pe nimeni. Egoman e foarte fricos, peste tot vede numai moarte. Nu vrea să se molipsească cumva. Groaza aia de contaminare. Întrebările alea pe care le pun unii părinți când văd în spital copii bolnavi. Eu îi aud, îi văd şi tac. Deşi îmi vine să urlu. Arată cu degetul înspre câte o Marie-Lou: „Are cancer?" Îi văd dându-se un pas înapoi, scoțând o sticluță cu o loțiune care omoară 99% din microbi şi frecându-se cu ea pe mâini. Loțiunea care omoară teama. Îşi trag de mânecă copilul sănătos: „Nu te duce prea aproape! Are leucemie". Curtea şcolii mutată în saloanele de spital. Nicio conştientizare a celor spuse, nicio obiectivare, nicio manifestare a inteligenței — doar prostie.

— O să mă faceți să vorbesc, domnule doctor Paris?

— Da, Marie-Lou, o să te fac să vorbeşti. Încă o dată.

Charlot socotea orele petrecute fără Marie-Lou:
— O sută şaizeci!
Îl vedeam învârtindu-se ca un leu în cuşcă.
— Ce are, *mom*? Spune-mi ce are!
Nu mai era o întrebare, îşi urla pur şi simplu durerea, nevoia de a şti, groaza. Striga după ajutor. Nici nu mai îndrăzneam să mă apropii de el. Corpul lui spunea *nu* oricum, părând la fel de imposibil de atins ca orizontul.
— Păi... Mai trebuie făcute nişte analize, dragul meu, nişte analize suplimentare!
— Încetează, *mom*! Încetează!
În piept mi se strângea un imens hohot de plâns.
— Tu chiar nu vezi? Nu, nu vezi! Nu vezi nimic! Nu eu sunt orbul aici... Îmi spui numai aiureli!
— Charlot...
Strângeam pumnii, înghiţeam în sec. Întreaga mea voinţă se forţa să-mi ţină buzele pecetluite. Dar era ca şi cum ai încerca să ţii în loc marea cu mâinile.
— Nu-mi spui adevărul, *mom*, simt asta!
— Ai dreptate, dragul meu...
Nu trebuia să vadă. Vreau să spun, să-şi dea seama. Disperarea mea. Neputinţa. Dorinţa bruscă de a mă ruga. Magia. Miracolele. Toţi zeii inventaţi din momentul apariţiei fricii. Ştiam că tratamentele erau eficiente, că mai bine de 80% dintre copii se vindecau, dar nu mai ştiam

cum să procedez, nu mai eram sigură de nimic. Hadrien mă bântuia, ca o fantomă. Aceeași boală. Aceeași vârstă. Mă schimbasem mult de-atunci, îmi cam intraseră la apă certitudinile!

Și mai cred că învățasem să-mi iubesc pacienții...

Fiu-meu s-a calmat. Vocea i s-a domolit.

— De ce nu vrei să-mi spui? Ca să nu sufăr? E prea târziu!

— Nu-i ușor, Charlot...

— Nu mai încerca să mă protejezi! Nu vezi că sunt în stare să ascult ce ai să-mi spui? Că sunt în stare să fac față durerii? Că sunt în stare să iubesc?

— Ba da, Charlot, văd.

— Nu, *mom*, nu vezi! Te porți de parcă numai tu ai putea face față veștilor proaste. Dar și eu pot! Pot s-o înțeleg pe Marie-Lou și s-o ajut... chiar dacă nu sunt doctor!

Încasam fără să crâcnesc.

— M-am săturat de minciunile tale, gata! Încetează cu dorința asta de a fi tu mereu cea mai tare... Nu mă interesează, *mom*! Înțelegi? Nu mă interesează... Nu de-asta te iubesc eu. Te iubesc atunci când nu gândești ca mine și mi-o spui. Te iubesc atunci când îmi spui „Nu!". Te iubesc atunci când se întâmplă să nu-ți placă oamenii care-mi plac mie. Te iubesc atunci când ți-e teamă și o recunoști în fața mea. Te iubesc când ești geloasă. Te iubesc pentru toate și pentru nimic în mod special. Te iubesc fără motiv. Te iubesc fiindcă sunt în stare să iubesc. Așa că nu mă mai cruța, *mom*! Am depășit faza asta. Respectă-mă.

O vedeam pe Marie-Lou peste tot. Acea Marie-Lou de după prima recoltare de sânge. Trecuse deja o săptămână de spitalizare.

— O sută șaizeci de ore, *mom*!

Departe unul de celălalt, el acasă, ea la spital, se revendicau reciproc.

— Dacă nu mă iei cu tine, o să mă duc singur. Pot să merg la spital şi fără tine.

Charlot dobândise o oarecare autonomie, dar rareori se deplasa fără să fie însoţit. Fără ea. Fără mine. Niciodată nu se dusese la spital singur, cu bastonul său alb. Ce aşteptam, de fapt, ca să-i spun că da, îl iau?

Era 7 seara când am intrat în salon. Prin nişte ferestre mari pătrundea o lumină blândă. Marie-Lou era şi mai blondă. Era singură şi dormea. Georges ar fi apreciat scena: Tom Degeţel sărutând-o pe Frumoasa din Pădurea Adormită. Doar o atingere uşoară, ca să n-o trezească. Şi totuşi, fata s-a trezit.

— Charlot! Ai venit? Visam că zburam amândoi cu balonul. Eram sus, în înaltul cerului. Şi-l vedeam pe Minus pe un câmp. Pluteam uşor, lin, era atât de plăcut... Nu mai mi-era frică de nimic. Crezi c-am putea s-o facem... înainte să mor? Am văzut la televizor nişte copii care au avut parte de aşa ceva.

M-am întors instantaneu la anii copilăriei. La călătoria cu domnul Beguin. La ce-mi povestise el. Şi mi-am dat seama că, pe lângă profesionista care eram, putea acţiona şi femeia din mine. Faptul de a fi cea mai mare nu mai avea nicio importanţă; faptul de a fi cu Marie-Lou şi Charlot, da.

În aceeaşi seară, o sunam pe Alexandrine.

Marie-Lou. Piele şi os, uşoară ca un fulg de zăpadă. Abia îndrăznesc să respir în prezenţa ei. Mi-e teamă ca răsuflarea mea să n-o ia pe sus.

Vorbeşte. Mult. Îmi povesteşte despre pofta ei de viaţă. Despre dorinţa de a-l ajuta pe Charlot să-şi ducă proiectul la bun sfârşit.

Cum reuşeşte oare?... La 15 ani? O dragoste preocupată de idealul celuilalt, de visurile celuilalt, de sensul pe care celălalt îl dă vieţii sale.

— Şi tu, Marie-Lou, tu cum ţi-ai desena egoul?

Preţ de o clipă, am fost din nou în faţa micuţei mute. A limbajului semnelor. Prin care-mi spunea: „Nu ştiu". Când nu ştie ce să răspundă, mâinile ei preiau ştafeta. Un reflex care n-a părăsit-o niciodată. Mi-ar plăcea şi mie să am un alt limbaj, un alt mod de a spune ceea ce nu reuşesc să exprim, un alt instrument decât tăcerea.

La fel ca Charlot, am învăţat treptat să înţeleg limba semnelor. Am lucrat foarte mult în urmă cu cinci ani, ca să pregătim congresul. Ca să înveţe cuvintelele cântecului, nişte cuvinte încătuşate. Erau acolo toate, nu trebuia decât să fie descătuşate. Iubirea a făcut-o.

Marie-Lou a înţeles, totodată, că furia ei, după sinuciderea lui Hamid, era un mod de a-l ţine în loc şi că de-acum îşi putea elibera prietenul şi, în primul rând, se putea elibera pe sine. În faţa mea, i-a spus, cu voce tare, că nu mai era supărată pe el. Şi că-i părea rău că nu făcuse pentru el tot ce trebuia făcut:

— Te las să te duci, Hamid. Asta nu înseamnă că nu mai ţin la tine, aşa mi-a explicat doctorul Georges. Înseamnă doar că acum ştiu că nu putem controla totul. Şi că ceilalţi nu vor fi niciodată exact cum am vrea noi să fie. Şi că nu vor face niciodată tot ce-am vrea noi să facă. Cred că ţineam sub control mai multe persoane atunci când nu vorbeam. Asta tot doctorul Georges mi-a explicat. Dar acum, ştii ceva? Acum ţin la tine cu adevărat.

Vrea s-o ajut să trăiască. Mai ales că nu mai are mult timp la dispoziţie. Eu îi spun că are dreptate. Că o să ne ajutăm unul pe altul să trăim. Şi că doctoriţa du Bonheur va face pentru ea tot ce-i stă în puteri. Ea îmi răspunde, imparabil, că şi cu, şi fără doctoriţa du Bonheur, ea ştie deja, ştie foarte bine care-i deznodământul. Aşa cum Charlot îşi presimţise degradarea inevitabilă a vederii.

— E ceva ce nu ţi-am spus niciodată, Marie-Lou, ceva ce-mi stă înţepenit aici, în gât... Asta nu-ţi aminteşte de nimic? Mi-e teamă de ce ar putea crede alţii despre mine, marele doctor, marele specialist în frică! Aş vrea să trec drept un tip tare, invincibil. Ei bine, uite, o să-ţi spun cel mai mare secret al meu: nu ştiu să vorbesc despre iubire. Nu există o vârstă pentru chestia asta. Chiar dacă eşti psihiatru. De-aia mă deghizez în Moş Crăciun. Acum însă, vreau foarte tare să vorbesc despre iubire. Şi, mai ales, să-ţi mulţumesc. Tu mă ajuţi să-mi înfrunt frica. Ascultându-mă. Să ştii, drăguţo, că, în fond, tu eşti cea care mă învaţă să vorbesc, acum...

Situația lui Marie-Lou mă enerva: eu, marea doctoriță, mamă a unui copil nevăzător, nu dibuisem încă nimic! Egoman mă orbise, ca un soare de decembrie. Îmi îndreptase întreaga atenție asupra rivalei mele: amanta, modelul, muza. Se ofensa că nu eram și eu prezentă în lucrările fiului meu: nu exista în casă nicio sculptură care să mă fi înfățișat pe mine, peste tot era numai ea, ea și iar ea! Obsedată de o așa nedreptate, lăsasem baltă orice expertiză, îmi scosesem din priză competențele, îmi înghețasem complet intuiția clinică. Egoman ajunsese să-mi bruieze inteligența și sensibilitatea profesională. Boala evoluase sub ochii mei, zi după zi, în propria-mi casă, iar eu n-o văzusem. Moartea intrase în viața mea pe o fereastră pe care nu mă gândisem s-o închid înainte de începerea furtunii.

Lucrurile o luau razna. Rivalitatea era acum dublă. Două adversare în loc de una: pe de o parte, Marie-Lou, femeia; pe de altă parte, moartea care pornise la atac împotriva lui Marie-Lou. Ce voiam eu era nu atât să acord niște îngrijiri medicale, nu atât să alin o suferință, cât să înving. Îmi plăcea să mă lupt. Și nu urmăream decât un singur lucru, să câștig: *fuck you*, moarte! Dacă murea un copil, mă închideam în laborator — și mai multă muncă, și mai multe articole publicate, și mai multe conferințe. Nu acceptam moartea, o înfruntam.

Georges susținea că, de fapt, fugeam de ea. Nu ca medic, ci ca ființă omenească. Cel care făcea jocurile era Egoman: menținând la comandă latura mea de „specialist vulnerabil", nu-mi lăsa suferința să se manifeste. Egoman îmi interzicea accesul la propria durere, la propriile lacrimi — cele care te leagă de ceilalți. Recurgea la toate mijloacele ca să nu se vadă vârsta pe care o aveam de fapt în fața morții: trei ani. Vârsta la care părinții mei mă părăsiseră brusc. Nu trebuia sub nicio formă să-mi intuiască cineva slăbiciunea! Georges avea dreptate: în fața morții, eram nulă. Plecarea violentă a lui Hamid dintre cei vii readusese la suprafață incapacitatea mea de a reacționa în asemenea situații. Era musai ca Marie-Lou să nu moară. Ce m-aș fi făcut, altminteri?

Marie-Lou scotea la iveală senzualitatea fiului meu... Îi auzeam iubindu-se prin toată casa... Charles — micuțul Charlot — crescuse. Era în continuare modest de statură și avea aceeași față de Peter Pan, dar trupul său folosea acum drept carburant dorința. Cât despre Marie-Lou, ea nu mai avea nimic de pierdut și folosea drept carburant iubirea. Comuniunea lor îmi sfâșia inima. Charlot se îndepărta de mine, devenea capabil să-și facă propriile alegeri, își asuma propriile responsabilități. Nu mai era nevoie să-i vorbesc de testosteron, de respect și de tot ceea ce eu nu cunoscusem niciodată; știa deja. Atenția pentru celălalt, delicatețea, descoperirea reacțiilor iubitei sale — le cunoștea deja. Lucrurile pe care mi-ar fi plăcut atât de mult să le trăiesc, el le trăia deja. De parcă se hrănea cu visurile pe care le avusesem înainte de Jérôme și care muriseră odată cu plecarea lui Jérôme.

Charlot punea bunătate și măreție în fiecare gest al său și sculpta frumusețea pe viu. În fond, făcea cu Marie-Lou ceea ce tatăl său nu făcuse niciodată cu mine: avea grijă de femeia pe care o strângea în brațe. Și chiar dacă nu suportam să văd cum se îndepărtează de mine, eram mândră totuși de maturitatea lui. Și de dragostea lui pentru ea.

Până să i se deterioreze serios starea de sănătate, Marie-Lou stătea mai mult la noi acasă. Cei doi amanți — trebuie să le spun așa — păreau să profite de viață mai mult ca oricând. De parcă ar fi știut de undeva că era condamnată. Doi amanți în umbra spânzurătorii. Uneori, uitau de mine. Se credeau singuri. Îi auzeam cum gem, mai ales ea. Trupul meu reacționa. La început, mă revoltam, făceam zgomot, băgam un CD în combina muzicală: Beethoven la volum maxim! Ei se opreau, probabil jenați. Puteam atunci să citesc, să scriu, să-mi ignor propriile dorințe trupești.

Apoi, încetul cu încetul, am început să merg în vârful picioarelor. Stingeam lumina, mă cufundam în întuneric și așteptam. Ca un vânător. Așteptam suspinele, primele gâfâieli, vocea lui Marie-Lou. Voiam ca gâtlejul său, atâta vreme blocat, să exulte. Ei îmi arătau ce nu trăisem eu niciodată. Îmi venea să dau de pereți și de uși cu depresiile mele, cu invidia mea, cu gelozia mea, cu nevoia mea de iubire.

Pântecul mi se trezea la viață. Nu îndrăzneam. Dacă mă prindeau?

— Mamă! Ce faci acolo?!
— Ăăă... caut viața, așa cred. Fiindcă moartea... ăăă... nu mai pot s-o duc.

Au venit la mine părinții lui Marie-Lou. Ca să-mi vorbească de dreptate. De nedreptate, mai degrabă.

— *Ce-am făcut ca să merităm una ca asta, domnule doctor? De ce Marie-Lou? De ce ea? Nenorocirile se țin lanț! Meningita, surzenia, pietrele, iar acum asta... Vrem să înțelegem, domnule doctor. Poate că atunci am putea s-o ajutăm cumva. Nu mai știm ce să credem, spuneți-ne dumneavoastră.*

Îmi venea să le spun ceea ce spun de obicei psihoterapeuții în astfel de împrejurări: că le înțelegeam furia și sentimentul de neputință, și că trebuia să învețe să le accepte. Dar în mintea mea se auzea numai: blablabla. Fiindcă, înainte de toate, îmi venea să le spun că și eu simțeam la fel ca ei. Și că, uneori, mă enervam pe viață că era prezentă în microbi și în celule canceroase. În cele din urmă, am dat din cap, fără să spun nimic. Niciun cuvânt nu era potrivit în acea situație. Au vorbit ei în continuare.

— *A trăit în tăcere ani în șir, apoi, brusc, datorită dumneavoastră, a prins glas, glasul ei. O ușurare pentru toți. O pauză. Bucurie mare. Și-acum? Cancer de sânge! Nu merită ea așa ceva, e un înger de fată. Când alții omoară, fură, torturează, și nu pățesc nimic. De ce?*

Nu îndrăzneam să le spun: „Nu lăsați pe nimeni să pună stăpânire pe voi și să vă invadeze mintea cu întrebări care n-au răspuns, cu gânduri care nu duc nicăieri. Întoarceți-vă aici... imediat! Aici, în ceea ce aveți de trăit, în ceea ce-i puteți oferi fiicei voastre".

Așa că i-am lăsat pe ei să continue:

— Parcă vieții i-ar fi frică de monștri, domnule doctor Paris, de bandiți, de ticăloși. Sau parcă i-ar fi dragi lepădăturile și i-ar plăcea să-i năpăstuiască pe nevinovați.

Puneau în cuvinte ceea ce simțeam uneori eu însumi în fața absurdității lucrurilor. Nu puteam decât să încuviințez, cu delicatețe.

— Da, uneori chiar așa pare.

— Trebuie să existe o explicație, o soluție, o cheie... Dumneavoastră, specialistul în interpretări, ce știți în privința asta?

În sinea mea, îmi ziceam: „Nu știu nimic... Lăsați-mă în pace!" Mi-am luat însă inima în dinți și am riscat:

— Îmi pare rău, iertați-mă... Nu am nimic să vă spun, în afara propriei mele dureri. A tristeții mele, a greței mele și a răului pe care ni-l facem singuri revoltându-ne în fața a ceea ce e de neînțeles. Căutând o explicație care nu există. Dar nu vreau să vă răscolesc și mai mult în durerea voastră.

Cerșeau o rază de lumină. Se agățau de mine cu disperare.

— Abia au trecut câțiva ani, domnule doctor, și iarăși suferință! La 15 ani, cum e posibil?!

I-am prins de mâini, căldura era singurul limbaj care-mi rămânea. Cuvintele mele le-ar fi putut face rău, mai bine le păstram pentru mine. Îmi ziceam: „Boala face parte din ordinea naturală a lucrurilor. Virusurile, bacteriile, paraziții. Sunt niște forme de viață. Și cutremurele fac parte din ordinea naturală a lucrurilor. Și vulcanii, și inundațiile. De ce? Nu știu, nu știu... Știu că a avea grijă de cei în suferință — de mamă, de copil, de rănit — e un gest firesc pentru ca viața să continue... Știu că diferitele specii se ajută între ele... Știu că *suntem legați unii de alții. Soarele, Pământul, Luna, oceanele, stelele, toate sunt legate între ele, știu asta. Dar despre boala care le aduce suferință copiilor nu știu ce să zic".*

— *Domnule doctor Paris, nu spuneți nimic? Dați din cap fără să spuneți nimic? Dumneavoastră, care vă izbiți atât de des de „de ce"-uri, nu puteți să ne dați și nouă o explicație?*

— *Nu, nu pot. Dar nu cred că există niște forțe malefice care se înverșunează împotriva lui Marie-Lou, nici că viața e rea în mod intenționat. Și, mai ales, nu cred că e vina cuiva.*

— *Nu vă faceți probleme, domnule doctor, nimeni nu le poate ști pe toate, vă înțelegem.*

Îmi vorbeau și de Charlot. De iubirea dintre cei doi copii. Se bucurau.

— *Ea îndură chinuri mari și mâinile morții pe trupul său, în carnea sa. De ce nu și mâinile vieții?*

Credeau în tandrețea lui Tom Degețel, în sensibilitatea lui, în suferința lui. De-aș putea avea și eu aceeași încredere... În mâinile mele, în tremurul lor... pe trupul lui du Bonheur?

Nu știam, nu știam...

Hai, Paris, hai, grăsane, revino aici și acum... imediat!

În aceşti ultimi cinci ani, nu mă mai văzusem aproape deloc cu Alexandrine. Doar câte un telefon din când în când, câte o felicitare de sărbători, câte un e-mail de „ce mai faci?". De ieşit însă, nu mai ieşea de pe moşia ei.

— Am ales să trăiesc cu stelele, Maryse. Uneori, chiar fac câte un zbor cu balonul noaptea, ca să fiu mai aproape de ele. Un balon mare, l-am cumpărat de la nişte tipi care voiau să scape de el şi să se apuce de scufundări în mare. Un balon de săpun uriaş, cam ca al lui taică-meu. Speranţa inconştientă, absurdă, de a-l regăsi, probabil. În cer. Pe orbită. În preajma stelelor.

Când am sunat-o, în ianuarie, ca să-i povestesc de zborul în balon la care visa Marie-Lou, mi-a răspuns imediat că cel mai bine ar fi la primăvară.

— Ca să poată vedea copiii cum se topeşte zăpada pe acoperiş. Am avea timp să ne pregătim. Eşti cea mai bună, draga mea prietenă. Cu supravegherea ta, Marie-Lou se va reface suficient ca să poată trăi cum se cuvine această experienţă. Şi va fi cadoul de aniversare al lui Charlot pentru cei 16 ani pe care-i împlineşte: un zbor cu balonul alături de iubita lui.

— Da, Alex... cea mai bună... Mulţumesc!

I-am dat vestea chiar eu lui Marie-Lou. Mi-era imposibil să joc jocul surprizei. Fata trebuia să ştie. Şi să mă ajute s-o pregătesc sub aspect medical. Atitudinea ei avea un rol important în reuşita proiectului.

— Alexandrine are un balon, Marie-Lou. Eşti invitata ei. O să zbori împreună cu Charlot.

Era atât de bucuroasă, încât deja plutea!

— E adevărat, doamna doctor Maryse, e adevărat? Chiar aţi făcut asta?

Mă uitam la ea şi-mi ziceam că frumuseţea îşi găsise de-acum un chip. Şi-i ascultam vocea ţinută atâta vreme sub obroc.

— Aţi făcut asta... pentru mine, doamna Maryse? Eu eram convinsă că nu ţineţi deloc la mine. Charlot tot încerca să mă liniştească, spunându-mi: „Ba nu, e la fel ca mine. Doar că e prea ocupată, nu are timp de iubire". Pot să vă mărturisesc ceva? La un moment dat, mă gândisem să vă pun o râmă în farfuria cu paste. Dar mi-am zis: biata râmă, nu merită aşa o soartă.

— Chiar te-ai gândit să faci chestia asta?

— Oh, da, şi să vă vărs nişte vopsea galbenă şi albastră pe hainele dumneavoastră mereu impecabile. Asta aş fi putut-o face.

— Serios?

— Dar, în primul rând, mă gândeam cum să vi-l fur pe Charlot. Să-l iau la mine acasă şi să rămână acolo, pentru totdeauna. Nu mă credeaţi în stare de una ca asta, nu-i aşa? Ne făceam planuri, el şi cu mine. Să plecăm... doar noi doi...

O ascultam confesându-se şi-mi dădeam seama ce mare încredere avea acum în mine. Voiam să mă apropii de ea, fizic. S-o iau în braţe.

— Când vedeam cum vă uitaţi la mine, îmi venea s-o iau la fugă. Charlot însă mă ţinea pe loc, strângându-mă de mână. Când vă întorceați cu spatele, scoteam limba la dumneavoastră. Mă întrebam ce făceați, de fapt, ca să-i tratați pe copiii bolnavi. Îmi venea să depun la spital niște plângeri și niște sesizări anonime. Niște petiții false semnate *Copiii disprețului*. Tot Charlot era cel care mă oprea. „Mama mea e cea mai bună, doar că nu trebuie să aștepți afecțiune din partea ei. Îi e foarte greu, Marie-Lou, și asta din cauza lui Egoman."

Cuvintele lui Hadrien mă izbeau din nou prin gura acestei tinere, acestei micuțe femei pe care fiul meu o adora. Puterea lor de a iubi mă lovea în continuare. Ai dreptate, Charlot, mi-e foarte greu...

— Când eram mută, mă întrebam: dacă o să vorbesc, o să mă asculte oare cineva? Egoman controla totul în mintea mea. Foarte puține sunt persoanele care-și dau seama că nu trăiesc viața lor, ci doar propriile gânduri. Gânduri precum: sunt oare destul de frumoasă sau destul de drăguță ca să fiu băgată în seamă? Sunt oare destul de inteligentă? Spun oare lucruri destul de interesante? După care, în ziua în care am aflat de boala mea, am încetat să mă mai întreb dacă țineți sau nu la mine. Și am încetat să-mi mai doresc să vă fac rău. În mod curios, treaba asta nu mai avea nicio importanță. Un singur lucru conta: să mă hotărăsc cu ce-mi voi ocupa timpul pe care-l mai aveam la dispoziție, indiferent de vârsta la care voi muri. Și știți ceva? M-am hotărât să iubesc.

Hadrien... Hadrien șuierând: *asta-i tandrețea, doamnă doctor Maryse...*

— În ziua aceea am început să mă iubesc cu adevărat. Fiindcă nu mai aveam nevoie să fiu iubită de dumneavoastră. Înțelegeți? Și tot în ziua aceea am început să țin la... dumneavoastră, cu adevărat.

Bineînțeles că înțelegeam, dragă Marie-Lou; înțelegeam că grația divină se refugiase în trupul tău bolnav. Îi înțelegeam pe fiul meu și fericirea pe care o simțea în preajma ta. Și regăseam discursul pe care mi-l ținuse domnul Beguin cu puțin înainte de a-și lua zborul pentru ultima oară: „Oamenii cred despre ei că sunt conținutul ideilor lor — cuvinte, imagini — și se atașează de ele. Se ceartă între ei ca să le apere și să le impună. Se poartă ca și cum ar încerca să împiedice topirea zăpezii primăvara. A deveni inteligent, draga mea, înseamnă a învăța să trăiești în permanență cu primăvara în minte. A deveni inteligent înseamnă ceea ce înseamnă de fapt «a iubi»".

Marie-Lou nu terminase încă.

— Pe vremea când nu vorbeam, mi-era frică de liniște. Acum, o iubesc. Liniștea care-ți golește mintea. Aici încolțește dragostea pe care o simt astăzi pentru dumneavoastră. Sper că o simțiți, doamnă Maryse. Și-apoi, vreau să vă mulțumesc. Pentru că mi-ați auzit dorința. Mulțumită dumneavoastră, o să pot zbura până la cer.

Am pretextat că aveam o întâlnire ca să pot pleca. Aveam nevoie de liniște în mintea mea ca să plâng acolo, un pic...

O primă grefă de măduvă eșuase. Starea fetei îmi dădea de înțeles că nu mai trebuia așteptat cu împlinirea visului său. Deși fragilă, Marie-Lou putea încă să facă față acelei aventuri. Discutasem despre asta cu Harold și cu Mégane. Amândoi își dăduseră consimțământul. Eu îmi asumam toate consecințele. Nu știu de ce, dar eram foarte încrezătoare. Poate că încrederea ei — da, încrederea ta în mine, Marie-Lou — mă convinsese și pe mine! Și-apoi, mai era și Alexandrine, făcătoarea de minuni.

Ziua în care am început să mă iubesc cu adevărat

Pe 6 aprilie, cu două zile înainte de Paște, buletinele meteo prevedeau pentru duminica pascală un cer perfect senin. Și un vânt cât se poate de favorabil. Un moment ideal. Marie-Lou, spre marea mea surprindere, m-a întrebat dacă o puteam invita și pe Adélaïde.

— N-am uitat-o nicio clipă, doamnă doctor du Bonheur, aș vrea tare mult să vină și ea cu noi. Mi s-a părut atât de plină de viață! Îmi amintesc că-i plăcea mult de Charlot.

Charlot a intervenit și el, supralicitând:

— N-am mai văzut-o pe Adélaïde de cinci ani, *mom*. Mi-ar plăcea să aud ce mai zice. Plus că n-am aflat niciodată dacă tatăl ei i-a mulțumit din partea mea. Știu că tații mai uită... chiar dacă nu din vina lor. Vreau să mă asigur că nu și-a înregistrat în minte un film urât.

— După atâția ani, Charlot?

— Sunt filme care pot dura mult, mamă. Ani în șir. O viață întreagă chiar.

— Și tu, Charlot, mai ai multe filme în minte?

— Da, *mom*, dar acum știu cum să le opresc. Doctorul Paris m-a învățat un truc când ne pregăteam pentru congres. Trebuie doar să-ți spui: „Întoarce-te aici! Întoarce-te aici! Acum! Imediat!" Iar când revii într-adevăr aici, în prezent, cinema-ul din interiorul tău se oprește. Vreau să fiu sigur că așa e și la Adélaïde. Altfel, suferă degeaba.

Influența lui Georges — discretă și eficientă. Îmi dădeam seama că mintea mea era o cinematecă uriașă, cu o arhivă imensă, unde, la orice oră din zi și din noapte, rulau tot felul de prostii. Filme despre ce ar fi trebuit să fac sau să nu fac, să zic sau să nu zic. Despre fericirea aceea pe lângă care trecusem. Filme de groază... *Întoarce-te aici, Maryse, întoarce-te aici!*

Când am sunat acasă la Robert, mi-a răspuns Adélaïde. I-am recunoscut vocea după inflexiunile acelea luminoase. Înclinația ei firească spre încântare. Ceea ce alții numesc naivitate sau inocență. Un talent pentru bucurie. Mi-a prins invitația din zbor.

— Părinții mei vor vrea sigur să vină, la fel și surorile mele. Încape toată lumea în nacelă?

— Nu, nu e destul de mare, va trebui să negociem...

— Eu nu prea le am cu baloanele, doamnă doctor du Bonheur, sunt mai degrabă genul „cu picioarele pe pământ". Surprinzător pentru cineva de 15 ani, nu?

I-am spus de Marie-Lou. A urmat o tăcere lungă, de parcă nu mai era nimeni la celălalt capăt al firului.

— Adélaïde? Mai ești acolo? Adélaïde?

Inflamată, am insistat:

— Adélaïde? Mă auzi?

Mi-a răspuns o voce de femeie:

— Da, sunați-mă când va fi cazul.

În duminica Paștelui, la 5 dimineața, eram cu toții acolo. Alex mă avertizase că trebuia decolat devreme pentru a profita de un aer stabil, de o temperatură nu prea ridicată și de curenții favorabili. Momentul revederii a stat sub semnul pudorii. Copiii se salutau de parcă atunci făceau cunoștință. Adélaïde, în mod evident, își ținea elanurile în frâu.

— Ultimele vești de la tine, i-a zis ea lui Charlot, le-am primit prin tata. N-aveai de ce să-mi mulțumești. Eram îndrăgostită de tine. Și ți-am scris în continuare numele în caietele mele de școală. Acum știu că poți fi îndrăgostită la 10 ani la fel ca la 15.

Crescuse mult Adélaïde. Mai ales în felinitate. Ochii îi erau întunecoși precum intrarea într-o peșteră. Îți venea să fugi înăuntrul acelei priviri și să te adăpostești acolo de furtuni. Când am îmbrățișat-o, părul i s-a amestecat cu al meu. Nicio diferență, aceeași culoare: 90% cacao. I-am putut simți mirosul. Îmbătător. Un parfum natural. Mai subtil decât al lui Georges. Mai fin, mai profund. Un „Ho, ho, ho" de damă. Cu note de liliac și flori de măr. Și o piele netedă precum interiorul smălțuit al unei cochilii. Aproape mă bucuram că Charlot n-o putea vedea. Mă uitam lung la Adélaïde. Nimeni nu putea rivaliza cu așa o splendoare... Marie-Lou s-a apropiat de ea. Contrastul dintre cele două fete era sfâșietor.

— Mă bucur că ești aici.

— Și eu, a zis Adélaïde prinzându-i cu delicatețe mâna osoasă.

Alex ne aștepta.

— Tu o să te joci de-a „urmăritelea", Maryse. Adică o să urmărești balonul cu mașina, de la sol. Va trebui s-o iei și pe unde sunt drumuri, și pe unde nu sunt. O tai pe unde poți: câmpuri, terenuri virane, curți de case. Obiectivul este să menții contactul vizual. Dar o să ne auzim și prin stație.

Călăuzită din cer... Cum mi-ar plăcea să fiu, din când în când...

Închiriasem, pentru această ieșire în natură, o mașină de teren, un jeep Cherokee. Când am văzut câmpurile alea mocirloase, m-am felicitat pentru intuiția mea. Alexandrine, la rândul ei, se gândise la toate. Ne-a arătat rapid, mie și lui Robert, cum funcționa *walkie-talkie*-ul cu care aveam să ținem legătura între balon și mașină.

Când ne pregăteam să plecăm, am văzut-o că se duce în staul. A ieșit de-acolo cu o capră în brațe. A pus-o în spatele pick-up-ului, pe o pătură groasă de lână.
— O să fete din clipă-n clipă. Probabil când o să fim sus. Nu pot s-o las singură. E fata lui Minus.

Charlot s-a entuziasmat:
— O să fiu străunchi!

Nu-mi plăcea deloc. Făcusem niște cercetări, ca de obicei, și citisem pe internet că „pilotarea unui balon necesită un nivel foarte înalt de concentrare. Doar o atenție sporită, clipă de clipă, permite sesizarea celei mai mici schimbări a direcției și vitezei vântului". Alex era singura persoană adultă din balon și o simțeam foarte tensionată, fiindcă trecuse pe modul naștere.

Charlot, Marie-Lou și Adélaïde au urcat în camionul lui Alex. Mégane și Harold s-au suit rapid în vechiul lor Ford din anii '60. Alice, Robert, Rebecca și Cassandre s-au înghesuit lângă mine, în jeep. După câțiva kilometri pe un drum de pământ, am ajuns pe câmp. Apariția balonului va rămâne un moment de neuitat. Alex reconstituise la perfecție balonul tatălui ei: o imensă sferă transparentă. Copiii erau în extaz. Părinții, la fel. Bărbații se agitau în jurul obiectului. Făceau ultimele pregătiri.

— Sunt tații câtorva dintre copiii care au venit la aniversarea de 10 ani a lui Charlot! Îl țin minte pe taică-meu, iar de când el s-a dus, mi-au dat mereu câte o mână de ajutor. Ei mă „recuperează" după fiecare aterizare. Un mod de a se asigura că n-o să dispar.

Apoi, ridicând ochii spre cer, a adăugat:
— Asta fiindcă nu mă cunosc.

Alexandrine a transferat capra și pătura de lână pe podeaua nacelei. A apucat una dintre parâme și, cu o mișcare energică, le-a făcut semn celor trei adolescenți să se apropie.

— Haideți, copii, că n-avem timp de pierdut, decolăm!

Suflul balaurului, flacăra, decolarea: un spectacol olimpian. Rebecca și Cassandre s-au lipit de părinții lor. După câteva secunde de uimire, am dat fuga cu toții la mașini, ca s-o pornim într-un rodeo de urmărire.

Câteva minute bune, stația radio a rămas mută. Harold și Mégane se țineau după noi cum puteau. Vechea lor mașină de colecție țopăia printre gropi și dâmburi. Au trebuit să renunțe destul de repede — pană de motor.

Eu treceam peste porțiuni de zăpadă și de noroi, temându-mă ori c-o să derapăm, ori c-o să ne împotmolim. Din pricina copacilor și a dealurilor, nu era deloc ușor să mențin contactul vizual. Și iată că, dintr-odată, stația de emisie-recepție a început să hârâie: vorbea Charlot. Aproape că am pierdut controlul volanului...

— Și tu, Alexandrine, ai iubit pe cineva până acum?

Eram îngrozitor de jenată... Ce naiba făcea fiu-meu? Vocea lui Alex era blândă, imperturbabilă.

— Caprele, Charlot. Le iubesc de când mă știu. Nu e musai să iubești un om. Caprele sunt niște făpturi minunate. În capul lor nu există acel Egoman de care spui tu. Când sunt cu ele, nu am gânduri de genul: „Vai, nu-mi dau nicio atenție, nu sunt destul de frumoasă, destul de fină, destul de inteligentă".

La naiba! Aceleași cuvinte ca ale lui Marie-Lou... Eram oare singura care nu înțelegea? Dar ce Dumnezeu îmi lipsea?

— Înțelegi? a continuat Alexandrine. Și-apoi, dai uneori de așa niște oameni, încât chiar ajungi să preferi tovărășia animalelor. Dar nu mai vreau să spun nimic pe tema asta. E secretul meu. O să mai spun doar că animalele nu se mint niciodată pe sine. Cu ele, știi la ce să te-aștepți, pricepi?

— Da, nașă. Ar trebui să discuți despre asta cu maică-mea.

Mă simțeam pe cât de derutată, pe atât de jignită. O furie rece. Egoman trecuse la volan. Mergeam repede, prea repede. Înaintam pe drumeaguri înguste, acoperite cu piatră sfărâmată. Dar ce a urmat m-a dezarmat total:

— E adevărat, nașă, că tatăl tău a murit în balon? Cam ca Hamid, care s-a spânzurat, nu-i așa? Dar de ce a făcut-o?

Nu voiam ca Rebecca și Cassandre să audă continuarea. Numai că stația aia era imposibil de oprit. Alice m-a liniștit:

— Nu-ți face griji, Maryse... Tu condu, că de restul ne ocupăm noi.

Pe genunchii lui Robert, în *walkie-talkie*, vocea lui Alex abia se mai auzea.

— Taică-meu nu putea trăi fără maică-mea.

Mă întrebam dacă nu cumva uitaseră că auzeam tot.

— Taică-meu nu era în stare să se desprindă de ea. Parâmele care-i legau unul de altul erau înnodate, iar nodurile erau prea strânse. La un moment dat, trebuie să le tai, n-ai încotro. Taică-meu însă nu reușea s-o facă.

A urmat vocea lui Charlot.

— Fiindcă o iubea. De-asta nu putea s-o lase să plece?

— Dragostea nu-i totuna cu atașamentul, Charlot. Cred că, în ciuda vârstei tale destul de crude, știi deja lucrul ăsta. E suficient să mă uit la voi, la tine și Marie-Lou. Din păcate însă, am senzația că oamenii fac constant această confuzie. Amintește-ți ce spunea Hamid. Țin minte aproape cuvânt cu cuvânt: „Trebuie să fii foarte atent atunci când cineva îți spune: «Am nevoie de tine.» Poate că, până atunci, nimeni nu-ți mai spusese așa ceva. Și ai face orice pentru persoana care, în sfârșit, ți-o spune. Orice, numai să ți-o spună din nou. Te-ai arunca și-n aer".

Atunci a vorbit Marie-Lou:
— Și pentru mine e ultima călătorie, Alexandrine. Dar nu din aceleași motive ca la tatăl tău. Mai degrabă, dimpotrivă. La mine, chiar e vorba de desprindere. De dezlegarea parâmelor.

Apoi, adresându-i-se lui Charlot:
— Știu acum de ce am vrut să fac călătoria asta cu tine, Charlot. Ca să începi, din acest moment, să-mi dai voie să plec.

Stația a amuțit. Mă temeam să nu fi pierdut contactul radio.

Marie-Lou din nou:
— Ceea ce oamenii consideră a fi dragoste nu e o întâlnire de la egal la egal, ci o întâlnire de la ego la ego. Egoman contra Egoman. Angajați într-o bătălie fără sfârșit. Câștigă, pierd, fug, dar rămân mereu prizonieri ai nevoii de a se bate; fiecare vrea să arate că el are dreptate și că celălalt greșește. Nu cunosc pacea. Toată viața lor nu fac decât să treacă de la o luptă la alta, iluzionându-se că sunt într-o relație. Nu înțeleg că a iubi înseamnă, înainte de orice, a te elibera de tot ceea ce te ține legat; a nu mai fi prizonierul nevoii de a câștiga. Eu nu mai am nevoie să fiu iubită, Charlot, și niciodată nu m-am simțit atât de vie.

Pentru o fracțiune de secundă, am crezut că văd plutind prin aer stiloul și călimara pe care mi le dăduse Hadrien. Și vorbele lui izbindu-se de parbriz: „Cadoul acesta, doamnă doctor Maryse, nu e ca să vă amintiți de mine, nu sunt atât de important. El e doar tandrețe".

Apoi Marie-Lou a adăugat:

— Astăzi, știu ce înseamnă „a se iubi pe sine". E atunci când nu mai există niciun „eu" care să se lupte cu tot felul de suferințe, cu disprețul, cu frica de a dispărea sau de a fi uitat. Doamna doctor Maryse, fără să știe, m-a ajutat să mă iubesc cu adevărat. I-am spus asta. Și aș vrea tare mult să înțeleagă, ca să se iubească și ea cu adevărat. Doamna doctor Maryse, vă vorbesc din înaltul cerului. Știu că mă auziți. Știu acum că, în ziua în care m-am iubit cu adevărat, nu mai exista niciun „eu". Doar o prezență iubitoare...

În acel moment au intervenit niște behăieli puternice: durerile caprei. Alex estimase corect, fătatul avea să se producă în aer. Obstetriciana a schimbat brusc tonul:

— O să am un pic de lucru, copii. Dar totul o să fie bine.

Marie-Lou insista s-o ajute.

— Vreau măcar o dată în viața mea, Alexandrine, s-ajut și eu pe cineva să vină pe lume.

— Ai făcut-o deja mai mult decât crezi, draga mea.

Apoi, behăieli. Multe behăieli. Numai behăieli. Ale caprei. Ale vântului. Ale lui Alex. Și ale noastre!

Când am cotit-o după un deal, am văzut că balonul se apropia periculos de niște linii de înaltă tensiune. Robert, cu *walkie-talkie*-ul lipit de buze, îi ordona lui Alex să preia din nou frâiele navigării. Ea însă nu părea să țină seama de recomandările lui. Balonul își vedea singur de drum. Printre zbieretele caprei, îl auzeam pe Charlot:

— Ce frumos, ce frumos!

Apoi, vocea lui Adélaïde:

— Preiau ştafeta, mă ocup eu de balon. Am văzut cum făcea Alexandrine, o să pot şi eu. Aveţi încredere în mine!

Am auzit atunci balaurul scuipând foc. Balonul a luat altitudine. La ţanc. În maşină, Rebecca şi Cassandre îşi aplaudau frenetic sora... Alexandrine a strigat: „Bravo, frumoaso!" Nu mai ştiam dacă i se adresa caprei sau lui Adélaïde.

În staţie s-au auzit brusc nişte behăieli ceva mai ascuţite. În spatele lor, Marie-Lou strigând:

— E băiat!

Alex a trecut din nou la comanda navei. Cânta cât o ţineau plămânii. Bach!

După câteva minute a anunţat:

— E timpul să coborâm, copii. E un teren acolo, uite, care pare numai bun. Şi acum, regulile: picioarele paralele, genunchii îndoiţi, mâinile încleştate.

M-am uitat rapid în oglinda retrovizoare şi le-am văzut pe Cassandre şi Rebecca îndoindu-şi genunchii. Am strâns de volan.

Când am ajuns în dreptul zonei de aterizare, am putut vedea nacela răzuind pământul câţiva metri, apoi culcându-se pe o parte şi oprindu-se pe loc. Copiii au început să râdă când au auzit ultimele recomandări ale lui Alex: „Nimeni nu părăseşte nacela fără permisiunea mea!" Erau deja cu toţii jos, ţopăind în jurul ei. Alex bombănea!

Cât despre mine, pentru prima dată, auzeam o muzică de Bach în mijlocul behăielilor.

Charlot ţinea ieduţul în braţe. Povestea se repeta.

— O să-l cheme Plus, a anunţat Marie-Lou.

— De ce? am întrebat eu prosteşte.

Spre surprinderea mea, Marie-Lou m-a strâns în brațe, m-a sărutat pe amândoi obrajii și mi-a șoptit la ureche:

— Fiindcă grupa mea sanguină e O pozitiv, doamna doctor Maryse, nu mai țineți minte?

Charlot i-a dat lui Alexandrine iedulul, să-l țină ea în brațe. M-am apropiat atunci de fiul meu.

— Ia zi, dragule, cum era acolo sus?

— Am văzut vântul, mamă. Va trebui să încerc să-l sculptez...

Maryse mi-a povestit tot. Zborul cu balonul. În cele mai mici detalii.

Am reținut o frază a lui Marie-Lou: „Ceea ce oamenii consideră a fi dragoste nu e o întâlnire de la egal la egal, ci o întâlnire de la ego la ego".

O nestemată. Ea a înțeles ce anume ne împiedică să ne apropiem, pe mine și du Bonheur.

Marie-Lou ni se adresa nouă... Ne călăuzea din cer.

Ea știe. Și Charlot știe. Au doar 15 și 16 ani, iar în timp ce-și îmblânzesc teama de a fi îndepărtați în orice moment unul de altul, observă și teama noastră, a mea și a lui du Bonheur, de a ne apropia. O simt, această frică, și n-o înțeleg. În vreme ce ei își consacră tot timpul doborârii ultimelor bariere care-i mai despart, noi ni-l petrecem pe al nostru construind unele noi, în fiecare zi.

Aud amândoi ce prostii ne spunem. Hai să nu ne mai lăsăm duși de val, du Bonheur! Hai să ne trezim!

— Nu, mamă! Nu vreau niciun cuptor profesional ca să-mi coc sculpturile, pe mine tocmai fragilitatea lor mă interesează!

Refuzul era cât se poate de clar. Tocmai îi povestisem fiului meu o discuție pe care o avusesem de dimineață cu Loïc, tatăl uneia dintre tinerele mele paciente.

Loïc e un tip care te intrigă, foarte chipeș, la vreo 40 de ani. O energie puternică — genul de bărbat care place femeilor fără să știe, fără să vrea. Vorbește puțin. Tăcerile lui mă atrag, ca toate acele locuri unde n-ai voie să intri.

O tratam pe fiica lui, Clarisse, de mai mulți ani. Aceasta avea nu doar aceeași vârstă ca Marie-Lou (și ca neuitatul Hadrien), dar și aceeași boală. Viața însă părea să le fi rezervat niște sorți diametral opuse. În timp ce Marie-Lou se stingea, Clarisse ieșea din infern. Organismul ei se înzdrăvenea, celulele canceroase din sânge dădeau bir cu fugiții. Niciun succes nu mă făcea totuși să-mi dau vreo clipă uitării eșecurile.

În luna aprilie, Loïc și fiica sa au venit la spital în mai multe rânduri. Niște analize pentru ea și niște vești bune pentru ei. Într-o dimineață, după ce a auzit cuvântul „VIN-DE-CA-RE!", Clarisse a sărit de gâtul meu, în cabinet! Descumpănită de acea explozie de bucurie și de spontaneitatea ei, am lăsat să-mi scape un „Te iubesc,

Clarisse". Apoi, cu mâna la gură și prinsă parcă în flagrant delict, m-am simțit obligată să adaug:

— Iartă-mă, nu știu ce mi-a venit.

— Ce absurd, doamnă doctor Maryse, să vă cereți scuze că iubiți... Și eu vă iubesc...

Tăcere. Privirea lui Hadrien. Fasciculul de lumină. Elicopterul.

— Ai dreptate, frumoaso. N-ar trebui niciodată să ne cerem iertare că iubim.

Nu mai simțeam nevoia de a fi importantă în ochii lui Clarisse. Mă uitam la ea, la bucuria ei, și nu-mi mai trebuia nimic altceva.

Loïc era la fel de surescitat ca fiica sa. Limba i se dezlegase, iar asta mă tulbura. Mintea lui avea finețea celei a lui Georges, îi percepeam senzualitatea gesturilor, îi admiram frumusețea chipului. Ceva nou în viața mea. Privirea lui, spre deosebire de cea a psihiatrului, nu mă dezbrăca până la inimă. Se oprea la nivelul pielii. Și, spre marea mea surprindere, apreciam acest lucru. Ca și în cazul lui Georges, pe vremea când eram stagiari, iar el nu devenise încă psihiatru. În ochii lui Loïc se citea dorința. Iar ai mei încercau să-i răspundă. *Da.*

Georges devenea agitat în prezența lui Loïc. Nu era nevoie de antene de psihiatru ca să percepi ceea ce degajau trupurile noastre: Loïc și cu mine nu încercam să fim discreți. Privirile ni se mângâiau, pur și simplu. Iar Georges nu suporta asta.

O știa bine pe Clarisse. O adolescentă dezghețată, mult mai volubilă decât tatăl ei. Pe mine mă ducea cu gândul la Adélaïde: aceeași energie vitală, același entuziasm. Frumusețea tatălui într-un chip de fată.

Georges fusese alături de ea vreme de mai multe luni, când ea se întreba care era partea sa de vină în despărțirea alor săi. Îmi povestise unul dintre dialogurile lor de atunci.

— Oare cancerul meu le-a ucis dragostea, domnule doctor Georges? Oare cancerul poate omorî iubirea?
— Dacă ți-aș spune că da, frumoaso, cum te-ai simți?
— Tristă.
— Crezi că din vina ta ai făcut cancer?
— Nu știu, aud atâtea...
— Cancerul e inima ta, scumpo?
— Ce vreți să spuneți, domnule doctor?
— Ascultă-mă cu atenție, cancerul e inima ta?
— Nu, domnule doctor.
— Mai spune-o o dată, frumoaso, mai spune-o o dată!
— Nu, domnule doctor, nu! Cancerul nu e inima mea!
— Perfect! Nu tu ești cauza acestei boli, draga mea. La fel cum cancerul nu e cauza despărțirii părinților tăi. Tu nu ești cancerul. El e o boală care ți-a afectat sângele, dar asta nu înseamnă că tu ești el. De altfel, n-ar trebui spus niciodată „cancerul meu", ci „cancerul de care sufăr". Înțelegi ce-ți spun, Clarisse?
— Da, domnule doctor, înțeleg. Nu știu de ce, dar îmi face foarte bine când vorbiți cu mine. Mă simt mai puțin bolnavă.

Fata rămăsese cu totul în grija lui Loïc. Mama lui Clarisse fusese declarată inaptă din motive asupra cărora Loïc păstra o discreție absolută. La sfârșitul lui aprilie, după ce trecuse pe la centrul de recoltări, Clarisse voise s-o vadă pe Marie-Lou, internată iarăși pentru un nou tratament — nu abandonasem lupta, încă mai credeam în şansele de reuşită. Cele două fete se cunoscuseră la spital, iar între ele apăruse acea complicitate frumoasă pe care o creează uneori boala.

Când Clarisse a intrat cu tatăl ei în salonul lui Marie-Lou, eram şi eu acolo. Charlot rămăsese acasă să se odihnească, după ce-şi veghease iubita toată noaptea. Clarisse i-a luat mâna lui Marie-Lou şi şi-a pus-o pe obraz. O încercare, poate, de a o pune în contact cu sănătatea ei recâştigată. Şi de a i-o transmite.

— O să reuşeşti, Marie, uită-te la mine, tu o să fii următoarea care-şi recapătă forţele.

Mă gândeam la Adélaïde care vrusese să-i dea un ochi lui Charlot. Marie-Lou şi-a pus mâna pe mâna prietenei sale.

— Merg spre cea mai mare dintre toate vindecările, Clarisse, aia care te eliberează. Momentul ăla când eşti eliberată chiar şi de dorinţa de a te vindeca. Îţi mai aminteşti de Egoman? Acum pot să-l văd când pune stăpânire pe gândurile mele şi o bagă pe-aia cu „De ce eu?" pentru a fi compătimit.

Apoi, preluând vorbele lui Georges, a continuat:

— Cancerul nu e inima mea. Iar inima mea e acum în mâna ta.

Lui Clarisse i se prelingea o lacrimă pe obraz. Am tras perdeaua ca să protejez acel moment special. Fetele se îngrijeau una pe cealaltă. Loïc a dat din cap aprobator. Apoi s-a întors către măsuţa de lemn pe care, aliniate la perete, se aflau trei sculpturi ale lui Charlot.

— De câte ori treceam prin faţa salonului lui Marie-Lou, privirea mi se oprea asupra acestor trei statuete. Pot să le ating? Nu vă fie teamă, n-am să le stric.

— Vă rog.

Cu delicatețea unui ceasornicar, a luat lucrările una câte una și le-a mângâiat.
— Cine a sculptat astea?
— Charlot, fiul meu.
— Câți ani are?
— Are 16.
— Vreți să spuneți că... E tânărul cel orb?
— Da.
— E orb complet?
— Da.
— Mai sunt și alte sculpturi?
— O casă plină!
— Nu pot să cred! a zis el clătinând din cap.
Apoi a adăugat:
— Doamnă doctor Maryse, eu dețin o galerie de artă. Am norocul să meargă destul de bine. Mi-ar plăcea să expun lucrările fiului dumneavoastră. Și chiar din toamna asta, de ce nu? Ați fi de acord?
— Trebuie să vorbesc cu el, i-am zis eu, perplexă.
Mi-a întins cartea lui de vizită: *Galeria Loïc Lambert, picturi și sculpturi.*
— N-o fac din recunoștință, doamnă doctor, deși de câteva ori mi-a venit să vă pup picioarele ca să vă mulțumesc pentru tot ce ați făcut pentru fiica mea. Sper că nu v-ați supărat...
Mă îndoiam, într-adevăr, de interesul pe care-l arăta pentru talentul lui Charlot. Vedeam în acea invitație mai degrabă o stratagemă, o manevră pentru a mă seduce. Bărbații au această manie supărătoare de a-ți oferi o mână de ajutor pentru a te aduce în patul lor... Trec prin altruism pentru a-și satisface dorința.

În apropierea prânzului, m-am dus după Charlot. Avea o programare la dentist. I-am povestit de Loïc, de Clarisse, de galeria de artă şi de posibilitatea unei expoziţii în luna septembrie. Eram extaziată. La fel de inflamată cum aş fi fost dacă aş fi crezut cu adevărat în acel proiect. Îşi băgase coada propria-mi dorinţă! Şi-n plus, hotărâsem să-l pun la încercare pe Loïc, să mă folosesc din nou de puterea farmecului personal. Un vechi obicei de care învăţasem totuşi, încet-încet, să mă dezbar. Dificilă treabă; nu renunţi la seducţie aşa, peste noapte. Mai ales când aparenţa, ca să preiau cuvintele lui Georges, a devenit o identitate. Când un rid devine inamicul ultim, întrucât anunţă moartea a ceea ce eşti. O prostie, ce mai! Ignoranţă crasă. Nesocotirea faptului că adevărata identitate stă în puterea de a fi acolo; când o Clarisse sare de gâtul tău, iar tu îi spui „Te iubesc, Clarisse". Cu sau fără rid!

— A fost entuziasmat de lucrările tale, dragul meu. Eşti un geniu. Ştiam de mult asta.

După care:

— O să-ţi trebuiască un cuptor profesional, dragul meu!

Sprâncenele, fruntea lui Charlot; întregul lui chip îi arăta mirarea. Cutele îndoielii.

— Ia zi, *mom*, cum arată acest domn Loïc? Descrie-mi-l şi mie. Eşti sigură că nu pe tine a pus, de fapt, ochii? Oare nu se foloseşte de mine ca să ajungă la tine? Nu am încredere în bărbaţi şi în dorinţele lor. Sunt gata să facă orice pentru a-şi atinge scopul. Ştiu foarte bine, doar mă număr şi eu printre ei! Nu cred deloc în brusca lui pasiune pentru lucrările mele. Dar OK, hai să jucăm şi jocul ăsta. Facem echipă, da? Şi-o să vedem dacă vorbeşte inima din el sau numai libidoul. Deci sunt de acord în privința expoziției, dar nu și în privința cuptorului!

Dorințele bărbaților? Ce știa Charlot despre ele? Le cunoștea el mai bine decât mine? La urma urmelor, nu se culcase decât cu Marie-Lou!

— Trebuie să stai și să observi, mamă! Fricile, dorințele, totul! E și ăsta un mod de a fi în prezent! Să simți tot ce-ți străbate trupul, indiferent că e plăcut sau nu. Să fii atent la adevăr!

Stătusem eu vreodată să mă observ? Niciodată cu adevărat! N-aș fi putut descrie senzațiile care mă străbătuseră...

— Ca să poți trăi și mai intens acele senzații, mamă. Fără a deveni prizonierul lor.

Și dacă eu tocmai asta voiam, să devin prizoniera lor? Dorința avea acum în mine un nume: Loïc.

— Charlot, lucrările tale vor trebui transportate și riscă să se spargă, să se ciobească, să se facă praf și pulbere, deci fii rezonabil. Dacă le coci în cuptor vor fi mai rezistente.

— Marie-Lou îmi arată în fiecare zi ce înseamnă fragilitatea. A citit o carte despre moarte. Acolo se vorbește despre „impermanență". E o frază pe care am învățat-o pe dinafară. „Egoul se încăpățânează să-și confirme durabilitatea, imuabilitatea, perenitatea, în condițiile în care nimic nu durează pe această planetă. Orice formă pe care o ia viața are un sfârșit. Stejarul, albina, trandafirul." Tu ai văzut corpul lui Marie-Lou, *mom*? Te-ai uitat bine la el?

Părea supărat.

— Tu te mai uiți la pacienții tăi când s-au uscat aproape de tot, când mai au un pic până să se facă bucăți? Până să fie băgați în pământ? Tu te uiți la corpurile alea? Vezi frumusețea care mai licărește în ele? Frumusețea aia de dinainte de a se face totul scrum? Acea frumusețe vreau eu s-o sculptez, *mom*.

Îmbătrânea, fir-ar să fie, îmbătrânea! Se transforma în profesor. Vorbea ca Georges. Era pentru prima dată când remarcam lucrul ăsta. M-am întrebat dacă nu cumva o făcea dinadins.

— Am învățat la școală despre mitul lui Narcis. Cred că vechii greci îl cunoșteau deja pe Egoman. Narcis e o ființă total indiferentă față de ceilalți. Într-o zi se îndrăgostește de reflexia chipului său în oglinda unui iaz. Nu se mai poate desprinde de propria imagine. Se contemplă fără încetare. Uită să mai mănânce și să mai bea, iar în cele din urmă moare. Egoman n-a apărut de ieri, de azi. Dar nu știu de când a început să domine atât de autoritar mentalul oamenilor.

Am făcut tot posibilul să nu mă las enervată de tonul lui de magistru.

— Lucrările tale sunt foarte importante pentru mine, Charlot. Nu pot concepe ca sculpturile tale ar putea să dispară. La mine te-ai gândit?

— Da, m-am gândit la tine, și ți le dau ție pe toate! În speranța că ele îți vor aminti cât de important e să-ți reîndrepți atenția către aici și acum, clipă de clipă. Poate că ele te vor convinge să faci pasul ăsta. Prin fragilitatea lor și prin tot ce am pus eu în ele.

Brusc, zâmbea. Un zâmbet tandru. Și la fel de franc ca o oglindă.

— Mi-e teamă să nu te fi atașat de lucrările mele. Parcă te și aud comentând: „Artistul care le-a creat e fiul meu. Și-i orb, dacă vă puteți închipui!" Am dreptate, *mom*? Nu de mine vrei să-și amintească lumea — de fapt, e încă un număr de iluzionism care să-ți asigure ție perenitatea.

— E normal să mă mândresc cu tine, Charlot. Eşti fiul meu, copilul meu. Eu ți-am dat viață.
— Nu, *mom*. Iar te înşeli. Nu vreau să-ți ştirbesc cu nimic meritele, dar suntem nişte bucăți de stea. O ştii şi tu foarte bine, doar că nu-ți vine să crezi...

M-am dat bătută. Era mai tare decât mine.

— Într-o bună zi, sculpturile mele vor dispărea. Nici nu le-aş sculpta, dacă n-ar fi menite să dispară. Nimic nu e permanent. Ataşamentul omoară mai abitir decât cancerul. Ataşamentul față de idei, de opinii, de tot felul de lucruri. El te împiedică să iubeşti.

— Şi-atunci eu la ce mai sunt de folos?

M-a salutat aşa cum le salutase Hamid pe fiicele lui Robert când se întâlniseră prima oară, un fel de plecăciune în stil japonez.

— Când nu te conduce Egoman, îi eşti de folos vieții, pur şi simplu.

L-am sunat pe Loïc să-i spun că-i acceptam oferta (mă rog, că Charlot îi accepta oferta) și ca să-i mai aud vocea... Emoția plutea în aer, nu încăpea niciun fel de dubiu. M-a invitat să-i vizitez galeria.

— Ați putea veni după închidere. Mi-ar face plăcere să vă arăt cam despre ce-i vorba acolo.

M-am hotărât să mă duc singură. Să nu-i spun nimic lui Charlot. Am optat aproape inconștient — nu chiar, dar în fine — pentru bluza aceea la care pot deschide discret primul nasture. După aceea, e suficient să mă aplec puțin... Și se vede aproape tot sau aproape nimic. Vechea strategie a mănușii sau a batistei, reinventată.

Când am ajuns, plecase și ultimul vizitator. Eram singuri. N-aș putea să descriu galeria. Eram toată un trup fremătând. Și o inimă ale cărei bătăi mă temeam — dar și speram, în același timp — că se pot auzi din interiorul clădirii. Ce era cu înfierbântarea asta bruscă? M-am oprit în loc. Ca să savurez mai bine starea aceea plăcută. Excitarea care-mi reinvada celulele după ani întregi de amorțire. Învățăturile lui Charlot prindeau formă în interiorul meu: îmi observam dorința. Nu mai aveam niciun chef de jucat teatru. Până la urmă, mi-am lăsat închis nasturele de la bluză.

De cum am intrat, i-am văzut fața. Știa de ce sunt acolo. Dorințele noastre se înțeleseseră deja între ele, pe tăcute. Nu mai era nevoie să mă fac interesantă, să-mi afișez calitățile, să scap din mână cheile. Primele lui cuvinte au fost ca niște atingeri ușoare. Ca mângâierile privirilor noastre la spital. Înțelegeam totul perfect — limba care se avântă și se înfrânează, descoperind ceea ce numai ea poate vedea atunci când ochii sunt închiși. Un dialog al tuturor simțurilor; chiar și parfumurile noastre conversau, luându-ne-o înainte.

În timp ce eu tot oscilam pe dinăuntru, Loïc m-a prins de umeri și m-a întors încet spre el. Eram în dreptul unui mic tablou, o natură moartă: o pâine rotundă, niște pere, câteva perle și un pahar de vin pe jumătate umplut. Eram pregătită, cum nu se poate mai pregătită. Loïc mi-a ridicat fusta, rulându-mi-o în jurul mijlocului. Fermoarul a rămas neatins. I-am simțit degetul arătător strecurându-mi-se, ca un șarpe, pe sub chiloți. Cealaltă mână mi se plimba pe crupă de parcă străbătea un drum ale cărui peisaje le putea savura cu palmele. Vibram ca violoncelul lui Alex. Degetul mare i s-a lăsat în jos ușor, ca un fulg. Nicio mișcare. Doar o apăsare, discretă, delicată. O pulsație. Inima îi bătea toată în acel deget — ca un ecou al bătăilor mele de inimă. Mi-am pus o mână pe coapsa lui ca să mă sprijin, altfel cădeam. Cu cealaltă i-am mângâiat blugii până am simțit umflătura. Uneori, deschideam scurt ochii și priveam tabloul: perele prindeau viață, iar pâinea mi se părea caldă, abia scoasă din cuptor. Niciodată expresia „natură moartă" n-avusese atât de puțin sens.

Auzeam glasul lui Hadrien: „Simțiți ceva, doamnă doctor Maryse?" Simțeam tot, Hadrien! Loïc îmi desfăcea acum nasturii de la bluză. Al doilea nasture. O deschidere suficientă pentru a ajunge la sutien și a-mi elibera sânii. Se muta cu delicatețe de la unul la altul, mângâierile lui aveau blândețea unei consolări... S-a încleștat apoi în părul meu de parcă ar fi vrut să se țină — și el cădea. În timp ce-mi trăgea capul ușor pe spate, eu încercam să-i desfac cureaua. Degetele mele se enervau. M-a ajutat el. Pantalonii i-au căzut la picioare. I-am scos mădularul fără să-i dau jos boxerii. Acesta se bălăngănea și tresălta, de parcă ar fi fost prins cu un arc. Îl exploram. Loïc gemea. Mi-a scos chiloții cum desfaci funda unui cadou atunci când vrei să păstrezi prețiosul ambalaj. Și-a dat apoi boxerii jos și a împins de câteva ori din bazin. Vârful membrului său m-a străpuns, încetișor. Mâna mea pipăia, apăsa, mângâia, apoi l-am scos din mine și m-am întors cu spatele. Atunci am zărit masa aceea din mijlocul încăperii. O operă de artă care avea, pe post de tăblie, un conglomerat din litere de tiparniță din lemn, de diferite mărimi. Acestea formau diferite nume de scriitori. Mi-am dorit imediat să-mi așez fundul pe acel alfabet. Să simt limba franceză lingându-mă pe fese în vreme ce aceea a lui Loïc avea să-mi vorbească ceva mai intim — știam de câtă poezie era în stare. M-am întins acolo în timp ce cu unghiile întrețineam vârtoșenia erecției: „Ce-mi faci? Ce-mi faci?"... Era pentru prima dată când îmi vorbea cu „tu". Se terminase cu „doamna doctor Maryse". Apoi, brusc, s-a dat puțin în spate și s-a lăsat în genunchi. I-am simțit dinții mușcându-mi ușor interiorul coapselor, iar limba lui mă făcea să vibrez fără să mă atingă — trecând ușor peste vârful firelor de păr, probabil. Apoi aceasta a început să danseze, niște țopăieli ca de copil în jurul unui foc al bucuriei. Eram la limita unei dulci exasperări. Dezmierdările se intensificau, în ritmul gâfâielilor mele; le-au preluat crescendo-ul și s-au armonizat cu ele, până când coapsele au început să-mi tremure. Atunci și-a băgat mâinile pe sub fesele mele și m-a ridicat. Doar umerii îmi mai atingeau acum masa. Pântecul meu a urlat. Masa s-a deplasat. Loïc aproape că şi-a pierdut echilibrul. S-a redresat încleştându-şi mâinile în şoldurile mele, cu putere. Se uita cum tremur. Mădularul său îmi arăta dorinţa arzătoare de a mă pătrunde. Îl ţineam în loc cu mâna, îmi plăcea rigiditatea lui. „Nu mai pot, Maryse, nu mai pot!" L-am introdus în mine şi mi-am înfipt unghiile în fesele lui. Pântecul meu a urlat din nou. De astă dată, în acelaşi timp cu al lui.

N-am vorbit nici despre dragoste, nici măcar despre o viitoare întâlnire. Nicio cerere, nicio aşteptare, nicio exigenţă. Întâlnirea aceea, în momentul acela, fusese completă. Liberă. Ştiam amândoi că nu era vorba nici de un început, nici de un sfârşit. Era doar viaţă eliberată de opreliştile lui „eu, eu, eu". Viaţa pe măsura celulelor care comunică între ele.

Am plecat spunându-i, cu un zâmbet larg, că galeria avea să fie perfectă pentru expoziţia lui Charlot.

Odată ajunsă la maşină, am urcat la volan şi am stat o vreme aşa, aşteptând. Simţeam o profundă plenitudine. Nu mă mai interesa să fiu cea mai mare sau să fiu cineva, deşi aş fi putut să mă-ntreb ce credea Loïc despre mine — dacă „doamna doctor Maryse" pierduse din respectul lui, dacă îi mai venea să-mi pupe picioarele în semn de mulţumire. Eram în sfârşit goală de orice frământări. Simţeam numai o prezenţă totală, o uşurătate care-mi mângâia dinăuntru întreg trupul. Iar în pântec simţeam răsuflarea unui balaur, aerul acela fierbinte care face baloanele să se ridice în văzduh. În mod ciudat, când am răsucit cheia în contact, mi-a apărut în minte faţa lui Georges — barba lui, părul, cântecul lui Reggiani pe care-l tot fredona: *„Suntem vii,* Maryse, *suntem vii!"*

Du Bonheur mi-a zis ce a întrebat-o Tom Degețel în urmă cu câteva luni. De ce nu mi-a povestit despre asta mai devreme? Se temea oare c-o să mă simt vizat?

După cum o văd, s-ar zice că trăiește ceva ce eu nu i-am putut inspira niciodată, cel puțin nu la intensitatea asta, un fel de deșteptare senzuală.

Întrebarea lui Charlot mi s-a părut un pretext ca s-o ajut pe dânsa să-și înțeleagă mai bine noile sentimente. „Explică-mi și mie, mom, *de ce tata și cu tine ați încetat să vă mai iubiți? Ce fel de iubire e asta care se poate opri la un moment dat? De ce l-ai părăsit? Din cauza egoului tău? Eu nu vreau să trăiesc așa ceva cu Marie-Lou."*

— Ce i-aș fi putut răspunde, Georges?

Simțeam că ce căuta ea nu era doar un răspuns pe care să i-l dea lui Tom Degețel. Are niște priviri pe care nu i le-am mai văzut niciodată. Sunt pentru tatăl uneia dintre pacientele ei. E un bărbat frumos. Are noroc tipul. Asta nu-i gelozie, e o constatare.

S-a folosit de întrebarea lui Charlot fiindcă are niște intenții. E clar, doar sunt expert în intenții.

I-am zis, luând un fals ton profesional:

— Ai fi putut să-i spui că Egoman intervine în poveștile de iubire și le contaminează. Așa cum a făcut cancerul cu sângele lui Marie-Lou. Și că probabil tocmai de-asta iubita lui înțelege ce înseamnă „să iubești". Marie-Lou nu se teme *să dispară: Egoman nu mai are putere asupra ei. Ea ştie cum să fie aici, clipă de clipă. E capabilă să vadă egoul de cum începe să-i infecteze gândurile. Şi poate râde de strădaniile acestuia de a-şi aroga o identitate, inclusiv de încercarea lui de a se folosi de boală pentru a deveni cineva — cu orice preţ!*

Tu zici că, la 15 ani, nu putem încă iubi: prea tineri, prea mulţi hormoni, prea multă dorinţă. Tu zici: Asta nu poate fi iubire! Prea tineri ca să iubim, Maryse? Dar tu, la vârsta ta, ştii mai multe despre iubit?

Eu eram cea care trebuia să hotărască. Nu reuşeam însă nicicum. Pentru cât mai avea de trăit, era nevoie în mod evident de nişte tratamente paleative. Numai că nu reuşeam să autorizez transferarea. Făcusem din lupta ei cu cancerul o luptă a mea. Şi refuzam să mă recunosc învinsă.

O vedeam cum se dezintegrează. De la o zi la alta, obrajii i se topeau. Oasele umerilor şi şoldurilor erau vizibile cu ochiul liber. Sânii îi dispăruseră, ajungând în mod misterios să se confunde cu suprafaţa, de-acum scobită, a toracelui.

Uneori, la cererea lui Marie-Lou, Charlot o transporta în braţe. Mama tinerei îl ghida cu cotul. Nu era uşor, în salonul acela îngust. Marie-Lou simţea nevoia să fie legănată. Cum spunea Georges: „E uşoară ca un fulg de zăpadă".

— Poţi să mă duci afară, dragul meu, ca să iau o gură de aer? Dacă nu sunt prea grea...

— Singurul moment când mi se pare că eşti grea, Marie, e atunci când mă gândesc la ziua în care nu vei mai fi în braţele mele.

— Du-mă să miros parfumul primelor flori de liliac, Charlot. Sunt câteva tufe la intrarea principală, de-o parte şi de alta a scării. Vreau să mă topesc în mireasma lor, ăsta-i începutul noii mele vieţi. Şi te voi putea lua în continuare în mine de fiecare dată când îți vei băga nasul în florile lor.

Felul ăsta de a se adresa unul celuilalt — „iubitul meu", „draga mea" — mă enerva la culme. Cuvintele alea erau prea mari pentru ei! Și totuși, în mod ciudat, în spatele acelor vorbe se simțeau niște tineri într-adevăr îndrăgostiți. Cum era cu putință una ca asta? Cum făceau oare? Îmi ziceam: la ce bun să le distrugi iluziile, e tot ce le-a mai rămas... În orice caz, nu le poate face mai rău decât realitatea.

În timp ce Mégane îi servea de călăuză lui Charlot, eu îl țineam de braț pe Harold. Bietul de el părea dus cu totul. Se clătina, se izbea de mobile. Parcă și-ar fi dat la schimb propria lume pentru cea a fiului meu. Să fi fost oare un subterfugiu al minții sale pentru a se apropia de propria-i fiică? Nimeni nu știe până unde poate merge teama de a-l pierde pe cel de lângă tine...

— Nu se poate ca fata mea să se ducă înaintea mea, spunea el, nu vreau să văd așa ceva.

Bietul Harold folosea din ce în ce mai des limba semnelor... chiar și cu cei care n-o cunoșteau deloc. Un mod de a se întoarce la vremurile când fata lui încă se mai bătea pentru viață.

Micul nostru cortegiu s-a îndreptat spre intrare. Marie-Lou avea dreptate: încă de la primele trepte am văzut florile de liliac, strălucitoare, oferindu-se ca un dar. De obicei intram prin parcare, așa că mă privasem de acel spectacol. Dar cred că și dacă aș fi intrat pe poarta principală, tot nu le-aș fi observat. Egoman nu are timp de pierdut cu tufele de liliac...

Lui Charlot i se ascuțiseră simțurile. Orb fiind, știa exact la ce distanță erau florile. Fără a se opri cu adevărat din legănatul lui Marie-Lou, a apropiat fața tinerei de ciorchinii violacei.

— Inspiră, draga mea, inspiră!

În timp ce ea inhala mirosul primăverii, el își lipea nasul de capul chel al iubitei sale. Îi amușina craniul de jur împrejur, ca un câine de urmă pornit în căutarea unei persoane dispărute. Îi adulmeca mirosul, trăgând adânc aer în piept.

— Nu există nicio floare pe pământul ăsta care să aibă un parfum atât de minunat! a zis el.

Apoi a început să plângă.

Până la urmă, am semnat hârtiile de transfer la o unitate de îngrijiri paleative.

Charlot sculpta în continuare trupul iubitei lui. Era modul său de a rămâne împreună cu ea: o mângâia, o masa. Degetele lui rețineau totul. Chiar și privirile. Sculpturile îndreptau spre noi exact acele priviri.

Charlot capta formele trupului pe moarte al tinerei întinzându-se pe pat lângă ea; apariția progresivă a coastelor, osatura care se chircea, carnea care se împuțina. Lutul îi permitea transpunerea la perfecție a fragilității pielii. Puteai ghici acolo fiecare kilogram pierdut.

— Fiecare clipă alături de Marie-Lou e o clipă de grație, *mom*. Eu nu-i mai cer nimic, dar iau totul.

Când nu era cu ea, lucra. Aproape că nu mai mânca și nu mai dormea deloc.

— Nu mi-e nici foame, nici somn. Iar până o să se ducă, prezența mea îi va fi rezervată ei cu totul.

Casa noastră semăna tot mai mult cu un muzeu. În toate încăperile, inclusiv în băi, erau expuse o mulțime de statui, unele de câțiva centimetri, altele în mărime naturală. Charlot surprindea toate etapele drumului către dispariția totală. Lucrările erau de un realism răvăşitor. Vedeai, în argilă, întreaga evoluție a bolii. Uneori, aducea lucrările mai uşoare la spital. Le ținea în mâini ca pe nişte păsări rănite. Marie-Lou se minuna de fiecare dată:

— Asta sunt eu?

— Da şi nu. Eu sculptez ce mă înveți tu: detaşarea, desprinderea. Mă rog, încerc.

Ea îi zâmbea. Chipul ei era tot numai un zâmbet.

— O să reuşeşti, sunt sigură.

În ziua când Charlot a împlinit 16 ani, la întoarcere după călătoria cu balonul, Marie-Lou îi făcuse cadou un hamster într-o cuşcă de metal.

— Îl cheamă Bénadryl. Un nume de leac împotriva alergiilor, a insomniei şi a tot ce nu te lasă să respiri. O să-ți țină companie după ce eu nu voi mai fi.

Un pretext pentru a discuta din nou despre ceea ce ea numea „cea mai de preț descoperire din viața ei".

— Când încă mai eram în stare să te însoțesc în cercetările tale, ieşeam adeseori să mă plimb pe străzi. Aşa îmi veneau mie ideile. Într-o după-amiază, când treceam prin dreptul vitrinei unui magazin de animale, privirea mi-a fost atrasă de un hamster care alerga de zor în roata lui. Atunci m-a fulgerat un gând: şi dacă Egoman ar avea un animal de companie? Dacă i-am desena unul? Echivalentul unui câine de pază... Un hamster de pază? În loc să schelălăie, ar învârti la roata lui şi ar fabrica o mulțime de gânduri inutile, acolo, în mintea oamenilor. Gânduri legate de senzația că şi-au ratat viața. Că n-au fost ce ar fi putut să fie sau că niciodată nu vor ajunge cum şi-au dorit. Fără să se deplaseze câtuşi de puțin, el n-ar face decât să producă nişte scenarii catastrofice... M-a umflat râsul, singură în fața vitrinei, şi n-am putut să rezist. Abia așteptam să ți-l fac cadou. L-am ținut la ai mei de-atunci și până acum.

— Un nou prieten!

— O să dispar curând, Charlot, n-o mai duc multă vreme. Dar Egoman vrea să continue. De fapt, nu se gândește decât la asta. Încă mă mai bârâie uneori la cap cu tot felul de lamentări, ca un disc zgâriat. *Nu vreau să mor chiar acum, mai am atâtea lucruri de făcut: cărți de citit, țări de vizitat, oameni de cunoscut, mâncăruri de gustat, cântece de ascultat... De ce eu? Am făcut tot ce ținea de mine pentru însănătoșire! Tratamente, alimentație, odihnă... Doctorii de ce nu pot să facă nimic? Și dacă aș fi tratată într-un alt spital? Nu cumva Maryse e o incompetentă?*

Îmi venea să mă apăr, ca în urmă cu câțiva ani, la căpătâiul lui Hadrien, dar acum știam cine era la butoane și, chiar dacă mă simțeam — pe nedrept — atacată, nu mai reacționam chiar așa, la sfert de cheie...

Mâna lui Marie-Lou — o ramură de viță-de-vie în noiembrie — l-a mângâiat ușor pe obraz pe Charlot.

— Nu-l lăsa să pună stăpânire pe gândurile tale, întoarce-te la clipa prezentă!

— Nu pot s-o fac, Marie. Nu mai sunt în stare.

— Ba da, fă-o chiar acum!

Ce a urmat m-a marcat ca un fier înroșit în foc. Revăd adesea scena aceea. Mă ajută atunci când uit să fiu prezentă, adică de nenumărate ori în fiecare zi.

L-am văzut pe Charlot închizând ochii și cufundându-se în tandrețe, cea descrisă de Hadrien în lecția de viață pe care mi-o servise... Cutele de pe frunte i se ștergeau, mușchii i se destindeau, tot trupul i se relaxa.

— Ai dreptate, Marie, încă mai pot s-o fac. Fiindcă ești tu aici.

Ramura de viță-de-vie îl mângâia în continuare pe obraz.

— Trebuie să te antrenezi pentru când eu nu voi mai fi aici. Să urmărești cu atenție alergatul lui Bénadryl, să te așezi în fața cuștii și să închizi ochii, în fiecare zi. Măcar o dată pe zi. Promite-mi! Ca să auzi zgomotul ăla repetitiv, obsesiv, pe care-l face. O să-ți aduci aminte că alergatul acela te împiedică să fii aici, în prezent. Că îți mobilizează întreaga atenție și te privează de bucuria de a iubi și de a crea.

— Am înțeles, Marie-Lou. Îți promit!

— Trebuie să descoperi momentele când Egoman face din tine ce vrea el, când devii jucăria lui. Va trebui să le sesizezi cât mai rapid cu putință și să-ți zici imediat: „Întoarce-te aici, întoarce-te aici"... Cum ne-a învățat doctorul Georges când ne pregăteam pentru congres.

Charlot a început să murmure:

— Întoarce-te aici... întoarce-te aici...

— Nu uita niciodată *să te întorci aici,* Charlot, clipă de clipă. În mâinile tale, urechile tale, buzele tale. În fiecare dintre pașii tăi, dintre gesturile tale, în fiecare inspirație și fiecare expirație. Fă-o cu adevărat!

Charlot se crispase, dar murmura în continuare:

— Întoarce-te aici, întoarce-te aici...

— Trebuie să te deschizi iubirii, Charlot, a continuat Marie-Lou. Nu în sensul pasiv de „lasă pe altcineva să te iubească", ci în sensul activ de „conectează-te la capacitatea ta de a iubi".

Charlot murmura mai departe:

— Întoarce-te aici, întoarce-te aici...

De parcă s-ar fi adresat atât iubitei lui, cât și lui însuși. Marie-Lou părea să nu-l audă.

— E cu totul altceva decât să aștepți să te iubească cineva. Aici e vorba de emanat, de radiat, de răspândit în jur, ca parfumul florilor de liliac.

Cuvintele lui Charlot se repetau ca o mantră.

— Întoarce-te aici, întoarce-te aici...

După trei zile de îngrijiri paleative, Marie-Lou a cerut s-o vadă pe Adélaïde. L-am sunat imediat pe Robert. În seara aceleiași zile, frumoasa brunetă era acolo, în compania tatălui ei.

— Îți mulțumesc că ai venit, Adélaïde. Nu ne-am văzut prea des noi două, dar îmi place mult bucuria ta.

Apoi s-a întors spre Charlot.

— Nu vreau să vă forțez, dar mi-ar plăcea ca voi doi să fiți prieteni. Deja sunteți un pic, cred eu. Iar tu, Charlot, vei avea nevoie de o nouă asistentă pentru cercetările tale.

Marie-Lou a apucat mâna lui Adélaïde și a pus-o în cea a fiului meu. Acesta din urmă părea destul de stânjenit. Adélaïde stătea ca împietrită. Apoi cele două tinere s-au privit și au încuviințat din cap în același timp. Tocmai se semnase un acord pe tăcute. Charlot nu-și dăduse seama de nimic. Marie-Lou a spus apoi aceste cuvinte pe care n-am să le uit niciodată:

— Eu sunt un testament viu. Sunt tot ceea ce las moștenire. Iubirea, seninătatea, încântarea. Trebuie să înțelegi lucrul ăsta, Charlot.

După aceea a închis ochii și a tăcut. S-a retras în lumea tăcerii. Trebuia de-acum să se pregătească. Prezența o aștepta.

Două zile s-au scurs într-o atmosferă vătuită și reculeasă, ca de mănăstire. Georges ni s-a alăturat și el, unindu-și tăcerea cu a noastră. Mă uitam uneori la fața liniștită a lui Marie-Lou și nu mă puteam abține să nu mă gândesc la tot ce îndurase biata de ea. Furia mă năpădea în valuri. Georges mă bătea ușor pe mână, simțind cum urca în mine dorința aceea puternică de a urla împotriva nevăzutului.

Pe 9 mai, la lăsarea serii, Harold, ajuns la capătul puterilor, m-a întrebat:

— Nu i-ați putea curma suferința, doamnă doctor Maryse? N-ar fi vorba de o crimă, doar e ca și cum s-a dus deja.

Georges s-a oprit din delicatele sale mângâieri repetate și m-a apucat de mână. Nu mi-o strângea, o încălzea. M-am gândit o fracțiune de secundă să prescriu o doză mai mare de morfină, dar Charlot a intervenit ca o veritabilă gardă de corp.

— Să nu faci una ca asta, mamă!

S-a dus lângă pat și s-a întors spre mine, aproape amenințător.

— Prin răsuflarea asta, atâta câtă mai e, încă-mi vorbește. N-o face să amuțească!

În salon domnea o tensiune extraordinară. Spațiul de-acolo nu păruse niciodată atât de gol. Marie-Lou a rezolvat totul: a deschis ochii, a apucat un deget al lui Charlot, l-a dus în dreptul buzelor și a suflat asupra lui cu o delicatețe infinită. Ultimele ei cuvinte au fost: „Stai cu mine..."

A închis din nou ochii. Atunci procesul s-a inversat. Charlot se sufoca, iar ea îl ajuta să respire. Fiecare inspirație era o invitație de a o urma în înălțarea ei către pacea deplină.

Harold își rodea unghiile. Mégane se ruga. Adélaïde și tatăl ei se consolau reciproc. Georges mă mângâia pe mână. Charlot repeta întruna: „Întoarce-te aici, întoarce-te aici". Aerul ieșit din plămânii lui Marie-Lou ne guverna respirațiile; le dirija ca un dirijor de orchestră, le făcea să încetinească, le armoniza. De unde venea acea prezență? Nu mai exista decât comuniunea aceea dintre noi, de parcă ultimele eforturi ale lui Marie-Lou n-ar fi avut ca scop decât să ne adune pe toți laolaltă...

Egoman era mort de mult când tânăra și-a dat ultima suflare. Charlot s-a întins lângă ea.

În orele care au urmat, a trebuit să protejez sculpturile. Charlot mi-o luase înainte și, până să reușesc eu să-l opresc, distrusese deja câteva. Voia să spargă totul. Eu țineam la frumusețe, voiam s-o păstrez, dar el îmi spunea:

— Nimic nu e permanent, mamă, nimic! Mă auzi? Nimic!

Când în cele din urmă s-a calmat, s-a postat în fața cuștii lui Bénadryl. O pusese în salon, cu flori de jur împrejur. Un fel de memorial. Sprijinit cu ambele mâini în bastonul alb, nu s-a clintit de-acolo trei zile la rând. Se mai întindea uneori pe jos, ascultând sunetul roții învârtite din cușca animalului. Din când în când, îi lăsam discret, undeva lângă el, ceva de mâncare. În caz că... Nu se atingea însă de nimic. Când în cele din urmă adormea, îl acopeream cu o pătură. Repeta fără încetare „Întoarce-te aici, întoarce-te aici...", ca pe o rugăciune.

După șaptezeci și două de ore, s-a întors spre mine și și-a înfipt privirea într-a mea, de parcă m-ar fi văzut. Nu mai plângea.

Atunci am auzit vocea lui Marie-Lou amestecându-se cu a lui.

— Nu-i permite niciodată lui Egoman să te împiedice să iubești! Dă-ți voie să iubești, *mom*!

Maryse a avut o ezitare... un moment de sfâșiere interioară, provocată de întrebarea lui Harold. „Nu i-ați putea curma suferința, doamnă doctor Maryse? N-ar fi vorba de o crimă, doar e ca și cum s-a dus deja."

Pentru alți pacienți, du Bonheur poate că ar fi putut. Pentru Marie-Lou însă, nu mai putea.

Doctorița se confrunta cu mama și cu soacra. Fiecare avea părerea ei. Deliberare lăuntrică. Greu de luat o decizie.

Am strâns-o de mână, de ambele mâini: mi s-a părut că-i simt carnea mulțumindu-mi.

Charlot s-a opus violent hotărârii ei. Zicea că aude în continuare vocea lui Marie-Lou.

Eu, nu.

Marie-Lou amuțise, încă o dată.

De unde să știu ce percepea Charlot? Am citit că unele balene pot discerne sunetele emise de semenele lor de la o distanță de trei kilometri. În timpul sezonului de împerechere, undele acestea pot traversa marea dintr-un capăt într-altul. Poluarea sonoră produsă de mașinăriile oamenilor s-ar părea că blochează cânturile respective, împiedicând unele exemplare să-și găsească un partener...

Pieptul lui Marie-Lou m-a făcut să mă gândesc la Beethoven. La Simfonia nr. 7. Partea a doua. Primele trei minute.

După două zile de tăcere, l-a apucat pe Charlot de un deget, de parcă ar fi fost o baghetă de dirijor de orchestră. Și a dirijat. Ultimele trei minute ale lui Marie-Lou: o singură piesă, o interpretare unică. Am avut privilegiul de a fi muzicienii ei: Mégane, Harold, Adélaïde, Robert, Maryse, Charlot și cu mine — orchestra ei de cameră.

Când credeam că n-o să mai vorbească niciodată, ne-a surprins din nou. A trecut înapoi pragul lumii de dincolo... dacă o fi existând așa ceva. O ultimă sforțare: „Stai cu mine". O notă, una singură... Cea care adună laolaltă toate cânturile compuse de oameni de la primul țipăt, primul gângurit, primul urlet... Nota care reunește, care șterge toate diferențele, care traversează mările fără să le polueze. O notă pentru liniștirea lui Charlot. Marie-Lou l-a tras afară din trecut sau din viitor, atrăgându-l în cea din urmă răsuflare a ei.

„Stai cu mine."

De parcă ar fi spus:

„Nu te duce înspre mâine, iubitul meu, nu ieși în întâmpinarea clipei în care eu nu voi mai fi, și nu te duce nici înspre ieri. Stai cu mine... hai, vino încoace... Sunt aici!"

Cum era cu putință? De unde-i venea forța asta? Din ce celule, din ce hormoni?

Când Marie-Lou a încetat să mai respire, Charlot s-a întins lângă ea pe pat. Un zid de apărare, un acoperământ, un giulgiu. Mâinile lui s-au pus apoi în mișcare. Nu mângâiau, pipăiau. Fața ei, capul, gâtul. Cum o făcuseră probabil de sute de ori în nopțile lor de dragoste.

Mâinile lui Maryse se încordau în mâinile mele. I le țineam pe loc. Simțeam că trebuia să intervin. Părea jenată, rușinată. Egoman își făcea în continuare numărul în mintea ei. Ce-o să se zică despre mine dacă-l vede cineva pe fiu-meu, iar eu n-am făcut nimic ca să-l opresc?

M-am interpus între ea și pat, apoi am luat-o în brațe.

— Lasă-mă, mi-a zis ea, nu te băga.

Am scuturat-o puțin, cu blândețe, cum mai fac uneori psihoterapeuții cu cei pe care-i tratează sau pe care-i iubesc.

— Nu, Maryse, de data asta nu te las. Uită-te la el, uită-te la ei... Suntem noi, înțelegi? Suntem noi!

S-a uitat la mine de parcă i-aș fi tras o palmă.

— Ce tot spui acolo? Despre ce vorbești?

— Nu înțelegi? Ne arată calea de urmat, iarăși...

Maryse s-a oprit din tremurat. Ochii ei așteptau.

— Ceea ce simte Charlot pentru Marie-Lou este exact ce simt eu pentru tine, Maryse. Numai că el are curajul s-o și trăiască. Lasă-l să termine de spus ce are să-i spună și să facă ce mai are de făcut.

După aceea m-am întors spre Tom Degețel care o săruta pe Marie-Lou și, cu ochii prea înlăcrimați ca să-i mai văd clar, am șoptit:

— Vă mulțumesc amândurora!

Apoi am plecat.

O capelă micuță din lemn. Vreo zece bănci cu totul. Ferestre deschise pentru prima dată în anul acela. Ceremoniei i se alăturau toate miresmele lunii mai. Parcă bisericuța ar fi avut plămâni și ar fi stat prea mult sub apă, iar acum respira cu aviditate, trezindu-se din nou la viață. Mirosurile de pământ, de iarbă și de flori se amestecau cu izurile de lemn vechi și mucegai, aromele îmbătătoare luau locul miasmei de stătut de peste iarnă.

De cum am ajuns, am căutat parfumul de liliac.

— Simți ceva flori de liliac, Charlot?

— Nu, *mom*, a trecut vremea lor.

Am regretat pe loc că-i pusesem această întrebare, că-i răscolisem amintirile cum scurmi cu vătraiul în jăratic. Și-a dat seama și el că-mi părea rău. Prin ochii lui opaci, reușea să mă vadă! Îmi percepea și cea mai mică strângere de inimă. Mă simțeam complet descoperită, mai vulnerabilă ca o boabă de porumb într-o oală cu apă clocotită. Și-a pus mâna pe umărul meu și m-am calmat. Gustam și eu din ceea ce savurase Marie-Lou: imensa afecțiune a fiului meu.

— M-am gândit și eu la asta, *mom*. Mi-ar fi plăcut s-o caut în parfumul de liliac.

Mă întrebam dacă micuții bolnavi pe care-i pierdusem nu erau și ei ascunși în florile de liliac. Îmi spuneam că ar trebui plantate tufe de liliac chiar şi la porţile închisorilor.

— Trebuie să ne întoarcem la mirosurile care sunt aici, în această dimineaţă, e singura soluţie. Iar asta include şi mirosul tristeţii.

S-a dus la Harold, Mégane şi preot — un prieten al celor doi. Acesta era îmbrăcat deja cu hainele liturgice. Zâmbea, strângea mâini. Părinţii lui Marie-Lou ţineau ca fiica lor să aibă parte de funeralii religioase. Din credinţă sau din obişnuinţă? Harold nu se sfia să-şi exprime revolta faţă de ceea ce el numea „surzenia lui Dumnezeu". Am presupus că, până la urmă, a prevalat bunăvoinţa lui Mégane.

Alexandrine se instalase lângă altar, împreună cu violoncelul ei. Ţinea ochii închişi, fără să se atingă de coardele instrumentului; părea să cânte ceva în sinea ei. Lacrimile îi şiroiau pe obraji. Aş fi vrut să fiu una dintre note, să fac parte din cântecul său. Da, Charlot, toate sunt legate între ele: muzică, lacrimi, flori, frumuseţe... numai Egoman ţine să le separe.

Clarisse, prietena lui Marie-Lou, a intrat împreună cu Loïc, tatăl ei. De cum am văzut chipul acestuia, memoria mi s-a întors la galeria de artă, la întâlnirea noastră toridă în faţa acelei naturi moarte atât de vii, la masa de lemn şi la numele de scriitori de pe tăblia ei. O răvăşitoare senzaţie de plăcere mi-a invadat pântecul. Nu era locul potrivit. Şi totuşi. Viaţa şi moartea se îmbrăţişau.

M-am uitat la Charlot, stătea aproape de urnă, una sculptată de el, evident. Mi-am amintit de vorbele lui: „Trebuie să stai şi să observi dorinţa, mamă, puţini oameni o fac! E şi ăsta un mod de a fi în prezent! Să stai şi să observi adevărul!"

Mi-am concentrat atenția asupra frisoanelor care mă năpădeau. Câteva clipe, chiar le-am apreciat. Da, viața se poate însoți cu moartea.

Ajunsă în fața urnei, Clarisse a început să plângă în hohote:

— De ce ea? Moartea lui Marie-Lou face să sufere atâta lume... În timp ce eu...

La auzul acelor vorbe, lui Loïc i s-au înmuiat picioarele. Trupul i-a devenit la fel de fragil ca statuile lui Charlot.

— Nu spune asta, draga mea!

Mi s-a părut atunci că tatăl lui Clarisse voia să vină spre mine. Din spate, am simțit pe cineva prinzându-mă de mână: Georges.

— Auzi, Maryse? Auzi ce cântă Alex?

— Cred că da, Georges. Cântă iubirea... e vocea lui Marie-Lou.

La auzul vocii lui Alex, chipul lui Loïc a împietrit. Și-a strâns fiica la piept, ca atunci când regăsești pe cineva care ți-a lipsit îngrozitor de tare. În fața acelei strângeri la piept, în fața hohotelor de plâns ale lui Clarisse, în fața urnei cu cenușa lui Marie-Lou și a tăcerii fiului meu, m-am prăbușit pur și simplu în brațele lui Georges. O cădere spre viață. Plângeam valurile de lacrimi reținute de Egoman. Plângeam copiii pe care nu-i salvasem, mâinile micuțe pe care nu le ținusem într-ale mele, privirile pe care le evitasem, mai ales cele pline de întrebări. Plângeam toate inimile pe care doar cu stetoscopul le ascultasem bătând. O plângeam pe mătușa Bénédicte. Îl plângeam pe Jérôme. Îi plângeam pe oamenii binevoitori la care nici nu mă uitasem. Îl plângeam pe Loïc. Îl plângeam pe Georges. Plângeam ochii lui

Charlot. Plângeam frica mea de a nu mai exista. Plângeam nevoia mea de a fi mare, deşi, dintr-odată, nu mai aveam nevoie de nimic. De absolut nimic. În momentul acela precis, simţeam un singur lucru: intensa senzaţie că sunt vie! Plângeam autoritatea lui Egoman... şi slăbirea acelei autorităţi.

Apoi violoncelul a scos primele sunete.

Ceremonia a respectat toate riturile prescrise de biserică. În ce mă priveşte, speram la o predică făcută să oblojească rănile, cu nişte vorbe pe care eu, una, nu reuşisem să le găsesc. N-a fost aşa. După toate aparenţele, preotul era locuit şi el de Egoman. Încerca să emoţioneze, fără a şti prea bine cum s-o facă. Îi simţeam eforturile, dorinţa de a ajuta. Dar „superioritatea" lui faţă de noi, cei „fără credinţă", strica totul.

La sfârşitul slujbei, a luat din nou cuvântul. De astă dată, emoţia se transmitea. Omul a început să se bâlbâie şi a trebuit s-o ia de la capăt de trei ori. L-am admirat pentru smerenia pe care o arăta.

— Charlot doreşte să-i aducă un omagiu lui Marie-Lou.

Fiul meu avea să vorbească în public. Nu-mi spusese nimic. Am fost prima care s-a aşezat, mi se retezaseră picioarele.

— Doctorul Georges ne-a spus odată, lui Marie-Lou şi mie, că pelicanii aşteaptă acum să vină vapoarele, ca să se hrănească. Şi că, din pricina asta, nu mai sunt liberi. Primul şi ultimul lucru pe care l-am învăţat de la Marie-Lou este libertatea. Spunea că nu poţi iubi dacă nu eşti liber. Că trebuie să-ţi aminteşti faptul că pelicanii ar putea dispărea într-o bună zi, dacă-şi pierd obiceiul de a zbura şi de a plonja în mare.

(Pauză, tăcere.)

— Chiar şi când era pe moarte, Marie-Lou încerca să-i călăuzească spre libertate pe cei pe care-i iubea.

(Pauză, tăcere.)

— Când nimeni n-o mai auzea, mie încă-mi vorbea, cu degetele. Atingându-mi faţa, fruntea, sau pieptul. În limbajul mâinilor. Parcă-mi transmitea nişte secrete. Voia să mă ajute să găsesc în mine libertatea. Cea adevărată. Cea în care nu mai există nimic care să te ţină legat.

(Pauză, tăcere.)

— Marie-Lou era o maestră a secretelor. A păstrat, de altfel, o mulţime de lucruri numai pentru sine. De exemplu, pietrele cu care unii au aruncat în ea. Într-o zi însă, mi-a mărturisit că, graţie doctorului Georges, a învăţat să ierte pe loc. Ca să se simtă bine. Şi complet liberă.

(Pauză, tăcere.)

— În ultimele sale minute, îmi spunea că e bine. Că se poate trăi chiar şi în timp ce mori. Cu condiţia să rămâi aici. În fiecare răsuflare.

(Pauză, tăcere.)

— Egoman nu mai apare dacă rămâi în clipa prezentă. Până în ultima secundă, Marie-Lou a vrut să explice cum se poate trăi. Întorcându-te la aici şi acum.

(Pauză, tăcere.)

— La un moment dat, mama mi-a spus că sunt o bucată de stea. Alături de Marie-Lou, am înţeles că e adevărat. La început, era îngrozită că o să-i cadă părul. Când a chelit din cauza tratamentelor, şi-a zis că, până la urmă, era un mod de a mai adăuga nişte lumină, de a o oferi, de a o răspândi. Lumina părului amestecându-se cu cea a stelelor. Îmi spunea că totul poate fi dăruit dacă eşti liber. Adică eliberat de tot ceea ce ne ţine ataşaţi de ceva sau de cineva. Lucrând împreună cu Marie-Lou, am înţeles foarte clar un lucru: Egoman este cel care se ataşează. De toate şi de orice. Şi ne face să confundăm *ataşarea* cu *iubirea*.

Charlot a început să tremure. Adélaïde s-a dus lângă fiul meu şi l-a apucat de mână. Apoi, cu o batistă, i-a şters obrajii şi nasul.

— Marie-Lou, a continuat el, zicea că Egoman se teme tot timpul să nu piardă ceea ce crede că posedă. Iar asta nu-i dă voie să descopere ce înseamnă cu adevărat iubirea. Zâmbea când spunea lucrurile astea. Iar când Marie-Lou zâmbea, totul se oprea în loc, nu puteai decât s-o priveşti.

(Pauză, tăcere.)

— Aveam un prieten comun, Hamid. S-a spânzurat. În mai, acum exact şapte ani. Aş vrea să păstrăm cu toţii un moment de tăcere, câteva secunde, imaginându-ne că Marie-Lou şi cu el îşi dăruiesc unul altuia din propria lumină. Şi că nu e nevoie să murim pentru a face asta. Marie-Lou a spus odată că Hamid schimbase ceva în viaţa ei. Că-i redase glasul.

Alex a început să cânte la violoncel. *Arabul* lui Reggiani.

— Aş vrea să spun că Marie-Lou a schimbat ceva în viaţa mea. Mi-a redat vederea. Cea care-mi permite să văd cine sunt. Şi să-l văd pe celălalt.

A pipăit în gol până a atins cu mâna urna.

— În ziua în care m-am iubit cu adevărat, nu mai exista niciun „eu". Doar o prezenţă iubitoare.

„Planeta nu are nevoie de oameni care «reuşesc».
Planeta are nevoie disperată de mai mulţi făcători de pace,
de mai mulţi vindecători, povestitori şi pasionaţi de tot
felul."

Sanctitatea-Sa Dalai Lama

Marie-Lou, îţi aud vocea în cuvintele lui Dalai Lama.
Charlot mi-a povestit că ţi-ai dat întâlnire cu el în primăvara următoare, şi în toate primăverile vieţii lui, în parfumul florilor de liliac.
Cu mine cred că ţi-ai dat întâlnire acum, în cuvintele înţeleptului tibetan.
Ştiu cine e acest om, dar n-am niciun chef să-l întâlnesc. De când te-ai dus, nu mai am chef să mă întâlnesc cu nimeni. Nici măcar cu copiii.
Am devenit un psihiatru mizantrop. Da, draga mea, un psihiatru mizantrop.
Ştii ce înseamnă acest cuvânt? Probabil că nu. Înseamnă: „care detestă specia umană".
Niciodată, frumoasă copilă, nu te-am văzut detestând pe cineva, nici măcar pe „ăia de-a şasea" care te-au hărţuit... Nicio clipă n-am simţit la tine vreo urmă de ură la adresa lor. Numai teamă. La fel ca Charlot şi ca tine, nu-mi mai doresc decât un singur lucru: să arăt lumii întregi adevăratul chip al acestui monstru, Egoman.

Nu mă mai lasă deloc în pace, nici chiar — sau mai ales — când acord îngrijiri medicale. De cum am în față un copil care tace, Egoman îmi acaparează mintea, pune stăpânire pe inteligența mea și face cu ea ce vrea, o strunește, o aservește, o guvernează. Ești nul, Paris, nu știi nimic, nu ești bun de nimic. Copilul ăsta suferă, iar tu ești incapabil să-l alini. Cine te crezi? Moș Crăciun? Ho, ho, ho!

De la o vreme, nu mai pot nicicum să străpung muțenia îngrozită a puștilor bolnavi, frica lor pecetluită, tăcerea lor. Nu mai știu să spun povești... Doctorița Maryse îl vedea pe Egoman peste tot când a început să-l deseneze Charlot. Acum, e rândul meu. Mi se pare că dibuiesc mâna acestui monstru în tot și în toate. Îl văd în bolul de cereale, în ceașca de ceai, în oglinda de-acasă, în secția de hemato-oncologie. Se strecoară în mintea celor mai mulți din personalul medical, iar atunci chiar că-mi vine să-mi iau câmpii. Acum ceva vreme, reușeam să le suport comportamentul, dar acum nu mai pot. Mă apucă depresia în fața acestor oameni care-l propagă pe Egoman așa cum răspândesc țânțarii malaria. Ar trebui să poarte cu toții mască, costum de protecție și mănuși, căci pericolul de infecție e mai mare ca la orice virus! Oamenii ăștia declamă, cu un zâmbet larg: „Lucrez cu copii bolnavi de cancer", ceea ce, după tonul pe care o spun, înseamnă: „Sunt extraordinar, nu credeți?" Copiii sunt buni numai ca să-și dea ei importanță.

Dalai Lama are dreptate, planeta n-are nevoie de asta. Ea are nevoie de prezență. Iar tu, Marie-Lou, ai înțeles acest lucru! Egoman se infiltrează chiar și în mintea unora dintre părinți.

Vreau să te liniștesc totuși, Marie-Lou, deși sunt sigur că știi deja: mama ta nu a căzut în ghearele lui. Am vorbit cu ea în ziua funeraliilor și am înțeles cât de tare semănai cu ea. Aceeași vigilență, aceeași capacitate de a rămâne în contact cu propria suferință și cu suferința celorlalți. Fără niciun refuz, fără nicio împotrivire.

„*Îmi îmbrățișez durerea, domnule doctor Paris. O vizitez constant. Cu toată dragostea pe care o am pentru fiica mea. Observ unde e cuibărită această durere, felul cum mi se deplasează prin trup, traseele pe care le urmează, mușchii pe care-i contractă, senzațiile pe care le provoacă, nu o resping niciodată. Am văzut cum făcea Marie-Lou. Nu știu unde a învățat lucrurile astea, dar știu acum ce voia să spună când șoptea: «Întoarce-te aici, mamă, întoarce-te aici...»*"

Mama ta te asculta, Marie-Lou.

Tatăl tău e altfel.

El o ține pe-a lui. Uneori — și asta-i cel mai îngrijorător — vorbește de unul singur. Ca oamenii ăia supărați pe viață, care bodogănesc pe stradă, tare, printre trecători, și sperie pe toată lumea. „*De ce eu? De ce nu baronii drogurilor, nașii mafiei sau dictatorii megalomani? Doar au și ei copii, nu? De ce fiica mea și nu a lor? Eu n-am făcut nimic rău. Nu mi-am înșelat niciodată nevasta, am muncit ca un nebun, n-am furat pe nimeni. Și-atunci, de ce? Și Dumnezeu? De ce nu mă aude? Am auzit la radio povești despre tot felul de minuni, de ce nu și pentru mine? De ce e surd Dumnezeu când îl implor?*"

Mi-e teamă că Egoman și-a stabilit domiciliul permanent în mintea tatălui tău, Marie-Lou. Și că a ocupat toate camerele. Inclusiv pe cele rezervate odihnei și lucidității. După dispariția ta, i-am propus să vină pe la mine pentru câteva ședințe. M-a refuzat. A ales să rămână cu tânguielile și furia lui.

Ți-ai dat seama că, în ciuda mizantropiei mele, îi las în continuare pe părinți să vină la mine în cabinet și să-mi spună ce-i apasă. Dar nu mai știu dacă le sunt de vreun ajutor. Îi las să vorbească... Îl aștept pe Egoman să-și arate vârful nasului, iar când l-am zărit, ridic mâna și strig: „*Stop!*"

Invariabil, bieții de ei încremenesc. Eu tac și aștept.
Apoi șoptesc: „Egoman v-a acaparat mentalul!"
Unii mă întreabă dacă mă simt bine. Alții, șocați, îmi spun că ar trebui să mă vadă un doctor sau o rup pur și simplu la fugă.
Și mai sunt unii care așteaptă câteva secunde, după care dau să povestească mai departe.
Atunci flutur din mână și strig: „Stop, stop, stop, stop, stop!" De data asta, se opresc de-a binelea și începem să discutăm despre monstrul care controlează gândirea și vorbirea. Nu-i ceva ușor de acceptat! Caut o formulare simplă, justă și percutantă. Încă nu am găsit-o.
Îl hăituiesc pe Egoman peste tot, draga mea. Cu mine, n-o să mai aibă odihnă, îți promit. O să-mi dedic tot restul vieții alungării lui, indiferent sub ce formă ar apărea: din fiecare gând, din fiecare cuvânt, din fiecare gest. Voi povesti despre crimele lui, în spații publice, în media, la congrese. O s-o fac fiindcă lumea nu știe. Călăii sunt băgați de obicei la închisoare, dar pe el nu-l închide nimeni. Așa că renaște, iar și iar, ca o pasăre phoenix...
Voi povesti despre toate pietrele pe care le-a aruncat asupra altora și pe care le aruncă în continuare — sub formă de gloanțe, bombe și rachete, în numele unei națiuni, al unei religii sau al oricărei alte stupidități identitare.
Voi denunța violurile pe care le-a comis, torturile pe care le-a aplicat, capetele pe care le-a tăiat, chipurile pentru a apăra o credință sau o opinie, când de fapt nu-și apăra decât propria existență.
Poate că Charlot va accepta să mă ajute. Ne-ai vedea, pe Charlot și pe mine, la colțul străzii? Un Moș Crăciun și un adolescent orb avertizând lumea în privința lui Egoman...
Doctorița Maryse e foarte afectată de dispariția ta. Zice că tu ești simbolul tuturor eșecurilor ei. Am sfătuit-o să-și

continue cercetările, dar nemaisperând să scoată din asta un beneficiu personal. Am văzut-o strângând din pumni. După aceea i-am zis aşa:

— Maryse, adevăraţii lideri de care umanitatea are nevoie nu vor încerca să facă lucruri mari, fiindcă au înţeles inutilitatea acestora. Ei nu vor avea nevoie să fie văzuţi sau auziţi, nu vor fi decât Prezenţă.

Am văzut-o ridicându-şi spre cer ochii plini de lacrimi: furie, suferinţă, ură, nu ştiu...

Atunci mi-am luat inima-n dinţi şi i-am şoptit:

— Întoarce-te aici, Maryse, întoarce-te aici...

Am văzut-o ştergându-şi lacrimile cu antebraţul — un gest de puşti.

Am văzut-o întorcând capul.

Am văzut-o nemaiuitându-se la mine. Am văzut-o uitându-se în pământ.

Atunci i-am zis aşa:

— E foarte greu să atingi simpla Prezenţă, dragă Maryse, asta-i cea mai mare reuşită cu putinţă. Dar o reuşită care nu va fi niciodată încununată cu lauri, una care va trece întotdeauna neobservată. Nu poţi ajunge cea mai bună „fiinţă a Prezenţei" de pe planetă! Nu va exista niciodată „Marele Premiu al Prezenţei" sau „Campionatul Mondial al Prezenţei". Prezenţa n-are nevoie să fie aplaudată!

Am văzut-o închizând ochii şi i-am văzut întreaga fiinţă.

Eram de neoprit.

— Tu care, de ani în şir, studiezi în laborator biologia suferinţei, tu care ai observat pe pielea ta că e suficient un singur gând — Jérôme, de exemplu — pentru ca în trupul omenesc să se pună în mişcare mecanica suferinţei, tu al cărei fiu a înţeles cum pot fi activate circuitele Prezenţei şi dezactivate

cele ale suferinței, m-ai putea oare ajuta să-mi regăsesc bucuria de a vindeca?

Dragă Marie-Lou, doctorița Maryse și cu mine suntem ca niște pelicani. Așteptăm amândoi într-un port al singurătății, cu inimile flămânde. Te așteptăm să te întorci ca să ne arăți cum să iubim...

Vara care a urmat a fost consacrată pregătirii intensive a expoziției de toamnă a lui Charlot. Adélaïde venea la fiul meu în fiecare dimineață, cu autobuzul sau cu bicicleta. Și nu mai pleca acasă decât seara târziu. Uneori venea s-o ia Robert, alteori o conduceam eu. Aveam impresia că participam și noi la modelatul lutului. Asta ne făcea să uităm de cancer și de ochii bolnavi.

Pe lângă ajutorul dat lui Charlot la lucratul argilei, tânăra se ocupa de mâncare și se asigura că fiului meu nu-i lipsea nimic. Stăteau închiși în subsol toată ziua și nu ieșeau decât seara, gri din cap până-n picioare, de parcă s-ar fi tăvălit prin cenușă.

Charlot era entuziasmat.

— Are un talent extraordinar, *mom*. Nu sculptează, ascultă. Își pune mâinile pe bucata de lut și așteaptă. Zice să fac și eu ca ea. Și sunt sigur că închide ochii ca să nu fie nicio diferență între noi. „Auzi tot ce-i înăuntrul bucății ăsteia de lut, Charlot? Țipetele, urletele, hohotele de plâns? Sunt toate acolo, vor să fie eliberate și să devină frumusețe."

Mărturisesc că eram sceptică.

— Cam intuiesc eu ce gândești, adăuga el. Dar Adélaïde nu e Marie-Lou. Nu o înlocuiesc pe una cu alta. Adélaïde e o foarte bună prietenă, sora mea într-ale artei. Prietenia dintre un bărbat și o femeie e posibilă atunci când nu-și bagă coada Egoman, cu nevoia lui de posedare a celuilalt.

Revedeam momentul în care Marie-Lou pusese mâna lui Adélaïde în cea a fiului meu, complicitatea lor feminină și înțelegerea tacită încheiată fără știrea lui Charlot. Simțeam cât de adevărat era că, în absența lui Egoman, eram cu toții legați unii de alții.

Vizitele la atelier îmi erau interzise. Ca pe vremea când fiu-meu își făcea cercetările în camera lui: „Accesul mamei interzis!" De astă dată, pe un petic de hârtie lipit pe ușa de la subsol, se putea citi: „Vreau să fie o surpriză, *mom*!" Singura mea treabă era să-i furnizez argilă, foarfecă, sârme de tăiat, linguri, cuțite, eboșoare, pulverizatoare, lână de oțel și alte instrumente de artist.

Într-o seară de la sfârșitul lui august, cu câteva săptămâni înainte de vernisaj, Charlot m-a anunțat, surescitat:
— Am găsit cum poate fi sculptat egoul. Era simplu: trebuia doar să nu mă mai gândesc la el!

Asta nu a limpezit însă deloc misterul.

Toată luna septembrie, Robert și Loïc au venit să ia lucrările de acasă, una câte una. Sculpturile ieșeau de la subsol înfășurate în pânze, învelite apoi în folii cu bule, după care ambalate în cutii de lemn. Robert mi-a mărturisit un gând care nu-i dădea pace:
— Recunosc, Maryse, că n-am fost în stare să-l vindec pe Charlot, dar mă obsedează un lucru. Oare ar mai fi creat asemenea capodopere dacă ar fi putut să vadă? Sunt o splendoare, toate!

A lăsat apoi capul în jos și s-a mai calmat.
— Cercetările fac progrese, draga mea colegă, fiul tău o să-și recapete vederea, sunt absolut convins! Sper că va

continua să facă la fel de mult loc frumuseții. În viața lui și în viețile noastre.

Cu două zile înainte de deschiderea expoziției, Mégane m-a sunat să-mi spună că ei n-o să vină. Harold nu se simțea în stare să vadă munca lui Marie-Lou. Și cu atât mai puțin lucrările lui Charlot care o înfățișau. Mégane era îngrijorată. Soțul ei petrecea ore întregi întrebându-se de unul singur „De ce eu, de ce eu?".

Vernisajul a avut loc duminică, 5 octombrie, la ora 15. Eu am ajuns mai devreme, fiindcă voiam să văd exponatele înaintea tuturor. Ardeam de nerăbdare. De data asta, am inspectat galeria cu atenție. O casă albă în stil victorian, construită în întregime din lemn, un fel de capelă supradezvoltată pe verticală. Avea trei etaje și un turn octogonal. În jur, niște arțari în culorile toamnei: vin, sânge, ceai, lămâie, portocală, acele culori pe care Charlot nu putea să le vadă. Când îi spuneam cât de tristă eram din pricina asta, el îmi zicea: „Un motiv în plus să te lași impregnată de ele, mamă, doar suntem conectați... Ochii mei sunt o chemare la ordine! Îți mulțumesc pentru compătimire, dar acum întoarce-te aici... și povestește-mi!"

Am avut un șoc chiar din prag. În mijlocul holului trona Bénadryl. Alerga de zor în cușca lui, făcând roata să scârțâie. De o parte și de alta a intrării, se afla câte un pelican de lut așezat pe o piatră.

Am observat imediat că natura moartă și masa din lemn dispăruseră. Cândva, asta m-ar fi ofensat, acum însă, nu. Doar un fel de crampă. Scurtă. Mi-au trecut prin minte câteva gânduri, dar le-am neutralizat. Nu mai aveam chef să amestec lucrurile...

Agitându-şi în stânga şi-n dreapta bastonul alb, Charlot s-a grăbit să-mi vină în întâmpinare, însoțit de Adélaïde. Amândoi radiau. Loïc era şi el acolo, împreună cu Clarisse. Privirile ni s-au întâlnit firesc, un zâmbet, nicio urmă de stânjeneală. El mi-a propus, amabil, să mă însoțească în turul galeriei. Am refuzat: eram prea emoționată, voiam să explorez singură expoziția lui Charlot. Preferam să plâng la adăpost de privirile celorlalți. Şi am avut dreptate...

Pe toți pereții, erau expuse desene abstracte în galben şi albastru, cu rare pete de roşu. *Egoman 1. Egoman 2. Egoman 3...* Erau vreo 50. Niciunul nu era semnat.

— Marie-Lou nu voia să se semneze. Şi eu la fel: dacă semnez *Charlot*, e ca şi cum Egoman şi-ar face autoportretul.

În mijlocul primei săli, pe stânga, o singură lucrare în mărime naturală: un clovn, dinaintea unei oglinzi, se scărpina în creştetul capului de parcă nu reuşea să recunoască imaginea pe care o avea în fața ochilor. Între el şi oglindă, doi copii: unul aplauda, celălalt întindea mâna spre artistul de circ.

Pe peretele de lângă uşă, un panou anunța:

Toți oamenii preocupați să devină ei înşişi pierd vremea de pomană. Nu putem deveni noi înşine. Nu putem decât să fim noi înşine. Iar asta se petrece într-o fracțiune de secundă, cât ai clipi, cât ai trage aer în piept. Să fim aici este singura soluție, nu există alt remediu pentru frică, pentru angoasă, pentru toate formele de suferință fizică, pentru îmbătrânire, pentru pierderea celor dragi...

Să fim aici...

Pe marginea sălii, de jur împrejur, zeci de sculpturi micuțe: Marie-Lou în toate stările prin care a trecut. La

fiecare etaj, mergeam din surpriză în surpriză. Aici, două capre, acolo, atelierul lui Moş Crăciun sau o lucrare frapantă intitulată *Pietrele*. La etajul al doilea, în dreapta, pe uşa unei săli încuiate, era scris:
CAMERA EGOULUI. DESCHIDERE LA ORA 17.

A ajuns şi Alexandrine. Mi s-a părut foarte încordată. Am mai vizitat o dată expoziţia împreună cu ea. A profitat de ocazie ca să-mi spună că, de la moartea lui Marie-Lou, se gândea tot mai mult să se întoarcă la spital.

— M-am plictisit de atâtea pântece de femei şi de bucăţile de stea care se instalează acolo. Vreau să le pot spune din nou, prin piele, „Încântată de cunoştinţă!" Fostul primar al satului s-a pensionat şi s-a oferit de mai multe ori să se ocupe el de Minus şi de toţi urmaşii lui. Îmi place de omul ăsta. Dar las lucrurile să se mai coacă.

Când s-a întors la Charlot şi la Adélaïde, părea tot mai nervoasă.

— Lucrările voastre m-au lăsat fără cuvinte. Probabil că Johann Sebastian Bach ar fi zis ceva inteligent, prin muzică... Îmi pare foarte rău, dar eu chiar trebuie să plec: una dintre căpriţele mele trebuie să fete din clipă-n clipă. O să ai o surpriză, Charlot. Să ştii că n-a fost vina mea. N-am avut ce să fac, o să înţelegi cât de curând.

Vorbea repede, cu gesturi precipitate. I-a îmbrăţişat pe cei doi adolescenţi şi le-a dat un mic pachet.

— E nişte brânză proaspătă, de azi-dimineaţă. I-am zis *Alexandrin*. Ca să-i dau un pic de poezie.

Charlot a prins-o de braţ:

— N-o să asişti la dezvelirea *Camerei egoului,* naşă?

— Dezvelirea *Camerei egoului?*

— Da. Am reuşit în sfârşit s-o modelez.

— O să-mi povestești tu, acum chiar trebuie să plec.

Alexandrine s-a uitat pe furiș la ceas. Charlot a liniștit-o:

— Nicio problemă, nașă, cumva tot o să fii prezentă: tu m-ai inspirat pentru această lucrare.

A părut că nici n-a auzit. A ratat o treaptă la ieșire și s-a dus în mare grabă la mașină. Niciodată n-o mai văzusem în starea aceea.

Atunci a intrat surpriza promisă de Alex. Prietena mea o ștersese ca să nu asiste la acel moment! Mai întâi... ea: Lara, în niște haine *peace and love* din anii '60, fustă indiană, colier din bile de lemn, sandale de piele. Nu mai lipseau decât coronița de flori și mirosul de patchouli.

Apoi... el. El! Tare aș fi vrut ca Alexandrine să mai fie lângă mine, ca să-i pot suci gâtul. Reușise să dea de Jérôme, sau Jérôme dăduse de ea, nu mai conta. Iar Georges încă nu venise... Mă întrebam dacă nu cumva era și el complice la gluma asta proastă.

Tras la față, cenușiu la piele, chel aproape complet, Jérôme părea un pacient de-ai mei ajuns la capătul zilelor... Vizibil răvășit de droguri, de alcool sau de viața pe care o dusese, nu mai era decât propriul său clovn. Și totuși, își împlinise visurile: câțiva ani în Las Vegas, pagini centrale într-o revistă distribuită în mii de exemplare, premii pentru cel mai bun număr de clovn într-un circ, celebritate, aplauze, autografe. Acum însă, după cum arăta, nu mai reușea să-și facă să râdă nici măcar propria umbră.

S-a uitat la mine și mi-a făcut semn să tac. Surpriza era pentru Charlot. Mă enerva, dar n-am mișcat în front. Jérôme a vizitat mai întâi expoziția, cât mai discret cu putință, probabil pentru a avea un subiect de conversație cu fiul său.

Odată încheiat turul, și-a băgat mâna într-un buzunar mare cusut pe pieptul cămășii și a scos de acolo un nas de clovn. Și l-a pus apoi, încetișor, pe figură. După aceea, s-a apropiat de Charlot și l-a apucat de umeri. Charlot, din reflex, s-a dat un pas înapoi. Avea o figură crispată. După toate aparențele, se întreba cine era în fața lui.

Jérôme s-a prezentat în stilul său:

— Ia zi, bătrâne, sculptura cu clovnul sunt eu?

Charlot era la fel de neîncrezător ca apostolul Toma când a vrut să atingă cu mâna lui rănile lui Iisus înviat din morți:

— Tată? Tu ești?

Degetele lui de sculptor au vrut să atingă fața acestuia.

— Ce slab ești! Ai îmbătrânit?
— Mai ales pe dinăuntru.
— Asta voiam să zic și eu. Și nasul ăsta? E al tău?
— El e toată viața mea.
— De ce nu-l dai jos?
— Nu-ți poți da jos viața, bătrâne.
— Așa e, tată. Dar poți să te întorci aici, iar asta te-aș putea învăța eu cum se face.

Jérôme zâmbea, cu aerul acela ușor superior care înseamnă: *nu înțelegi, fiule, viața o să-ți vină și ție de hac când o să fii mare.*

— O să-ți sculptez chipul, tată. Scoate-ți nasul pentru ca mâinile mele să-ți învețe fața pe dinafară.
— Ești cel mai tare, bătrâne.
— N-am nevoie să fiu cel mai tare, tată. Nu e important. Și nu sunt nici mare.

— Nu mi-ai răspuns la întrebare: clovnul ăla sunt eu?
— Nu știu, tată, nu te cunosc. Clovnul care-și scarpină scăfârlia în fața oglinzii îi reprezintă pe toți cei care nu mai știu ce să facă pentru a fi cunoscuți și priviți.
— Egoman cine e?
— Un supererou care are mii de identități. Poate trece de la una la alta într-o secundă. De-asta se imaginează capabil să nu moară niciodată! Se instalează în mintea oamenilor și-i face să creadă că sunt unici!

M-a trecut un fior. Părea realmente că fiu-meu se uita țintă în ochii tatălui său. Jérôme a dat să se scarpine în creștetul capului, dar și-a oprit mâna la mijlocul drumului. De parcă ar fi fost prins în flagrant delict...

— Ia zi, bătrâne, vrei să te faci sculptor?
— Aș vrea să fac filme.
— Dar tu nu vezi nimic, Charlot, cum ai putea să faci filme?
— Beethoven era surd, eu de ce n-aș putea fi regizor de film?
— Ești interesant, bătrâne.
— Nu caut să fiu interesant, tată. Sunt destule alte lucruri mult mai importante în viață.
— Cum ar fi?
— Iubirea.

Jérôme n-a avut nicio reacție. Într-una dintre discuțiile noastre, Georges îmi spusese că, în psihanaliză, oamenii de genul ăsta erau numiți „tați vizi". Nu i-am înțeles până la capăt explicațiile pe care mi le-a dat atunci, dar îmi plăcea acea formulă. I se potrivea de minune lui Jérôme.

— Mă iubești, tată? M-ai iubit până acum?

Hadrien! Mi-a venit imediat în minte momentul îngrozitor în care tânărul Hadrien, pe patul de moarte, m-a întrebat dacă-l iubeam. La fel de abrupt ca Charlot pe taică-său.

Charlot i-a prins din nou fața între mâini tatălui său. A pipăit-o încă o dată. Căuta probabil, acolo, un răspuns. Jérôme tăcea în continuare, impasibil. De parcă ar fi fost gol pe dinăuntru. Nicio tresărire. Avea privirea cuiva care n-a auzit sau n-a priceput întrebarea, vitală totuși, ce tocmai îi fusese pusă.

— Nu zici nimic, tată?
— Dar sunt aici, Charlot.
— Nu, nu ești aici. Nici nu știi ce înseamnă asta cu adevărat.
— Cum poți să spui așa ceva?
— Pielea ta mi-o spune. Și nu știi nici cine ești...
— De ce spui asta?
— Dacă ai fi știut, n-ai fi căutat-o toată viața în dosul unui nas de clovn.
— Și ce sunt atunci, bătrâne?
— Nu mă-ntreba pe mine, tată, întreabă mai bine stelele.

Descumpănit, Jérôme s-a întors spre mine. Discuția lor durase destul. I-am arătat ușa, cu mișcări frenetice din cap și din mână: „Ieși de-aici! Ieși de-aici!" Speram ca Charlot să nu-și dea seama de nimic. Fostul meu soț s-a întors din nou spre fiul său.

— Trebuie să plec, bătrâne. Ne vedem cât de curând. O să rămân pe-aici o vreme.
— Nu sunt bătrân, tată, niciodată n-o să fiu bătrân!

Tatăl său, din ce în ce mai dezorientat, abia a reușit să îngaime:
— Nu înțeleg, bătrâne.

Charlot și-a ales cu grijă cuvintele:

— Nu sunt bătrânul tău! i-a zis el, cu un amestec de fermitate şi blândeţe. Copilăria mea s-a încheiat, iar tu n-ai fost aici. E greu să fii bătrân înainte de a fi fost copil. Cu tine, niciodată n-am putut să fiu copil, tată. Nici în braţele tale, nici în cuvintele tale, nici în auzul tău. Nu te mai aşteptam, şi n-am să încep s-o fac acum. Nu mai aştept nimic, oricum, poate că într-o bună zi o să înţelegi asta... Îţi mulţumesc că ai venit, tată. Ştiu că mama vrea să pleci. Cred că, după părerea ei, nu prea mai ai ce căuta în vieţile noastre. Dar poţi să mă suni dacă vrei să te învăţ să priveşti stelele, chiar şi fără ochi...

Charlot şi-a sărutat tatăl pe frunte şi şi-a petrecut braţele pe după gâtul lui.

— Şi nu-ţi face probleme, tată, nu sunt supărat. Acum vorbeşte doar pacea din mine.

Şi-a mângâiat tatăl pe obraz aşa cum faci cu cineva pe care-l iubeşti, atunci când cuvintele nu mai sunt de ajuns...

— Pe curând, tată.

L-am luat pe Jérôme deoparte.

— Da, Jérôme, mulţumesc că ai venit! Şi sper să nu te mai văd niciodată.

Am săgetat-o pe Lara cu privirea. De la sosirea lor, nu scosese o vorbă. A ieşit din galerie bombănind. Mi s-a părut că aud un „Tâmpita naibii!"

Jérôme voia să mă rănească.

— Lara şi cu mine o să stăm o vreme la ferma lui Alexandrine. Mă gândesc că o s-o mai ajutăm cu una-alta. Iar eu o să fiu destul de aproape de Charlot. Oare suntem chiar atât de diferiţi, tu şi cu mine? Nu mi-e foarte clar cine-i Egoman ăsta, dar pare să ne fi tras pe sfoară pe amândoi. Doctoriţă înstărită, clovn sărac, nu s-ar zice că face vreo deosebire. În orice caz însă, Charlot are nevoie de un tată. Spre deosebire de tine, eu cred că nu e niciodată prea târziu. O să mă mai vezi, indiferent că vrei sau nu. Oi fi eu doar un bufon, dar nici tu, cu toate aerele tale, nu eşti mai brează.

Apoi a plecat, furios.

Dacă Alex voia să facă pe sfânta, era treaba ei. Eu aveam să-mi protejez copilul, cu orice preţ. Cântecul Gloriei Gaynor îmi răsuna în cap mai tare ca oricând, *I will survive, I will survive.*

La 5 după-amiaza fix, Adélaïde i-a şoptit ceva la ureche lui Charlot. Cei 15 vizitatori care mai rămăseseră au fost invitaţi să vină în faţa *Camerei egoului*. Georges tot nu apăruse. Se simţea oare vinovat că uneltise cu Alex pentru ca Jérôme să fie şi el prezent?

Charlot a ţinut un mic discurs.

— Multă vreme, Marie-Lou, Adélaïde şi cu mine am tot încercat să găsim o înfăţişare a egoului omenesc. Şi, în trei, am reuşit până la urmă. Ne-am dat seama că nu putea fi înfăţişat decât prin absenţa lui.

Apoi a început să bată în podea cu bastonul. Nişte izbituri uşoare şi sacadate, după care, ca la teatru, trei izbituri zdravene, la intervale de timp mai mari: TOC... TOC... TOC! Uşa sălii s-a deschis.

Înăuntru erau două sculpturi. Una semăna cu Marie-Lou, cealaltă cu Charlot. Se ţineau de mână. Din loc în loc, pe membre şi pe abdomen, erau pictate nişte pete albastre... Cele două sculpturi aveau capul de forma unui balon cu aer cald — două globuri mari de sticlă. Acestea erau legate de trunchi prin nişte sârme subţiri, abia vizibile.

Globurile conţineau o mulţime de figurine minuscule, atârnând în gol. Ele erau prinse de partea superioară a sferei cu nişte sfori de lungimi diferite. Spânzurate astfel, păreau să plutească în interiorul capului. Reproduceri de supereroi, drapele, simboluri religioase, jucători de hochei sau de fotbal, valize de oameni de afaceri, ecrane de computer, bancnote: „Toate aceste reprezentări sunt simboluri ale falselor noastre identități", explica Charlot.

Adélaïde a stins atunci luminile. Ca prin farmec, nu se mai vedeau decât sferele goale, iluminate din interior. Toate figurinele dispăruseră, şterse de un fascicul puternic de lumină venind din regiunea inimii. Nu-mi dădeam seama cum procedaseră tehnic, dar funcționa.

După atâtea luni de căutări din partea lor şi de neînțelegere din partea mea, pricepeam în sfârşit ce voia să spună Charlot. El arăta că treceam, de fapt, pe lângă viață tot căutând să fim cineva prin multiplicarea falselor identități. Acestea nu ne foloseau decât ca să atragem privirea celorlalți. El ne spunea că dorința asta de *a fi în lumina reflectoarelor* — de a deveni vedete, persoane recunoscute, admirate, bogate, celebre şi de a avea întotdeauna dreptate — ne priva de posibilitatea de a fi prezenți pe de-a-ntregul, de capacitatea noastră de a recepționa şi de a emite. El ne invita să descoperim faptul că egoul nu trebuie să moară şi că nu trebuie să ne luptăm cu el. Că e suficient să-l luminăm din interior pentru ca el să dispară. Să-l luminăm cu lumina inimii.

Când ne pregăteam să plecăm de la galerie, şi-a făcut apariția o maşină vopsită în roşu şi alb. Era Georges. Mi-a venit să-i strig: „E prea târziu, închidem!", dar Charlot era în spatele meu, împreună cu Adélaïde, iar aceasta a sărit imediat:

— E doctorul Georges, Charlot!

Fiul meu a arborat zâmbetul celor care își regăsesc un prieten apropiat întors din război.

Georges s-a dus mai întâi la tinerii artiști. În mâna dreaptă ținea o cutie legată cu panglici galbene și albastre. În stânga, flori: ruji de toamnă, margarete de toamnă, crizanteme, dalii. Pe care li le-a pus în brațe lui Adélaïde și lui Charlot.

— Nu e doar liliac pe lumea asta, copii. Există și flori de toamnă. Marie-Lou avea dreptate, nu e nevoie să te atașezi de nimic, căci totul ți se oferă.

Am văzut-o pe Adélaïde zâmbind.

Georges a strâns cutia la piept și și-a îndreptat privirea spre interiorul galeriei.

— Lăsați-mă câteva minute, vreau să văd expoziția.

A pornit-o spre prima sală.

— Stai așa! a strigat Charlot. Trebuie să-ți arăt *Camera egoului!*

S-a dus după Georges și l-a apucat de mână. Când s-au întors, se vedea clar că Georges plânsese.

Marele psiholog a venit apoi la mine. Loïc era în apropierea mea, împreună cu Clarisse. Georges i-a salutat călduros. Pe Clarisse a mângâiat-o pe cap.

După aceea mi-a dat cutia legată cu fundă și mi-a spus s-o deschid. Înăuntru erau niște foi scrise de mână.

— Toate acele cuvinte nu spun decât un singur lucru, Maryse: ce simt eu pentru tine. Ți le dau astăzi fiindcă vreau să închid acest capitol.

— Să închizi acest capitol, Georges?

— Da, Maryse, să închid acest capitol. Știi, când copiii îmi spun: „Mi-e frică, domnule doctor, mai e ceva după moarte?", eu îi întreb: „Tu, personal, ce crezi?" Mulți îmi zic: „Nu știu. Însă aș vrea tare mult să mai fie ceva. Doar ca să-i ajute pe cei care rămân să nu le mai fie frică. Dar dumneavoastră, domnule doctor, nu vă e frică?" Atunci le zic: „Ba da, mi-e teamă că s-ar putea să nu fi spus tot ce aveam de spus câtă vreme eram în stare s-o fac. Tu ai ceva să-mi spui?"

Georges s-a uitat atunci la mine cu ochii ăia care te sfredelesc până în inimă, numai că, de astă dată, nu psihologul era cel care mă privea...

— Tu știi despre ce-mi vorbesc toți, Maryse? Fără excepție?!...

— Nu, Georges, nu știu.

— Despre iubire, Maryse! Toți! Le e teamă, la șapte, nouă sau doisprezece ani, că n-au spus „te iubesc" destul de clar. Fraților, surorilor, prietenilor, părinților... Le e teamă că n-au fost auziți. Asta-i singura urmă pe care vor s-o lase. Nimic altceva. Copiii ăștia m-au ajutat să prind glas.

S-a apropiat și m-a sărutat de două ori pe creștetul capului. Mi-a spus: „Nu mai am timp de pierdut, Maryse". Apoi a pornit-o spre mașina lui vopsită în roșu și alb.

Brusc, îmi pierdusem și eu glasul. Și aș fi vrut ca el să mă ajute să mi-l recapăt, așa cum făcuse cu Marie-Lou. În timp ce mă uitam la el cum se îndepărtează, am desfăcut fundele galbene și albastre. Pe prima pagină, în mijloc, era scris, cu litere îngroșate:

Însemnările lui Georges

Întorși acasă de la vernisaj, am pus *Însemnările lui Georges* pe masa din salon. Am luat și muntele de scrisori și facturi din ultimele zile, dar astea mai puteau aștepta. I-am urat noapte bună lui Charlot. El s-a apropiat de mine, m-a sărutat pe amândoi obrajii și m-a întrebat:

— Te enervează că tata o să mai stea prin zonă?

— Da, scumpule, mă enervează.

— Nu-ți face griji, *mom*, o să mă ocup eu.

— Tocmai de-asta îmi fac griji, bătrâne!

Mi-a făcut atunci cu ochiul, adăugând și un zâmbet din colțul gurii:

— Ai încredere în mine, știu cum să procedez cu Egoman!

După aceea a pornit-o spre camera lui.

— Somn ușor, *mom*!

Se juca, din mers, cu bastonul. Din spate, semăna mai tare ca oricând cu Charlie Chaplin. Nu-i lipsea decât pălăria.

Nu mi-era somn. Mi-am turnat un pahar de vin roșu și m-am apucat să citesc însemnările lui Georges. Curiozitatea era mai puternică decât oboseala. Le-am citit de două ori. Când am pus foile la loc în cutie, băusem toată sticla. Îmi tremurau mâinile, nu reușeam nicicum să leg panglicile, nici nu le mai vedeam. Lacrimile care-mi curgeau pe obraji îi salutau curajul. Dându-mi acele pagini, Georges inversase rolurile: în loc să-mi dezbrace mie inima, o dezbrăca pe a lui sub ochii mei, pentru întâia oară. Îşi înfruntase în sfârşit fricile. Egoman nu-l mai împiedica să iubească.

Beată şi tulburată în acelaşi timp, m-am hotărât să mă duc la culcare. Înainte să sting lumina, am zărit, în mijlocul grămezii de scrisori şi facturi, un plic turcoaz. Timbrele ciudate mi-au stârnit curiozitatea. Nu reuşeam să identific ţara de origine. Cerneala ştampilelor acoperea ceea ce mi-ar fi putut furniza informaţia respectivă. Am deschis plicul cu mare atenţie, de parcă delicateţea lui o făcea subînţeleasă pe cea a conţinutului său. Am scos dinăuntru două foi de hârtie, împăturite cu grijă. Hârtie de mătase, o cerneală aurie, un scris plin de graţie.

Bună ziua, doamnă doctor Maryse,

Îmi doresc din tot sufletul ca aceste cuvinte să poată ajunge la dumneavoastră. A trecut atâta vreme... M-am gândit de mai multe ori să vă scriu. Adeseori, amânăm atât de mult lucrurile importante, încât ajungem să realizăm, la un moment dat, că e prea târziu. Aşa că, iată, nu mai vreau să spun niciodată că-i prea târziu.

Am suferit mult, dar acum mi-e mai bine.

De curând, am citit o carte care mi-a dat nişte explicaţii. Zăcea acasă la o prietenă de-ale mele care tocmai se întorsese de la Paris. Furia din mine a fost atrasă de titlul de pe copertă: Marea Viaţă. *Pe autor îl cheamă Christian Bobin. Răsfoind-o, am dat peste această frază: „Înfloritul cireşilor nu durează mult. Esenţialul îl prinzi într-o clipită. Restul e inutil".*

A fost ca un pansament.

Am scris această frază pe oglinda în care mă privesc dimineața când mă pieptăn. În lunile următoare, am început să mă simt mai bine. Mă gândesc că datorită acestei fraze. Cred că dl Bobin e doctor, ca și dumneavoastră.

Cuvintele lui m-au ajutat să înțeleg că fiul meu nu arde în iad, doamnă doctor Maryse. Și că dacă Allah există, ar spune mai degrabă: „Vino încoace să-ți povestesc despre cireși".

Cred acum că iadul a fost inventat de un om. Ca să-i sperie pe ceilalți oameni.

Nu mai am nevoie să cred că sunt cineva, doamnă doctor Maryse, nici să dovedesc că exist, căci prind esențialul în fiecare clipă.

Vă voi fi întotdeauna recunoscătoare pentru căldura cu care l-ați întâmpinat pe fiul meu.

Le mulțumesc mult, de asemenea, lui Charlot și Marie-Lou. Sper că sunt bine amândoi.

Dați-mi voie să vă îmbrățișez.

Hania (mama lui Hamid)

Eram total răvășită când m-am băgat sub pătură. La 4 dimineața, tot nu-mi găsisem somnul. M-am dat jos din pat. Efectul vinului dispăruse. M-am îmbrăcat cu ceva mai gros fiindcă mi-era frig. Un simptom al fricii, poate?

Ajunsă în fața casei lui Georges, am avut un moment de ezitare. M-am gândit la Hania, Hamid, Hadrien, Marie-Lou, Charlot și toți ceilalți. Am ieșit din mașină și am sunat la ușă. Am așteptat. S-au aprins niște lumini. Când a deschis, era într-o cămașă lungă de noapte care-i ajungea până sub genunchi. Pe ea, un desen cu o mâță care urla: „Lăsați-mă să dorm, vă rog!"

— Maryse? Ce faci aici? S-a întâmplat ceva cu Charlot?

I-am sărit în brațe și l-am sărutat lung și apăsat. Ani întregi de ezitare transformați în tête-à-tête cu prezența...
L-am privit până în inimă și i-am zis:
— Asta-i tandrețea, Georges, asta-i tandrețea...

Şapte ani mai târziu...
Epilog

După expoziție, au trecut mai multe luni fără să scriu niciun articol științific. Ce rost ar fi avut, din moment ce mă simțeam în sfârșit pe punctul de a mă scutura de nevoia de a fi aleasă, de a fi aparte! Da, aveam această pretenție!

Gata cu necesitatea imperioasă de a întrerupe o discuție pentru a arăta că eu dețineam singura opinie valabilă, niște cunoștințe excepționale ori o idee superioară celei susținute de ceilalți. Gata cu presiunea interioară pentru apărarea falselor mele identități. Dorința de a câștiga întotdeauna era tot mai slabă, la fel ca și aceea de a fi unică. Charlot și Georges zâmbeau când le povesteam izbânzile mele de om ajuns la înțelepciune, ca și cum în mintea lor încă mai exista o urmă de îndoială!

Apoi, într-o dimineață, în timpul unei examinări de rutină, am descoperit boaba aia de orez din sânul stâng... Şoc mare! M-am panicat, imaginându-mi deja durerea, frica, grețurile. Mi-am dat seama cât de atașată eram încă de imaginea mea, de atracția pe care ea o exercita asupra privirii celorlalți. Ea era prima care nu voia să moară...

Mă întrebam dacă Georges va fi în stare să mă susțină aşa cum o susținuse Charlot pe Marie-Lou. Va fi el prezent? Sau se va adăposti în spatele unei noi identități? Folosindu-se de boala mea pentru a deveni el însuşi „victimă" ori, şi mai insidios, „eroul, sfântul, înțeleptul" — cel care ar iubi-o pe Maryse dincolo de toate aparențele...

N-a făcut nimic deosebit, a fost pur şi simplu acolo. Acolo de la început până la sfârşit, de la operație până la raze. Luni întregi. Gătind, privindu-mi şi mângâindu-mi cicatricele cu o nesfârşită blândețe. Îmi spunea:

— Asta-i cea mai frumoasă călătorie din lume, Maryse. Mă încălzesc la soarele din tine. Degetele mele vizitează întreg pământul, toate fluviile lui, toate oceanele, toate continentele dinainte de a fi fost împărțite de oameni... Nicio legătură cu doctorița du Bonheur, nicio legătură cu marea Maryse... Doar tu! Tu pe de-a-ntregul!

Loïc devenise un prieten. Niciunul dintre ei nu căzuse în capcana geloziei, a fricii de a mă pierde, a nevoii de a mă poseda. Georges şi cu el m-au susținut, fiecare în felul lui. Capacitatea lor de a iubi nu are limite. Amândoi mi-au amintit că cea mai gravă problemă a existenței omeneşti nu este că murim, ci că nu învățăm să trăim.

Şi Alexandrine li s-a alăturat. Şi Robert, Alice şi fiicele lor. Şi Charlot, bineînțeles. Şi, ca atâtea femei înaintea mea, după o lungă luptă, am avut norocul să pot rosti cuvântul „VIN-DE-CA-RE"...

Georges are dreptate, într-o zi vom ajunge să învingem cancerul, dar egoul, vom ajunge oare să-l îmblânzim?

Când eram bolnavă, chiar şi Jérôme a trecut să mă vadă. „Ce-i cu tine aici? N-am nevoie de ajutorul tău..." Mi-a spus că Charlot îl învăța să privească stelele. Nu l-am crezut. Mi-am zis că nu era decât o încercare de manipulare. De fapt însă, murdăream totul: Charlot se întâlnea periodic cu el și petreceau împreună destul de mult timp.

Munca în privința egoului meu nu se va sfârși niciodată, sunt conștientă de asta acum. Din fericire, conștiența aceasta schimbă totul! Încă mai simt uneori strângerea aia de inimă, când mi-i imaginez împreună. Durerea aia că trebuie să împart atenția fiului meu cu un individ care n-a fost niciodată aici și care culege ceva ce n-a semănat cu mâna lui. Îmi repet atunci cuvintele lui Charlot, căruia tocmai îi povestisem despre Hadrien:

— Te chinui inutil, mamă. Întreabă-te cu ce te-ajută gândurile astea. Amintește-ți că totul e oferit și că e suficient să fii acolo: în florile de liliac sau de cireș, în rujile de toamnă, în margaretele de toamnă, în crizanteme și în stele... Amintește-ți că nimic nu durează și că toate sunt legate între ele. Timpul petrecut crezând că tu ești singura care merită iubirea mea e timp pierdut. Când încep să ți se deruleze în minte filmele cu tata și cu mine, repetă-ți de oricâte ori e nevoie: „Întoarce-te aici, Maryse, întoarce-te aici!" Vei auzi atunci niște muzici care te vor face să vibrezi mai puternic ca oricând: Bach, Beethoven sau chiar behăieli de capre. Vei mirosi parfumuri pe care credeai că le știi și care te vor fermeca pentru prima dată. Vei gusta arome deja gustate care, dintr-odată, te vor tulbura până la extaz. Vei vedea lumini și umbre care te vor face să plângi de recunoștință. Vei descoperi cu vârfurile degetelor netezimea sau asprimea unei materii care te va copleși cu plăceri accesibile în orice clipă. Vei simți în pieptul tău toate bătăile de inimă ale lumii, și ale copiilor de Crăciun, și ale adolescenților la prima lor dragoste. Îți va veni să te rostogolești în iarbă, în nisip sau în zăpadă, strigând: „Sunt vie, sunt vie!" Şi de fiecare dată când un copilaş bolnav te va întreba de ce plângi când îţi spune că te iubeşte, vei putea să-i spui fără nicio sfială: „Asta-i tandreţea, asta-i tandreţea"...

Mulțumiri

Mulțumiri lui Jean Paré și lui Marie Leroy; simpla lor prezență te face să te gândești la un proiect. Ei au talentul pe care ar trebui să-l aibă toți pedagogii; știu să-ți insufle dorința de a merge mai departe.

Mulțumiri lui Rémi Tremblay, un mare prieten. El m-a prezentat lui Jean Paré și astfel a putut începe aventura publicării.

Mulțumiri lui Patrick Gambache, lui Nicole și Marie-Claire Saint-Jean, pentru încrederea și căldura lor, și pentru calitatea primirii pe care mi-au făcut-o.

Mulțumiri lui Isabelle Longpré, Anne Ducrocq și Carine Barth. De fapt, un simplu „mulțumesc" nu e suficient de puternic pentru a exprima ceea ce simt în fața muncii pe care ele au depus-o. Această carte nu ar fi văzut niciodată lumina zilei dacă ele nu ar fi fost acolo.

Mulțumiri lui Julie Bussières care, după o conferință, mi-a povestit despre discuțiile pe care le avusese cu fiul ei. Întâlnirea aceea a făcut să încolțească ideea cărții de față.

Mulțumiri lui Céline Charron și lui Gilles Massicotte. Ei au avut delicata grijă de a-mi oferi un acces la intimitate și muzică, ambalându-le în același cadou.

Mulțumiri lui Alain Bélanger, Alain Rondeau și André Marcotte, care știu atât de bine să aducă pacea în lumea cifrelor.

Mulțumiri lui Huguette Boilard și Marjolaine Dion, moașele prezente la cele două capete ale vieții care n-are capăt.

Mulțumiri tuturor persoanelor pe care nu le-am numit, dar care știu că au adus o contribuție afectivă sau intelectuală procesului de creație.

Mulțumiri lui Émilie că a fost acolo.

Mulțumiri lui Danielle. Dacă generozitatea, răbdarea și iubirea ar avea numele unei persoane, ar fi al ei.

Din necesități narative, autorul a lăsat să se înțeleagă că *Marea Viață [La Grande Vie],* cartea lui Christian Bobin, exista deja în perioada în care se desfășoară acțiunea romanului, când de fapt ea a apărut în 2014, la Editura Gallimard. Sperăm că cititorii noștri nu ne vor lua în nume de rău acest anacronism, datorat în esență admirației autorului pentru frumusețea acestui text.

Laurent Gournelle

Omul care voia să fie fericit

CAPTIVANT ȘI
REVELATOR!
EUROPE 1

DE LA AUTORUL
BESTSELLERULUI
ZIUA ÎN CARE AM
ÎNVĂȚAT SĂ TRĂIESC

TREI

FICTION
CONNECTION

Omul care voia să fie fericit

Autor: Laurent Gounelle
Titlul original: L'homme qui voulait être heureux
Traducere din franceză de Diana Morărașu

Aproape de finalul vacanței sale în Bali, Julian, profesor de școală generală, hotărăște să viziteze un vindecător în vârstă pe nume Samtyang. Deși nu suferă de nicio boală, Julian vrea neapărat să-l întâlnească pe înțelept, fie și numai pentru că se bucură de o faimă internațională. Diagnosticul lui Samtyang e de o simplitate dezarmantă: Julian este sănătos, dar... nefericit.

Posesor al unei înțelepciuni ce pare infinită, bătrânul lasă impresia că-l cunoaște pe Julian mai bine decât se cunoaște el însuși. Iar lumina pe care o aruncă asupra vieții lui îl determină pe profesorul cel nefericit să se angajeze în cea mai captivantă aventură: călătoria descoperirii de sine.

În timpul întâlnirilor cu Samtyang, pline de discuții și provocări ingenioase, Julian descoperă fricile și credințele false care îl fac să sufere. Cu ajutorul bătrânului maestru, tânărul ucenic dornic de iluminare descoperă cheia unei vieți împlinite și fericite.

Laurent Gounelle, născut în 1966, este unul dintre scriitorii francezi cei mai citiți în întreaga lume. Specializat în științe sociale, cu studii în Franța și Statele Unite, în prezent este conferențiar la Universitatea Clermont Ferrand. De-a lungul anilor, a colindat lumea în căutarea unor oameni care să-i ofere răspunsuri la o întrebare fundamentală: cum să ne atingem potențialul maxim și cum să găsim un sens vieții?

Romanele lui Gounelle, care vădesc pasiunea sa pentru filosofie, psihologie și dezvoltare personală, au fost publicate în 40 de țări și s-au vândut în peste 5 milioane de exemplare.

Tipar: ARTPRINT
E-mail: office@artprint.ro
Tel.: 021 336 36 33